黄文弼与丝绸之路

西北大学文化遗产学院
新疆师范大学黄文弼中心　编
新疆维吾尔自治区博物馆

科学出版社
北　京

内 容 简 介

本书通过大量的历史照片、文物照片以及档案资料，生动形象地展现了中国著名的考古学家、丝绸之路考古的重要开创者，被誉为"西北考古第一人"的黄文弼先生的生平履历和主要成就。

本书适合于从事文物考古、历史研究，特别是对丝绸之路考古研究关注的广大学者，以及对此感兴趣的公众参考阅读。

图书在版编目（CIP）数据

黄文弼与丝绸之路/西北大学文化遗产学院，新疆师范大学黄文弼中心，新疆维吾尔自治区博物馆编．—北京：科学出版社，2021.10
ISBN 978-7-03-063633-1

Ⅰ．①黄⋯　Ⅱ．①西⋯②新⋯③新⋯　Ⅲ．①黄文弼—传记
Ⅳ．① K825.81

中国版本图书馆CIP数据核字（2021）第200745号

责任编辑：孙　莉 / 责任校对：邹慧卿
责任印制：肖　兴 / 封面设计：金舵手世纪

科学出版社 出版
北京东黄城根北街16号
邮政编码：100717
http://www.sciencep.com

北京汇瑞嘉合文化发展有限公司 印刷
科学出版社发行　各地新华书店经销

*

2021年10月第　一　版　开本：889×1194　1/16
2021年10月第一次印刷　印张：18 1/4　插页：1
字数：520 000

定价：298.00元
（如有印装质量问题，我社负责调换）

编委会

主　编

罗　丰　周　珊　于志勇　姚　远

副主编

任　萌　赵　毓　黎镜明

参与编写人员

李星宇　谢泳琳　邢钰婷　赵　月　杨仪蓉　邓金田

黄文弼立像

序

郭立宏

（西北大学）

　　黄文弼先生是中国丝绸之路考古研究的开创者，被誉为"西北考古第一人"。他一生四次深入西北边陲开展考古工作，行程38000余千米，创造出中国考古史上的壮举。他的"三记两集"至今仍是学者们从事西北边疆丝绸之路考古的必读书目。

　　1937—1947年，黄文弼先生在西北大学任教十年，历任历史系、边政系教授、系主任，为西大考古学科确立了"扎根西部、报效祖国、放眼世界"的学术目标与情怀，成为西北大学考古学科的重要创立者。1957—1958年，六十多岁的黄文弼带领中国科学院考古队赴新疆考察，并将部分发掘采集品存于新疆维吾尔自治区博物馆，其数量之多，品类之丰富，保存之完好，为今人所惊叹。2013年10月，为纪念黄文弼先生在新疆开展的一系列的考古工作，致敬黄文弼先生不畏艰险、勇于探索的精神，新疆师范大学成立了黄文弼中心，收藏了大量黄文弼先生的遗物、旧藏书籍、文稿和照片。

　　2021年是中国共产党成立100周年，也是中国考古学诞生100周年，西北大学考古学科也走过了80余年的历程。为纪念黄文弼先生在中国丝路考古和人才培养上的杰出贡献，西北大学文化遗产学院协同新疆维吾尔自治区博物馆、新疆师范大学黄文弼中心，并在陕西省档案馆、中国考古学会丝绸之路考古专业委员会、北京大学中国古代史研究中心、西北科学考查团研究会、国际古迹遗址理事会西安国际保护中心、西北大学丝绸之路考古中心、西北大学历史学院的大力支持下，组织筹办"黄文弼与丝绸之路"专题展览并编写了同名图录，是一次十分难得而有意义的事情。

　　展览开幕之际，《黄文弼与丝绸之路》亦付梓出版。本图录精选了大量珍贵照片、历史档案文献以及80余件实物资料，从"凿空之旅——早年经历和第一、二次西北考察","公诚勤朴——任教西大和第三次西北考察","壮心不已——晚年经历和第四次西北考察"三个部分，讲述黄文弼一生从事学术、教育的经历、成果和社会贡献，追忆、缅怀以黄文弼为代表的丝路考古先辈排除万难、开拓进取的伟大业绩，传承、弘扬他们使命担当、学术报国的爱国精神，开拓新时代中国考古学科新境界。

是为序。

目 录

序 郭立宏 / i

黄文弼四次西北考察路线及地点
黄文弼的教育活动与贡献 姚 远 / 1
黄文弼与中国丝绸之路考古的开创 任 萌 / 6
黄文弼考察采集文物入藏新疆维吾尔自治区博物馆始末 宋 敏 / 12

第一章 凿空之旅——早年经历和第一、二次西北考察 / 16
 1.1 早年求学与工作经历 / 18
 1.2 中国西北科学考查团第一次西北考察 / 21
 1.3 中国西北科学考查团第二次西北考察 / 76

第二章 公诚勤朴——任教西大和第三次西北考察 / 84
 2.1 黄文弼与碑林整修 / 86
 2.2 张骞墓发掘与西大考古学科的创立 / 110
 2.3 西大教育教学经历与贡献 / 143
 2.4 第三次西北考察与西大时期的学术成就 / 184

第三章 壮心不已——晚年经历和第四次西北考察 / 206
 3.1 任职中国科学院考古研究所 / 208
 3.2 第四次西北考察 / 216
 3.3 晚年学术成就和遗著 / 263

黄文弼年表 / 271

黄文弼的教育活动与贡献

姚 远

(西北大学西北联大与大学文化研究院/科学史高等研究院)

有关黄文弼的研究[1-8]，国内外相关专著、报纸、期刊论文，以及硕、博士学位论文等不下百篇。然而，有关其在西北联大—西北大学时期的教育和学术活动却鲜见研究与报道。

一、考古委员会委员兼历史系主任时期

黄文弼在校期间积极参与学校教育管理。曾于1942年8月31日出席国立西北大学民国第三十一年度第十四次教务会议；于1943年2月22日出席国立西北大学民国第三十二年度第一次校务会议；于1944年9月12日出席国立西北大学民国三十三年度第一次校务会议；于1944年9月14日出席国立西北大学民国三十三年度第一次教务会议；于1944年12月8日出席国立西北大学民国三十三年度第二次校务会议；1944年出任国立西北大学出版委员会委员，参与编辑出版《西北大学丛书》和《西北问题丛书》等。1947年任国立西北大学民国三十六年度毕业生就业指导委员会委员，刘季洪校长任主任委员，张贻侗、许重远、徐朗秋、马师儒等21人任委员。1947年任国立西北大学民国三十六年度招生委员会委员，刘季洪校长任主任委员，张贻侗为副主任委员，高明、许重远、徐朗秋、马师儒等23人任委员，郑致和任总干事。在陈石珍代校长和赖琏校长交接之际，他是参与更替交接的主要教授之一，曾在1942年4月23日作为主要教授代表在欢送陈校长茶话会上致辞。对陈校长在校于经济方面量入为出；于校纪方面，能始终持以严正态度，功成不居，即时隐退等表示肯定[9]。后在赖琏上任不久即被聘任为历史学系主任。他还在1947年3月29日的国立西北大学欢迎新教职员、青年从军返校同学及一年级新生茶会上，作为三名教授代表之一发表讲演，勉励诸生敦品励学，以负起建设西北新文化之使命[10]。

黄文弼为西北大学历史学科特别是考古学专业的奠基人之一。1937年9月10日，

国立西安临时大学正式成立，黄文弼由中央古物保管委员会驻西安办事处委员受聘为其文理学院历史学系讲师。1938年1月10日出版的《西安临大校刊》第四期《本校教职员录》"历史系"表内有："黄文弼，讲师，住西安市府学门二十五号。"估计最迟在1938年5月学校南迁汉中之后，改任西北联大文理学院历史学系教授，并任西北联大历史学系考古委员会委员，前往陕南城固汉博望侯张骞墓调查。同时，接受中英庚款委员会的资助，开始第一、二次西北科学考察报告的写作。1941年起，担任西北大学历史学系四年级导师，同时被聘任的历史系导师还有丁山教授（四年级）、易忠箓、杨兆钧教授（三年级）、杨向奎教授（二年级）、辛勉教授（一年级）等[11]。1942年9月在赖琏校长任内（1942.05—1944.08），被聘为国立西北大学历史学系主任。1942年10月1日出版的《国立西北大学校刊》第2期，以《本校新聘教职员》为题做了报道[12]。1947年5月在由国立西北大学历史、边政两系同学发起的考古学会上，与王子云、冯永轩教授分别做出工作指示，经决定确立工作计划两项：一是利用星期例假时间，分赴市区附近各地从事各项考察工作；二是利用暑假时间，赴甘肃洮河流域考察[13]。1947年9月赴北平研究院工作，国立西北大学边政学系系务由杨兆钧教授代行[14]，但仍兼任西北大学历史学系教授，1948年7月出版的《西北通讯》，仍有"历史学系……名教授有黄文弼"[15]。

黄文弼在校期间，在历史学系和边政学系，曾开设过秦汉史、魏晋南北朝史、美术史、蒙元史、西北边疆史、史学史等课程。他的历史系学生向玉梅1969年9月教师节前夕在台北回忆："黄文弼教授，一身中山装，不知穿了多少年，两袖发亮，肘下裂缝，我们望着他的衣服，常常联想到博物馆的陈列品。黄教授教的是边疆史，我们这些缺德鬼，常说教授的衣服没有边疆。他上课从来不说闲话，讲授材料之丰富，治学态度的严肃缜密，令人由衷敬佩，他口才虽不佳，声音又低，可是我们上他老先生的课，却是全神贯注，肃静无声，下课之后，我们会不由自主地反省到自己的浅薄和读书不切实际。"[16]除了有丰富的课堂教育实践之外，黄文弼还数次面向全校做学术演讲，校刊有记载的诸如《成吉思汗的战略战术》（1944-12-07）、《边疆问题十讲》的第一讲《新疆十四民族》（1944-12-24）、《洮河流域考察之观感》（1947）等。他也非常注意在学术研究、考察中的人才培养，1946年出版的《班超》一书就是他与西北大学历史系学生、后留校任历史系助教的罗郁合著的，罗郁也曾被学校派往青海考察。黄文弼于1946年9月的洮河流域考察和考古发掘，也携西北大学历史系甘肃籍学生刘迺平、高习之二人随行，协助一切考察事务。他第一次西北科学考察，也有5名学生随行。1957年他在新疆考察时，甚至还带有5位民族干部，让他们边干边学，对其刻意培养。

二、边疆教育委员会委员兼边政系主任时期

黄文弼是我国边疆教育以及西北大学边政学科的开拓者之一。早在1933年10月初旬，他即以教育部特派员身份，"随视察新绥路汽车路线之斯文·赫定等一行

赴新疆考察教育",考察了伊犁、迪化、吐鲁番等地的俄文法政专门学校等教育机构,提出提高新疆人民知识和"普及教育,语言必须沟通",减少"各民族仇杀"[17],"对教育文化作实力之援助,及沟通各民族之感情"[18],"恳切希望政府能予以设备上之援助"[19]等建议。

他从1941年起,任教育部第二(1941年)、四(1944年)、五届(1945年)边疆教育委员会委员,与顾颉刚等作为历史学界代表,利用多次边疆考察所得经验,为边疆教育的发展做出了积极贡献。他先后于1941年6月、12月,1942年12月、1944年1月,数次参加边疆教育委员会会议,先后参与了《拟请教育部实施边疆教育督导制案》等150余件提案的审议,全程参与了国民政府统治管理边疆教育的工作。据《西北大学校刊》报道:1941年6月,他赴重庆"出席教育部边疆教育委员会第二届第一次会议,12月又出席二届二次会议,并滞留川中","此次在会议中多所建议"。该会为边疆教育咨议之需要,负责研究边疆教育之推进方案、办理原则及各项实际问题,聘请学者专家组成,曾决议"在西南、西北各大学内,设置有关边疆问题的课程或科系,本校前来于边疆教育,或有新设施云"[20]。这是西北大学设置边政学系的最早信号。此后,黄文弼积极参与了西北大学边政学系的筹备,终于在1944年经教育部批准成立了全国两个最早的边政学系之一(另一个是中央大学)。其旨在"建立边政学之体系,研究治理边疆的原则,检讨边疆所发生的实际问题,推进边政之事业"[21]。该系于1945年正式开学,聘任教育部第二届边疆教育委员会秘书也是第四、五、六届委员王文萱为主任、教授。开办之初,时任历史系主任的黄文弼积极参与了边政学系组织的首场学术报告,于1944年12月24日,"应国立西北大学边政学会邀请,在边政学系作《边疆问题十讲》的第一讲《新疆十四民族》,听众甚为踊跃"[22]。1946年12月,他在参与边政学系迎新时,与杨涤新、郑安伦诸先生相继训话,勉励边政系各同学"步武马伏波(马援),效法班定远(班超)为边疆服务之精神"[21],"以传教师之精神,传播中原文化,造福边疆人民,言语恳挚,同学莫不感奋"[23]。在他与其他教授的努力下,到1945年1月,西北大学边政学系"对于课程之规定、文物之设备,力求落实","必修科目已定为边政学概论、中国边疆史、中国边疆地理、边疆语文(分蒙藏回文,任选一门)、人类学、民族学、语音学、考古学、边疆社会调查等。选修科目则有二十余门。必须修满一百五十学分以上,方得毕业。系方甚至专门从第一战区长官部借来蒙古高头骏马,上骑术课,练习野外调查本领[24]。文物方面,已搜集佛像数幅、蒙藏回文书籍约二十种,文物二十余件以备学生参考"[22]。就培养目标和对学生的基本要求,黄文弼提出:"边政学系牵涉至广,在学科方面,以人类学、民族学、社会学、考古学为主,以政治学、法律学、边疆史地、边疆语文、地质学等为副,在技术方面,本系同学要会骑马术、游泳术、摄影术、绘画术等。"[21]我们从中隐约可见黄文弼骑着马或骆驼在沙漠、戈壁、河流上艰苦工作的身影。学生们每年6月前后,利用暑假,都要前往甘、青、新等省实习,深入"蒙藏维三族集中之区域,做实际调查与研究,俾达学以致用之目的",1947年6月16日即为该系三年级学生出发实习之日，学生早在图书馆、阅览室、自修室作了资料预研准备，"系方早就准备妥了旅费、用具——车辆、服装、药品、照相机等"，在"晨光曦微中乘长车直向甘、青、新等省而去"[21]。教师们也自编工具书和教材用于教学，1944年冬，边政学系杨涤新副教授与外文系俄文组等合作，编成国内首部《维汉字典》，于1946年11月由学校出版组出版。1944年10月，继王文萱教授，他出任边政学系教授、主任；1945年11月10日，已成为边政系三教授之一（黄文弼、杨涤新、郑安伦），并在迎新会上首先讲话（黄文弼的历史系主任已由陶元珍教授继任）[23]。1947年3月14日，已正式以边政学系主任身份在迎新会上讲话，并"陈述本系发展计划"[10]。至1947年，边政学系已有87名学生，除部分统考录取者外，几乎全部为复员青年军，按教育部规定在战后重新回到原校学习。"除原有维文、藏文两组外，去秋增设蒙文组，藉以造就蒙、维、藏（三组依次则加修日、俄、英三文，藉以辅助）各族文字之专门人才。""计划（1）奖励边地及蒙藏优良人才之投考，藉以培植边疆人才；（2）充实边政研究室，便于师生之研究，并刊发研究报告，编译名著，编辑字典（已编印《维汉字典》一部）；（3）大量搜集有关西北边疆问题之各项图籍文物，以供参考；（4）注重边疆实地考察工作。"[15]

三、教育贡献

黄文弼是我国最早的两个高等学校考古专业的奠基人之一。这也许是一个历史的巧合。我国最早和最具代表性的两个高等学校考古专业——北京大学考古学专业和西北联大—西北大学考古学专业的诞生，竟然都与黄文弼、徐炳昶相关。以同出一源的北平大学—北平研究院—西北联大为契机，两支高校考古力量实现了一次历史性交集。1924年北京大学国学门考古室建立，1927年夏天徐炳昶、黄文弼（后均为北平大学—北平研究院历史研究所主要成员）作为中方代表与斯文·赫定共同参加第一次西北科学考查团，标志着北京大学考古学科的诞生和重要发展；1938年5月西北联大成立考古委员会，建立文物陈列室，并以北平大学—北平研究院驻西安碑林研究员徐炳昶为指导，黄文弼等具体参与的张骞墓发掘、主导的一系列西北科学考察和考古发掘，标志着西北联大—西北大学考古学科的诞生和重要发展。由此建立了扎根西北的我国第一个大学考古学科，培育了西北最早的一批科学考古人才。

黄文弼是践行西北大学"公诚勤朴"校训的典范，论"公"——他以胸怀天下为公、以胸怀祖国为公、以捍卫国家权益为公、以防止珍贵文物外流为公，当外国人要在中国的考古遗址上竖起外国旗帜，他义正词严地予以阻止，还力阻德国汉莎航空公司单方面取得中国西北航空权；论"诚"——他对于考古事业的虔诚，到了如醉如痴的程度，他从辨识古物开始意识到野外发掘和考古调查的重要性，便决计将此生献给在当时来说相当艰险的这一事业，此后他做学问的态度也是绝对真诚的，为一个"据说"或"可能"，可以不惧艰险千里去实地反复求证；论"勤"——考察中他拉着骆驼行进在戈壁上,晚上写考察记录到深夜,甚至连年旅行而不习惯于定居,在城固常常秉烛至凌晨二三点,仅四次西北考察行程即达38000千米,一生笔耕不辍,达数百万字,真可谓行万里路,写万卷书;论"朴"——诚如刘半农描绘其在西北考察中,"此公傻""瘦骨一撮不胜衣""身披一身老羊皮""不看江南之绿杨,而探绝漠之红柳,天炎饮绝沙如焚,人驮平等匍匐走"[25],虽籍贯江南,但其韧性却一副十足朴实的西北汉子,晚年更是拄杖而行,受四人帮迫害,身心俱损,凄凉而逝。就是这样一位天下为公、真诚勤奋、朴实无华的瘦弱学者,成就了蜚声世界的伟大事业。

注　释

[1] 黄文弼著,黄烈编. 西北史地论丛. 上海:上海人民出版社,1984.

[2] 黄烈. 黄文弼历史考古论集. 北京:文物出版社,1990.

[3] 王新春. 中国西北科学考查团考古学史研究. 兰州:兰州大学博士学位论文,2012.

[4] 可云. 中瑞西北科学考查团研究. 上海:华东师范大学硕士学位论文,2005.

[5] 李静. 中国西北科学考查团的历史作用及其影响. 北京:中国地质大学硕士学位论文,2010.

[6] 朱玉麒,王新春. 黄文弼研究论集. 北京:科学出版社,2013.

[7] 荣新江. 黄文弼所获西域文献论集. 北京:科学出版社,2013.

[8] 刘季洪. 西北大学教职员名录(到校年月). 西安:西北大学,1947-07.

[9] 编者. 各院教授分别开茶话会欢送陈校长. 国立西北大学校刊,1942,(7、8):6.

[10] 编者. 迎新汇志. 国立西北大学校刊复刊,1947(28):8-10.

[11] 编者. 聘定各级导师. 国立西北大学校刊,1941(2):8.

[12] 编者. 本校新聘教职员. 国立西北大学校刊,1942(2):3.

[13] 编者. 课外活动汇志. 国立西北大学校刊复刊,1947(30):13.

[14] 编者. 新职员新阵容. 国立西北大学校刊复刊,1947(32):15-16.

[15] 定一. 西北大学之院系设备. 西北通讯,1948,3(2):15-17,25.

[16] 向玉梅. 怀城固,念西大,怀师长. 尹雪曼. 国立西北大学建校卅周年纪念刊,台北:国立西北大学校友会,1969:49-50.

[17] 编者. 教育部特派员黄文弼氏谈新疆教育概况. 开发西北,1934,2(5):32.

[18] 北平特讯. 教部专员黄文弼谈赴新疆考察经过. 申报,1934-11-20(13).

[19] 南京二十日电. 黄文弼谈考察新疆教育经过. 申报,1934-11-21(13).

[20] 编者. 黄文弼教授返校. 国立西北大学校刊,1942(7,8):7.

[21] 习之. 西北大学的边政系——西安通讯,西北通讯,1947(6):33.

[22] 编者. 边政学系近况. 国立西北大学复刊,1945,(7):4.

[23] 编者. 各学系迎新补志. 国立西北大学复刊,1946,(19):7-8.

[24] 陈克. 西北大学边政系素描. 西北文化月刊,1947,1(3):30-31.

[25] 黄烈. 艰辛的历程 丰硕的奉献——黄文弼先生的西北考察. 中国边疆史地研究,1992(3):30-36.

黄文弼与中国丝绸之路考古的开创

任 萌

(西北大学文化遗产学院)

"丝绸之路"是欧洲学者最早提出的概念。古希腊、罗马学者的《历史》《博物志》《地理志》等著作中,即记述了传说中通往"丝国"的贸易道路。13世纪末以来《马可波罗游记》的风靡,强烈激发了西方对神秘繁荣的东方世界的向往,逐渐促成了西方汉学的兴起和18世纪末以来"东方学"的热潮,开启了丝绸之路研究的先河。鸦片战争之后,随着李希霍芬等西方人在中国大规模游历、探险和考察,"丝绸之路"的概念由此被正式提出和确认[1],并成为一个专门的学术研究领域受到全世界的关注。

从一开始,丝路研究就尤其重视考古工作,强调通过古迹的实地考察获取资料、复原历史。从1927年中瑞联合的中国西北科学考查团的相关学术活动开始,中国的丝绸之路考古事业开始起步,并在接下来的30余年中经历了曲折的发展历程才逐渐成体系。在中国丝绸之路考古诞生过程中最具标志性的学者,正是黄文弼先生。

黄文弼(1893—1966),字仲良,原本从事中国古代哲学研究,但一直对金石、博物之学有浓厚的兴趣。1927—1930年,他以北京大学考古学会会员的身份加入了中国西北科学考查团,并作为考古方面的代表,奔赴内蒙古、甘肃、新疆考察古迹,这是中国学者在丝绸之路沿线首次开展系统的科学考古工作。1933—1934年,他又以教育部考察新疆文化专员身份,与斯文·赫定第二次赴新疆考察。

1938—1947年,黄文弼在西北大学(包括其前身国立西北联合大学)任教,并先后任西北大学历史、边政两系主任。在此期间,他参与了西北大学考古学科的创建和张骞墓的考古发掘与修缮,主持了多项教学科研活动,并于1943年随"国父实业计划考察团",沿河西走廊前往新疆进行第三次丝绸之路沿线考察。

1947年,黄文弼返回北平,任北平研究院史学研究所研究员。1949年中华人民共和国成立后,任中国科学院考古研究所研究员。1957—1958年,他带领中国科学院考古研究所新疆考古队第四次赴新疆考察[2]。

30余年间，黄文弼在中国西北的丝绸之路沿线的四次考察，总行程38000余千米，这是中国考古史上的壮举，他被誉为"西北考古第一人""新疆考古第一人"[3]。他的学术经历与成就，对中国丝绸之路考古事业具有重要的开创意义。

首先，黄文弼明确了丝路考古研究的基本定位——面向国家急需。中国考古学自诞生起，天生就以重建中华民族的文化自信为己任。黄文弼等最早从事丝绸之路考古的学者，更是饱含热忱的家国情怀，把国家和民族的需求作为首要的学术追求。

19世纪末至20世纪初的中国西北边疆危机四伏，殖民主义和分裂势力猖獗。西方学者和探险家们，如俄国人克莱门茨、瑞典人斯文·赫定、匈牙利人斯坦因（后入英国籍）、德国人维德尔、法国人伯希和，以及日本的大谷探险队等，纷纷在中国西北丝绸之路沿线开展了一系列以考古为主题的考察活动（尽管不一定都是真正意义上的科学考古），他们在取得不俗收获的同时，也有意无意地强调西方文明在丝绸之路沿线文明发展中的主导作用，提出诸如"中国彩陶西来说""中国对新疆只有军事政治之发展而没有文化之影响"等臆断和谬论，对中国的边疆安全非常不利，成为当时中国面临的一大困境。

中国的丝绸之路考古研究，正是在这样的历史背景下诞生的。1926年，中国学术团体为捍卫国家权利，强烈抵制斯文·赫定的中国西北考察计划。后经过协商，才组成了中瑞联合的中国西北科学考查团，由徐炳昶（字旭生）和斯文·赫定共同担任团长，中外双方学者共同参与。

作为考古方面的代表黄文弼，在坚持科学态度的同时，也一直在考察研究中为中国文明在丝绸之路上正名。老弄苏木（敖伦苏木）古城的碑刻、黑柳图的汉代军营、居延堡的汉简、黑城的宋元瓷器、额济纳的汉代长城、哈密的明清烽燧、吐鲁番的文书和壁画、塔里木盆地的汉唐古城和刻石、罗布泊深处的汉代土垠遗址，一处处重要的新发现，无不彰显着古代中国对西北边疆有力的经略和治理。他在考察结束后，及时出版了《高昌陶集》等著作，论证了新疆彩陶的文化渊源，否定了中国彩陶西来说。并提出东西文化"两期推进说"，客观公正地评述了东西方文化对新疆的影响以及中国文化在新疆的主导地位，用实证资料维护了国家的统一和边疆的稳定。

经过历次考察，黄文弼深感当时中国的边疆意识薄弱，导致帝国主义者趁机"挑拨我们民族感情，离间我们民族团结"。认为中国将来的国防问题，不在东南，而在西北，西北的国防问题就是民族问题及文化问题，要保卫大西北首先就要注重西北文化，西北的文化发展应同于内地[4]。任教西大期间，他响应西北大学"发扬民族精神、融合世界思想、肩负建设西北之重任"办学理念的号召，倡导并推动了全国最早的边政系之一的设立，将自己对丝路考古的认识贡献于边政教育，"以期造就一些专门人才，去服务边疆，去巩固边疆，去繁荣边疆"[5]。

1938年，正值抗日战争最为艰苦的战略防御阶段，坚定全国各阶层人民抗战的信念就成为国家急需解决的现实问题。时任国立西北联合大学历史系教授的黄文弼参与了由该校考古委员会组织的城固张骞墓的调查、发掘与修缮。张骞历经十余年，九死一生，但仍然坚定信念，完成了"凿空西域"的壮举。张骞墓考古的目的，正是为提倡这种坚韧不拔、自强不息的民族精神，激励中华儿女救亡图存的抗争。在发掘修缮工作结束后，西北联合大学还通过举办面向社会的展览，组织师生进行为英雄扫墓暨国民抗敌公约宣誓典礼等活动，积极为全民抗战的热潮贡献学科力量[6]。1946年，黄文弼还撰写了《班超》一书，表彰了班超数十年经营西域的功业，希望用班超"勇敢强毅之精神，灵敏活泼之手腕，简易宏博之襟怀"继续鼓舞中华民族反抗侵略和压迫[7]。

中华人民共和国成立后，百废待兴的中国考古事业急缺专业人才。特别是地域广大的新疆地区，考古人才更是捉襟见肘。已经64岁高龄的黄文弼依旧急国家之所急，主动请缨，第四次赴新疆考察，还专门吸纳了新疆当地的基层文物考古从业人员，尤其是少数民族业务骨干[8]，为新疆的考古事业培养和锻炼了第一批人才队伍，奠定了今日新疆考古的格局。

其次，黄文弼确定了丝绸之路国际联合考古的基本原则——维护主权和平等合作。丝绸之路横跨亚欧大陆，国际联合研究是必要的手段，也是必然的趋势。然而在当时的资本主义世界殖民体系下，欧洲相较东方总是处于强力和优势地位[9]，国际合作往往难以实现真正的平等。黄文弼参与的两次中瑞合作西北考察，中方虽说名义上取得了与外方平等的地位，但实际上，中国学者遭受不公待遇乃至中国主权遭受肆意侵犯的状况时有发生。

第一次西北考察的经费，本是斯文·赫定以开通柏林至北京的航线为由，从德国汉莎航空公司筹集的。但如果这条航线开通，航空权显然不可能掌握在中国手中，反而为西方直接干预中国内陆事务提供了便利，其目的本身并不纯正。在考察过程中涉及任务的分配，斯文·赫定有时也怀有私心，黄文弼申请前往的区域，他要么不批，要么就让瑞方考古学家贝格曼去，把机会最大的区域留给外国人，只给中方学者安排发现机会少的区域。甚至外国学者有时不顾禁令，私自测绘地图、挖掘文物，无视中国的主权[10]。

面对这种情况，有的学者选择忍气吞声，甚至配合外国人的非法行动[11]。但是黄文弼却时刻不能容忍，屡次与西方人较劲乃至发生冲突。在刚加入考查团时，他就指出自己的任务"一者为监督外人，一者为考察科学"[12]。1928年考查团抵达迪化（乌鲁木齐）后，黄文弼与徐炳昶一起努力劝说新疆军阀，成功阻止了德国开通柏林—北京航线的计划，虽然失去了汉莎公司的资助，但维护了中国的权益。在考察过程中，对地点的不公平分配反而激发了黄文弼的斗志，他付出比旁人更多的努力，多次孤身深入未知区域考察，最终采集的古物数量甚至要超过贝格曼。对于侵害中国主权的行为，黄文弼更是予以坚决的斗争，在居延海时，他支持徐旭生团长制止了瑞典人那林违规测绘地图的行为。1934年第二次考察中，更是多次阻止、举报斯文·赫定在新疆非法盗掘文物的行为，导致两人发生正面冲突并就此交恶[13]。即使如此，黄文弼宁愿自己遭受诋毁和不公正待遇，也要坚定不渝地履行着自己的职责，通过抗争追求平等，维护国家主权。

抗战胜利后的1945年底，黄文弼还曾被西北大学推荐参加国民政府教育部组织的"战时文物损失调查团"，准备赴日本追回被侵略者掠夺的中国文物，黄文弼为此做了积极准备，可惜未能成行。1960年2月，黄文弼又与尹达、夏鼐、徐炳昶、郭宝钧等人共同发表抗议文章《坚决反对美国政府劫夺我国在台湾的文物》。可以说在维护国家主权、追求公平方面，黄文弼一直屹立在战斗前沿。

最后，黄文弼确定了丝绸之路考古研究的基本领域和理论方法。丝绸之路考古之所以成为考古学研究的一个专门方向，因为有其特有的研究领域和理论方法，并不是说在古代丝绸之路所在区域做过考古工作就算丝绸之路考古了，而是要通过研究丝绸之路沿线遗存之间的相互关系，重建古代交通路网，探讨东西方不同文明间互动交流的内容、形式、深度与广度。从这一点来看，黄文弼可以算是中国最早系统从事丝绸之路考古研究的学者，对该项研究有颇多的开创。

交通路网和东西方文化交流一直是黄文弼关注的重点。他的《张骞出使西域路线考》《两汉通西域路线之变迁》《汉西域诸国之分布及种族问题》《谈古代塔里木河及其变迁》《河西古地新证》《古西王母国考》《大月氏故地及西徙》《中国古代大夏位置考》《重论古代大夏之位置与迁徙》《论匈奴族之起源》《前汉匈奴单于建庭考》《高昌疆域郡城考》《略述龟兹都城问题》《焉耆博斯腾湖周围三个古国考》《罗布淖尔水道之变迁及历史上的河源问题》等论著，详细分析了两汉丝路沿线古城、古国、古人群的分布位置、关系和不同时期交通线路的细节复原及变迁历史；而《汉通西域后对西域之影响》《雅尔崖古冢中陶器之研究》《兽形足盆形象考释》《亦都护高昌王世勋碑复原并校记》《绢画伏羲女娲神像图说》《汉文写本残纸简释》《古楼兰国历史及其在西域交通上之地位》《楼兰土著民族之推测及其文化》《佛教传入鄯善与西方文化的输入问题》《波斯古史及与中国文化之关系》等，则详细分析了丝路沿线不同文化因素及其来源，是最早专门研究丝路文化交流的系列著作。其中很多思路和观点，至今仍有重要的参照价值[14]。

丝绸之路沿线古代文明具有复杂的地理、历史、文化背景，要做好丝绸之路考古，就必须谙熟历史、民族、宗教、地理、气象、地质、生物等众多人文、自然学科的相关知识。黄文弼本就具备深厚的历史文献功底，在长期的实践中又逐渐提高了田野考古业务素质。他所参与的历次考察，多有从事不同专业的自然科学研究领域的学者参与；而他在考察时热心社会，关注民生，对民族、风俗、宗教等亦多有涉猎；还在王国维"二重证据法"的基础上，进一步提出了"三重证据法"，即将"文献史籍、考古新材料和实地考察三者结合起来"[15]。由此黄文弼成为中国最早从事多学科综合考古研究的学者之一就不足为奇了，从他的诸多著作中，就可以看到他对多学科理论方法和成果的熟练掌握。特别是1943年举办的学术讲座《考古学与其他科学之关系》，他详尽陈述考古学与历史学、地理学、语言文字学、地质学、人类学的关系，并指出除此之外，化学、动植物学对考古学也有自己独特的贡献，这种理念在今天看来仍相当先进。

黄文弼还将自己多学科的理念应用于教学。在西北大学设立的边政学科，必修课程即包括边政学概论、中国边疆史、中国边疆地理、边疆语文（分蒙藏回文）、人类学、民族学、语音学、考古学、边疆社会调查等，此外还有多门选修科目。至于边政系的课程实践，则包括骑马术、游泳术、摄影术、绘画术等。边政系学生们每年6月前后，都要安排前往西北甘、青、新等地实习，对考古、历史、民族、民俗、宗教等进行综合考察，"俾达学以致用之目的"。

今天，中国的丝绸之路考古事业不断发展，蒸蒸日上。面向国家"一带一路"建设的重大需求，丝绸之路考古采用多学科结合的方法，在多个领域获得了显著突破，为恢复丝绸之路真实历史风貌、维护边疆安全和民族团结做出了积极贡献。中国考古人的足迹不仅仅遍布国内，在中亚、西亚、南亚、北非乃至欧洲的丝路沿线，都有中国考古的旗帜飘扬。中国学者始终以平等、开放、包容的理念，与各国学术机构和学者精诚合作，积极推广中国的考古理念和技术，同时尊重当地的国情、文物和历史，赢得了当地政府和民众的赞许，传播了文化、传递了友谊、促进了丝路沿线的人文交流和民心相通。这不仅传承发扬了黄文弼等先驱者对丝绸之路考古事业的开辟之功，也是对他们最大的告慰。

注　释

[1] 丹尼尔·C. 沃著，蒋小莉译：《李希霍芬的"丝绸之路"：通往一个概念的考古学》，《西域文史》（第7辑），科学出版社，2012年。

[2] 周珊、吴华锋：《黄文弼画传》，中华书局，2019年，第i—iii页。

[3] 周珊、吴华锋：《黄文弼画传》，中华书局，2019年，第iii页。

[4] 黄文弼：《三次考察新疆之观感》《国立四川大学师范学院院刊》1945年第1期。

[5] 陈克：《西北大学边政系素描》，《西北文化月刊》1947年第3期。

[6] 姚远：《西北大学对汉博望侯张骞墓的发掘与增修》，《西北大学学报（哲学社会科学版）》2006年第6期。

[7] 黄文弼、罗郁：《班超》，胜利出版公司，1946年。

[8] 黄文弼：《新疆考古的发现》，《考古》1959年第2期。

[9] 〔美〕萨义德：《东方学》，王宇根译，读书·生活·新知三联书店，1999年，第49页。

[10] 李寻：《黄文弼的多重意义》，《黄文弼研究论集》，科学出版社，2013年。

[11] 李寻：《黄文弼的多重意义》，《黄文弼研究论集》，科学出版社，2013年。

[12] 黄文弼遗著，黄烈整理：《黄文弼蒙新考察日记（1927—1930）》，文物出版社，1990年。

［13］〔瑞典〕斯文·赫定著，徐十周等译：《亚洲腹地探险八年（1927—1935）》，新疆人民出版社，1992年。

［14］黄烈：《黄文弼历史考古论集》，文物出版社，1989年。

［15］姚远：《黄文弼在西北联大—西北大学的教育和学术活动研究》，待刊。

黄文弼考察采集文物入藏
新疆维吾尔自治区博物馆始末

宋 敏

(新疆维吾尔自治区博物馆)

黄文弼先生(1893—1966)是中国著名考古学家、西北历史地理学家,被誉为"中国西北考古第一人",是20世纪西域考古最重要的一位中国考古学家。

1928—1943年,黄文弼曾先后三次前往新疆,在罗布淖尔北岸、吐鲁番盆地、塔里木盆地周围地区进行调查和发掘。发现了石器时代遗址、汉代烽燧遗址和多种语言文字的出土文献,论证了楼兰、龟兹、于阗、焉耆等国及许多古城的地理位置和历史变迁,判明了麴氏高昌的纪年顺序和茔域分布,提出了塔里木盆地南北两河变迁问题[1]。

1957年9月,64岁高龄的黄文弼偕同许景元、赵信、张寅等所在的中国科学院考古所考古队第四次前往新疆[2]。当地党委和政府领导高度重视,给予了积极协助。自治区文化局、阿克苏专区和中国科学院新疆分院派了六位干部参加(有五位为少数民族)考古工作[3]。黄文弼率领考古工作队考察了焉耆、和静、库尔勒、尉犁、轮台、库车、新和、沙雅、阿克苏、巴楚、疏勒、疏附、喀什、和田等地,共调查了5个专区,2个自治州,2个市,24个县,访查了古城遗址及寺庙127处(古城58座)[4]。在哈密、焉耆、库车等地进行了考古发掘,出土遗物丰富。1958年黄文弼离开新疆时,将其第四次考古发掘出土的文物中的55木箱文物存放在新疆维吾尔自治区博物馆。当时新疆维吾尔自治区博物馆还未正式成立,筹备处设在乌鲁木齐人民公园元宝楼内,这批文物暂存于此。1959年8月新疆维吾尔自治区博物馆正式成立,办公地点设在西大桥新疆印刷厂行政楼内,文物随之迁往。1962年6月,博物馆迁址到西北路132号,即目前博物馆的馆址,这批文物又一次搬入博物馆临时文物库房内。直到1983年博物馆文物库房建成,这批文物正式入藏博物馆地下室文物库房内[5]。2021年博物馆二期新馆文物库房正式使用，这批文物会再次迁往新馆地下室文物库房内。虽经过几次搬迁，馆里依旧保存部分当年发掘时存放文物的木箱。现在木箱已经陈旧不堪，但仍然可以看出当年考古队发掘的辛苦和运输过程的不易，同时这批文物也见证了60多年来博物馆的变迁与发展。

经统计，目前新疆维吾尔自治区博物馆馆藏黄文弼发掘的文物共计1700余件（套），7500余件。涵盖从青铜时代到清代的泥塑、木器、陶器、铜铁器、牙角骨器、纺织品、文献、钱币、食品、砖瓦等类别。部分文物资料已收录在黄文弼著《新疆考古发掘报告（1957—1958年）》、黄烈所编《黄文弼历史考古论集》中。黄文弼先生对第四次新疆考古发掘品进行了整理和比较深度的研究，尤其对古代新疆文化及其北疆遗迹有了深一步的认识。现将馆藏黄文弼考古发掘重点文物予以介绍。

一、史前文化遗物

黄文弼先生最早在哈密焉布拉克古城、伊吾盐池乡古城发现新疆史前文化遗存。其中在焉布拉克墓葬出土的饮食用具单耳小陶罐，具有明显的新疆史前圜底陶器的特征；蚁鼻纽小铜镜在东天山地区天山北路文化发现了同器型的镜纽。在盐池遗址发现的有柄小石臼延续也切木尔切克文化的传统[6]。同时还出土了经火烧焦的小陶罐，内盛焦黑麦粒，印证了青铜时代早期小麦已经开始在新疆培育。在库车哈拉墩遗址，黄文弼发掘出土了大量彩陶片。这些彩陶片是在粗砂红陶上涂一层白粉面，再用紫色笔涂画简单纹饰，有三角纹、平行的条形纹等。在焉耆的阿西希土拉、白土墩子，哈密的焉不拉（克）村，新和于什格提，拜城塞里木旧城，伊犁阿脱洛克旧城，也出土形制花纹大致相同的彩陶片[7]。与后期考古发掘的群巴克墓地、克孜尔墓地和多岗墓地出土的三角纹彩陶片非常类似。黄文弼曾将其确认为新石器时代晚期的"哈拉墩前期文化"[8]，现在看来虽然并非合适，但值得指出的是，他已经注意到细石器、彩陶和铜器共存的情况，为后期考察哈拉墩遗址，揭示库车、拜城地区从青铜时代晚期至早期铁器时代的考古学文化系列以及和周围地区的文化关系起到了重要的作用[9]。

二、焉耆、龟兹文化遗物

黄文弼四次入疆，都在焉耆、库车、阿克苏等地考察与发掘，这里是文物出土的重要地区。在焉耆沟南大殿右侧，出土了大量小型佛头、佛身和含珠形莲瓣佛饰件文物[10]。本馆收藏的菩萨泥塑头像、男供养人泥塑头像、比丘泥塑头像、圆柱形泥塑小佛塔都极为精美，均为细泥捏塑而成。有些泥塑佛像或菩萨像发现时有经过火烧的痕迹，塑像由泥质变为陶质。未经火烧的泥塑菩萨头像，面目模糊，发髻尚可看出形迹。在焉耆沟南大殿还出土残存红、蓝彩绘的莲花泥塑饰件，与采集到的红色、蓝色矿物颜料，颜色非常接近，表明颜料可能用于泥塑绘彩，但目前没有做过检测分析。这些佛身、佛头及佛饰件的出土印证了佛教传入中原的传播路线。

古龟兹（今新疆库车、轮台、阿克苏、巴楚等地）是"丝绸之路"北道上的古国，汉时为西域都护府，唐时是安西都护府所在地，是当时西域的政治、经济、军事中心[11]。在库车苏巴什出土了泥塑老人头像、菩萨头像人面铜饰件和武士供养人头像铜饰件。在龟兹雀鲁拔克采集到筒瓦及瓦当，与塔什墩上层发现的形制完全相同[12]，与唐大明宫出土的砖瓦的质色作风也完全一致[13]，可以确定为同一时期同一来源的唐人所造，表明中原发达的制作业和手工业对新疆有很大的影响。同时龟兹地区还出土精美木器，如大黑汰沁古城出土半身侧面木雕狮像。最值得关注的是当地出土了大量钱币，在库车喀拉墩、苏巴什古城出土五铢钱、龟兹小钱、开元通宝、建中通宝、大历元宝等铜币，以及用细泥制成的龟兹小钱的钱范。这些钱范为多层叠压在一起，上面是成排的钱的模印，钱模之间无流道，应为半成品。龟兹在当地铸造钱币，主要供驻军使用，是一种军用货币。

三、出土的西域文献遗物

黄文弼在吐鲁番盆地和环塔里木盆地收集了大量文献资料。荣新江先生在《黄文弼所获西域文献的学术价值》一文中称黄文弼所获西域各类文献资料为"黄文弼文书"。这些文书在研究西域史，尤其是吐鲁番古代史上具有重要学术价值。本馆收藏了黄文弼在苏巴什古城发现的汉文墨书残牒，上面书写"一十人于田兵"七字，应该是在唐设安西都护府于龟兹之后，记录从于田调来的士兵的数量[14]。还有吐火罗语陶盆残片，他认为上有墨书汉字，其中一字似为"右"[15]，后经荻原裕敏研究为龟兹语（吐火罗B语），释读应该为人名。在克孜尔发现的吐火罗语残纸，目前还未释读。黄文弼在塔里木盆地周边所获的西域文书非常丰富，但目前的研究成果还很有限。

四、伊犁游牧民族的遗物

黄文弼第四次入疆进入伊犁地区，调查了古城、寺庙、古冢、石雕像，以及过去学者极少关注的遗址和遗迹。伊犁水草肥美，自古以来一直是游牧民族的争夺之地。馆内收藏的黄文弼伊犁地区的采集品不多，有在伊犁金顶寺采集的残坐佛像，细腰袒胸，是藏传佛教寺庙中常见的塑像供品，因此推测此地应该为藏传佛教的寺庙废墟。黄文弼调查的阿力麻里古城，后期考古发掘还出土元代龙泉窑的瓷器，最为珍贵的是一件元青花凤纹高足碗。

以上介绍的只是馆藏黄文弼先生考古发掘文物中的很少一部分。在整理这些文物时，我们深深地感受到黄先生视野开阔、学识广博。孟凡人先生曾在《当代中国社会科学名家·黄文弼》一文中赞"黄文弼是解放以前仅有的享誉国际学术界的中国新疆考古学家——在整理编写考古报告和研究中，实事求是，根据材料说话，并走出一条将考古、历史、地理、民族、宗教等有关学科相互结合的综合研究之路"[16]。

1927年，黄文弼第一次踏上西北考古的茫茫征程，他在日记中写道："盖人民生活状况，随时变迁，以古证今，求其变迁之迹，亦最有兴味之研究也。我国近人多崇于上层之研究，而昧于下层；西人知之，而昧于国故，是欲改进史学、地学，非以考古学做基础不可。"此后他三次入疆，开创了新疆考古事业，并为之奉献了毕生精力。

我们仰慕黄文弼先生的学术成就，更敬佩他勇于担当的精神。他为新疆考古事业所做的贡献，值得永远铭记！

注　释

[1]　徐文勘：《关于新疆古代居民及其文化的若干问题》，《西域考古·史地·语言研究新视野》，科学出版社，2014年，第387页。

[2]　黄文弼：《新疆考古发掘报告（1957—1958）》，文物出版社，1983年，第119页。

[3]　黄烈编：《黄文弼历史考古论集》，文物出版社，1989年，第8页。

[4]　黄文弼：《西域史地考古论集》，商务印书馆，2015年，第153页。

[5]　新疆维吾尔自治区地方志编纂委员会：《新疆通志·第八十一卷·文物志》，2007年，第643页。

[6]　郭物：《新疆史前晚期社会考古学研究》，上海古籍出版社，2012年，第29页。

[7]　黄烈编：《黄文弼历史考古论集》，文物出版社，1989年，第15页。

[8]　郭物：《黄文弼与新疆史前考古》，《西域考古·史地·语言研究新视野》，科学出版社，2014年，第30页。

[9]　郭物：《黄文弼与新疆史前考古》，《西域考古·史地·语言研究新视野》，科学出版社，2014年，第20页。

[10]　黄烈编：《黄文弼历史考古论集》，文物出版社，1989年，第10页。

[11]　张平：《从克孜尔遗址和墓葬看龟兹青铜时代的文化》，《新疆文物》1992年第2期，第59—65页。

[12]　黄文弼：《新疆考古发掘报告（1957—1958年）》，文物出版社，1983年，第57页。

[13]　中国科学院考古研究所：《唐长安大明宫》，科学出版社，1959年。

[14]　黄烈编：《黄文弼历史考古论集》，文物出版社，1989年，第12页。

[15]　黄文弼：新疆考古发掘报告（1957—1958年），文物出版社，1983年，第84页。

[16]　孟凡人：《黄文弼》，《当代中国社会科学名家》，社会科学文献出版社，1989年，第83页。

第一章

凿空之旅

——早年经历和第一、二次西北考察

黄文弼原名黄芬,字仲良,号耀堂。1893年4月23日出生于湖北省汉川市马鞍乡喻集村黄家咀的一个商人家庭。他自幼勤奋好学,成绩优异,1915年考入北京大学哲学门。1917年底,正式更名为黄文弼。

1918年,黄文弼毕业后留在北京大学文科研究所(1921年改组为国学门)任职,从事中国古代哲学与目录学的教学和研究,历任助教、讲师、副教授。在此期间,他受沈兼士等学者的影响,逐渐转向考古学研究。1924年5月,黄文弼成为北京大学考古学会最早的会员之一,并随学会参与了多次古迹考察和文物整理工作,锻炼了自己的考古眼光和学术能力。

19世纪末20世纪初的中国,社会动荡,政府软弱,无暇顾及广袤的西北边陲。这里成为西方探险家的乐园,他们如入无人之境的考察和肆无忌惮的发掘,严重损害了中国的边疆安全,也令不计其数的珍贵文物流失海外。

1927年初,瑞典探险家、历史学家、地理学家斯文·赫定受德国汉莎航空公司资助,带着一支由瑞典、德国、丹麦人组成的探险队来到中国,准备以考察开辟由柏林经新疆至北京、上海的航线为由,在中国西北进行为期一年的考察,并借机发掘文物。当时的北洋政府已经同意他们将考察、发掘所得文物带回瑞典,这引发了北京大学考古学会及古物陈列所、北京图书馆、国立历史博物馆、故宫博物院等12个学术团体的强烈抗议与抵制。经多次交涉与谈判,双方签订协议,规定此次考察由中、瑞双方共同组建队伍,经费由斯文·赫定提供,但所采集到的实物资料需保留在中国。1927年4月26日,在中国学术史上占有重要地位的"中国西北科学考查团"就此诞生,中方团长为北京大学教务长徐炳昶,外方团长为斯文·赫定。首批中方团员共有10人,涉及考古、历史、古生物、地质、气象、水利、物理等多个学科,其中考古方面的代表正是黄文弼。

中国西北科学考查团从1927年成立至1935年结束，黄文弼在其中的考察工作可分为前后两次。第一次考察于1927年5月9日从北京出发，黄文弼先随主队由内蒙古、甘肃西部以及新疆哈密、鄯善、吐鲁番、托克逊至迪化（乌鲁木齐），1928年4月起又单独带领小队在南疆吐鲁番、焉耆、库尔勒、轮台、库车、沙雅、拜城、和阗、皮山、叶城、巴楚等地进行重点调查发掘。历时3年，于1930年9月返回北平。

回到北平后，黄文弼受"西北科学考查团理事会"委托，主持了考察成果的整理和研究。他结合文献，系统梳理了调查、发掘收集古物的基本信息，并提出了新的认识，受到了国内学术界的认可。1931年，黄文弼兼任北平女子师范大学教授，1932年被聘为北京大学文学院国文系副教授。在此期间，他还参与了多项学术与社会活动。

黄文弼的第二次西北考察缘起于1933年。彼时国民政府计划修建两条通往新疆的公路，铁道部遂聘斯文·赫定为顾问，委托他组织绥新公路勘察队，进行沿线实地勘测。而黄文弼则在教育部的资助下，以考察新疆教育文化专员的身份参加绥新公路勘察队。勘察队于同年10月出发，黄文弼随队先后在内蒙古和新疆考察文物古迹，并考察当地教育情况。一年之后的1934年10月，黄文弼结束考察，返回西安、南京。

这两次考察是中国学者首次在中国西北边疆丝绸之路沿线系统开展的科学考古活动，可视作中国丝绸之路考古的开端。持续多年的实地考察和研究，使黄文弼积累了丰富的经验，奠定了坚实的考古学理论和实践基础，也就此决定了他从事学术研究的方向和道路。而考察途中的种种经历和磨难，塑造了黄文弼坚强自信、勇往直前的精神毅力，滋养了他关怀社会，心系边疆的拳拳之心，更是点燃了他维护主权、守护文物的爱国气节。这些珍贵的品格和情怀，伴随了黄文弼一生。

1.1　早年求学与工作经历

1.1.1　北京大学文科哲学门毕业合影

▲ 1918年，黄文弼毕业于北大哲学门。一排右四为蔡元培，右三为陈独秀，右二为梁漱溟。三排左二为黄文弼。

1.1.2　求学期间的手迹与论著

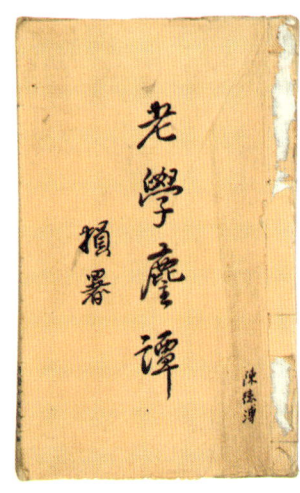 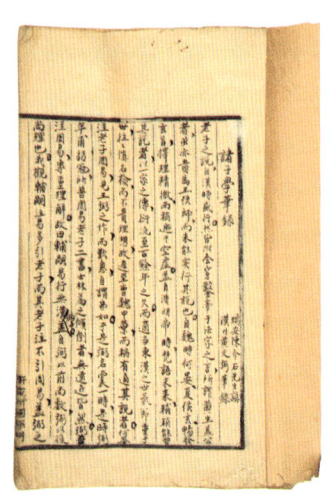

◀ 手抄《老学庼谭》

　　黄文弼求学期间手抄的陈介石《老学庼谭》，工整的字迹和密密麻麻的标点符号可以从侧面证明黄文弼学习十分刻苦。

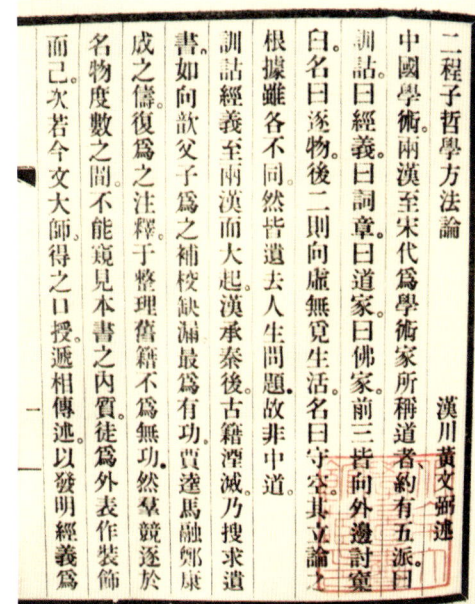

《二程子哲学方法论》▶

在北京大学学习期间，黄文弼主要从事宋明理学和目录学研究，最终以《二程子哲学方法论》为题目完成毕业论文的撰述。

1.1.3 北大国学门同仁合影

◀ 北大国学门
职员合影

黄文弼毕业后，留校在北京大学文科研究所任职。1921年，北京大学研究所改组，成立国学门。在国学门主任沈兼士的推荐下，黄文弼转入国学门担任助教。图为1923年北京大学国学门职员合影，左五为黄文弼。

◀ 北大国学门职员在三院译学馆前的合影

1924年9月北京大学国学门职员在三院译学馆前的合影。译学馆由京师大学堂于1903年设立，1913年停办，主要是培养翻译方面的专业人才。

一排左一为董作宾、一排左五为黄文弼、二排左二为顾颉刚、二排左三为马衡、三排左二为胡适、三排左三为徐炳昶。

1.1.4　清室善后委员会合影

◀ 清室善后委员会成员在养心殿门前合影

1924年5月，黄文弼成为北京大学考古学会第一批会员。同年年末，黄文弼被"清室善后委员会"聘为顾问，参与故宫文物的点查工作。1925年10月，随着故宫博物院的正式成立，文物清点工作宣告结束。图中右一为黄文弼。

1.2 中国西北科学考查团第一次西北考察

1.2.1 西北科学考查团考察路线

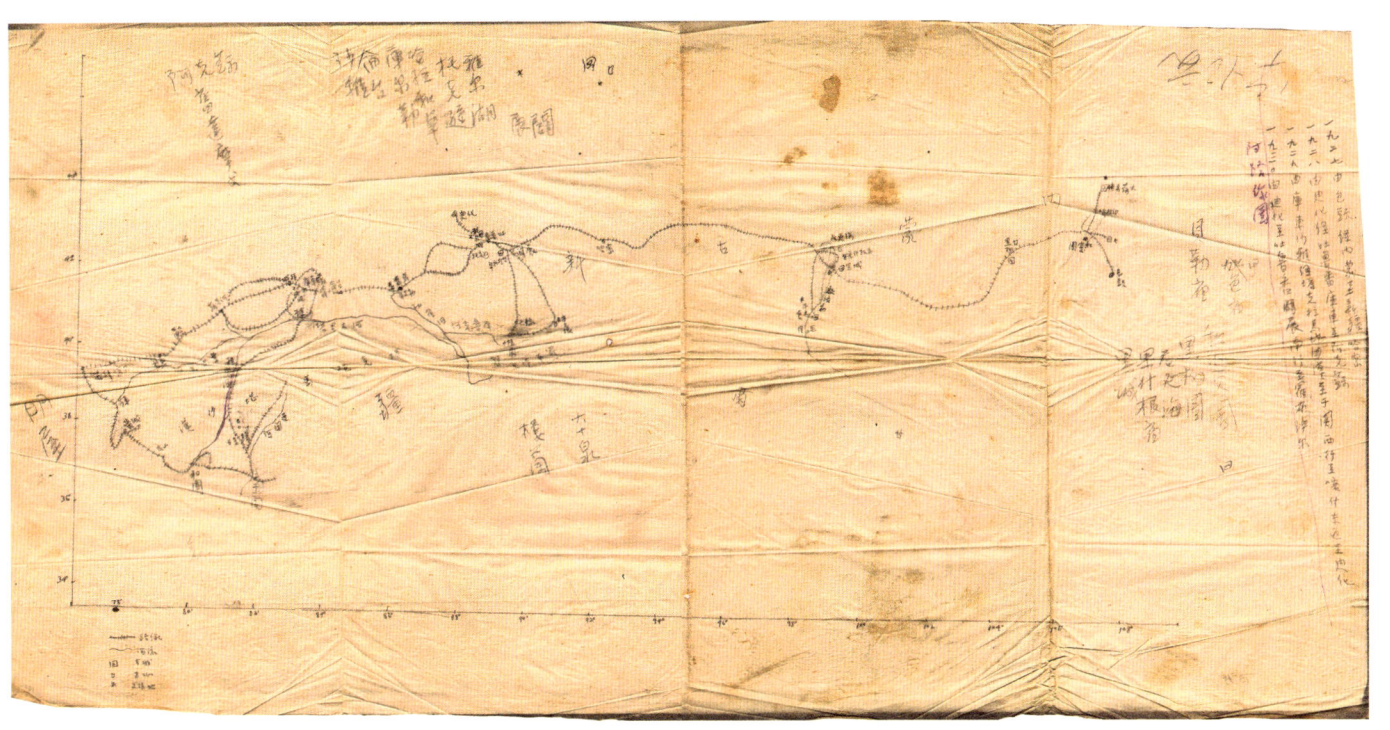

▲ 黄文弼手绘第一次西北考察的路线图

1927年4月，黄文弼加入"中国西北科学考查团"[①]，开始了为期三年半的第一次西北考察。图为黄文弼手绘的考察路线图。

考查团总队的考察路线：北平（北京）—万全（张家口）—高阳（保定）—大同—集宁（乌兰察布）—绥远（呼和浩特）—包头—哈那河—山德庙—哈密—七角井—鄯善—吐鲁番—迪化（乌鲁木齐）—绥来（玛纳斯）—石河（石河子）—塔城。

1928年起黄文弼率领小队从乌鲁木齐出发的南疆考察路线：吐鲁番—托克沁—焉耆—库尔勒—轮台—库车—拜城—阿克苏—巴楚—喀什—英吉沙—莎车（沙车）—叶城—和阗—于阗。

在路线图的右侧，黄文弼用铅笔记录下考查团在四年间的考察路线：

- 1927年，由包头经内蒙古至新疆哈密。
- 1928年，由迪化经吐鲁番、库车至阿克苏。
- 1929年，由库车沙雅经塔克拉玛干沙漠至于阗，西行至喀什东返至迪化。
- 1930年，由迪化至吐鲁番，南行至罗布淖尔。

[①] 关于此次考察团体的名称，当年即有"中国西北科学考查团"和"中国西北科学考察团"两种称谓，但以前者使用更多，学者也多采用此说。本书继续沿用此称谓，以体现原有风貌。

1.2.2　西北科学考查团团徽

　　团徽为圆形徽章，蓝紫色打底。上方的骆驼为剪影式，通体白色，在蓝紫色背景的衬托下显得更加突出，简洁明快。中间为"西北考察团"五字。下方用疏密得当的点表示沙漠，体现出西北科学考查团此去西北环境之恶劣。

　　骆驼是丝绸之路上重要的运载工具，耐饥耐渴，即使在环境恶劣的沙漠中也能存活。用骆驼来作为团徽象征着西北科学考查团坚韧不拔、坚持不懈的精神。

1.2.3　西北科学考查团印章

　　印章为方形，宽廓，阳文小篆字体，"中国西北科学考查团"九字按照三行三列分布，布局方正、平直、饱满，字体圆中有方，圆中寓方，笔画遒劲有力，属于典型的汉印风格。丝绸之路由汉代张骞开辟，此印章展现出西北科学考查团承继汉代张骞之遗风去往西北考察的豪气。

1.2.4 出发前合影

在北大研究所
国学门的合影

1927年5月9日清晨，沈兼士等人在北大国学门为中国西北科学考查团中方团员饯行，图为出发前在北大研究所国学门的合影，左二为黄文弼、左八为团长徐炳昶、左十一为刘半农。

欢送西北科学
考查团团队成
员刘衍淮摄影
纪念

1927年4月30日，欢送西北科学考查团成员刘衍淮（左三）的摄影纪念。刘衍淮于1927年以北京大学物理预科二年级学生的身份成为中国西北科学考查团的首批团员，主要承担气象的观测、路线地图的测绘等工作。他具有摄影和绘画专长，考察途中很多影像记录出自他的手笔。

1.2.5 整装待发

斯文·赫定与考查团中方团员在西直门火车站出发时合影

1927年5月9日,考查团中方团员在西直门火车站与斯文·赫定汇合,赶赴包头大本营。右二为李宪之、右四为袁复礼、右五为刘衍淮、右七为黄文弼、右十为斯文·赫定。

考查团中方团员在包头大本营前的合影

包头是西北科学考查团大本营,团员们在这里做了出发前的准备工作。图为中方团员在包头大本营前的合影,左一为丁道衡、左二为黄文弼、左四为袁复礼、左五为徐炳旭,均是一身户外考察装扮。

1.2.6 考察中的黄文弼

◀ 黄文弼在内蒙古额济纳调查

1927年5月至年底，黄文弼在内蒙古西部考察。图为在额济纳地区调查秦汉长城时的留影。骆驼上的黄文弼背脊挺直，眼神中透露出来的那股坚毅与四周恶劣的自然环境形成了鲜明的对比。

1928年11月19日，黄文弼在塔里木盆地考察途中与刘衍淮的合影留念。

黄文弼与刘衍淮合影 ▶

拍摄于塔里木盆地考察期间，苍凉的天地间是他孤独而坚毅的身影。

◀ 站在沙丘顶端的黄文弼

1930年4月，黄文弼考察罗布泊。当时的罗布泊还是一片水域，没有干涸，甚至可以乘坐独木舟往来。根据西北科学考查团团员陈宗器的测量，当时罗布泊的水域面积达2375平方千米。

黄文弼在罗布泊划"卡盆"（独木舟）▶

远处的皑皑白雪和黄文弼身穿的大衣相映成趣，凸显了十分寒冷的气候环境。

◀ 黄文弼在天山上的留影

第一章 凿空之旅——早年经历和第一、二次西北考察 | 27

◀ 调查途中的黄文弼

刘衍淮镜头下的黄文弼正在认真调查遗址现状,图片左侧的两匹马应是黄文弼所乘的交通工具。

▲ 黄文弼与考查团同仁在迪化（乌鲁木齐）的合影

　　1929年11月，黄文弼结束塔里木盆地的考察返回迪化（乌鲁木齐），图为与考查团同仁在迪化的合影，右一为刘衍淮、右二为黄文弼、右三为袁复礼。从众人的衣着和背景中的积雪可以看出当时的天气十分寒冷。

1.2.7 黄文弼考察途中的收获和记录

《新疆图志》是清末袁大化修、王树枏等纂的清末新疆建省后第一部全省通志。黄文弼摘录了其中伊犁、塔城、阿克苏等地区的人口户籍及宗教群体的相关情况。在第一次考察中，黄文弼携带了几箱古籍图书，以便在考察中以最快速度对发现的文物古迹进行考证和探究。

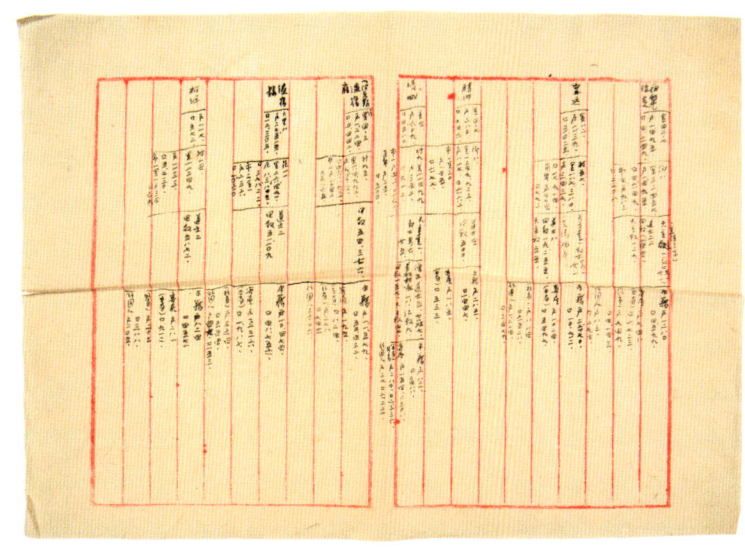

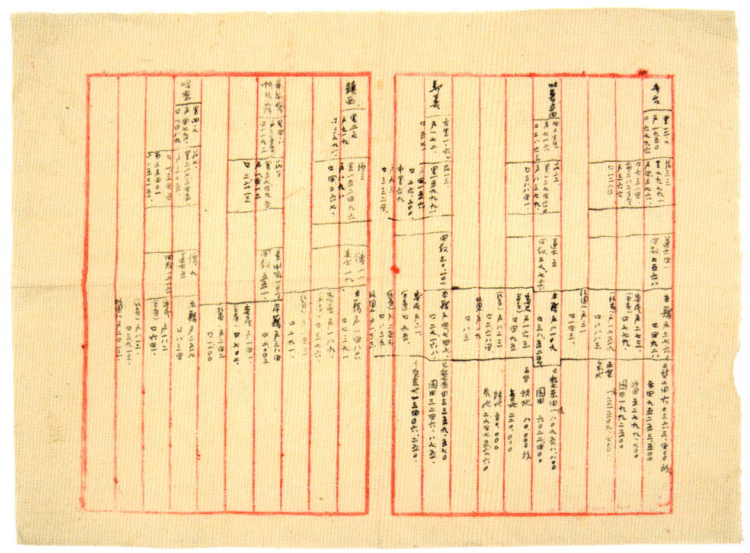

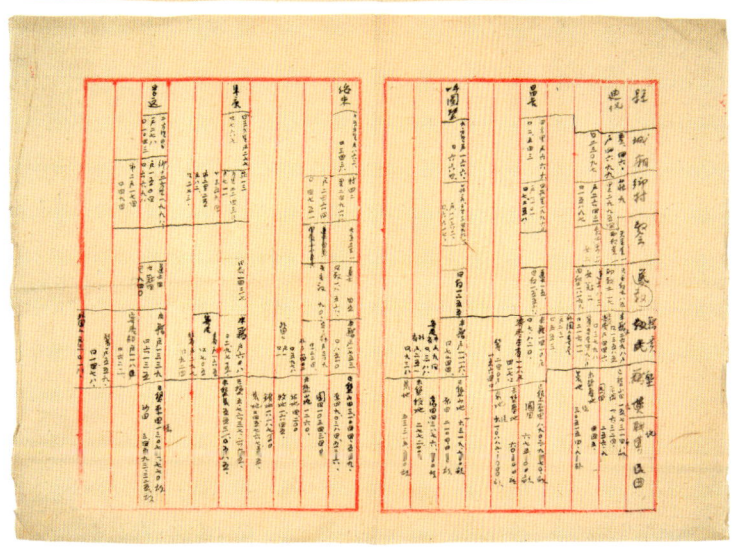

黄文弼摘录《新疆图志》手稿 ▶

▲《阿勒坦汗碑》拓片

　　黄文弼在内蒙古老弄苏木古城附近发现《阿勒坦汗碑》，并制作了拓片。该碑碑文为蒙古文，刻于明万历二十二年（1594）前后，记述了阿勒坦汗生前的活动情况。阿勒坦汗是16世纪蒙古土默特部的杰出首领、成吉思汗第十七代孙。

▲《武周长寿三年张怀寂墓志铭》拓片

黄文弼在吐鲁番江浙会馆拓的《武周长寿三年张怀寂墓志铭》。该墓志于1910年在吐鲁番三堡发现,现藏于新疆维吾尔自治区博物馆。墓志记述了唐代将领张怀寂(630—692)的家世来源,其曾祖父、祖父和父张雄的官职以及张怀寂参与抗击吐蕃、收复四镇的功绩等,是研究唐代西域及民族关系史的重要史料。

黄文弼拍摄的▶
乌鲁木齐红山

红山位于今乌鲁木齐市区,当年周边人烟稀少,依稀可见山顶的寺庙,山下树木稀疏,乌鲁木齐河静静流淌。如今,红山已经成为市中心居民闲暇时游览的公园。

◂ 黄文弼拍摄的高昌城中佛塔

高昌故城位于今吐鲁番市三堡乡，是西汉至元明时期吐鲁番盆地中心重镇。从残存的三层佛塔可以想象到佛塔完整时的恢宏与壮观。2014年，高昌故城作为"丝绸之路：长安—天山廊道的路网"的遗产点构成，被列入世界遗产名录。

◂ 黄文弼发掘交河故城沟西古墓时出土的遗物

交河故城位于今吐鲁番市亚尔镇，是两汉时期车师前国的都城，现存大部分建筑为唐代遗存。交河故城沟西墓地是古城历代居民的公共墓地之一，黄文弼在此发掘得到古物35箱、墓表120余方、陶器数百件。2014年，交河故城作为"丝绸之路：长安—天山廊道的路网"的遗产点构成，被列入世界遗产名录。

吐鲁番采集的伏羲女娲绢画

黄文弼在吐鲁番考察时，采集到一幅伏羲女娲绢画像，高144.3、宽101.7厘米，现藏于中国国家博物馆。伏羲女娲均为人身，伸手相拥，腰下为蛇尾，互相缠绕。女娲执规，伏羲执矩，被日月星辰环绕。

伏羲女娲本为汉代中原地区常见的墓葬画像题材，吐鲁番地区则多见于唐代墓葬中。它保存了华夏民族古朴的历史传统，体现了中华民族文化强大的包容性和生命力。

◀ 巴仑台佛教寺庙考察

黄文弼不仅关注古代遗存，也注重当代民族民俗研究。在焉耆时，他曾前往巴仑台的藏传佛教寺庙进行风俗考察，并留下珍贵的影像资料。该庙俗称黄庙，是土尔扈特部、和硕特部佛教徒朝觐圣地，至今仍香火旺盛。

◀ 黄文弼拍摄的库木吐拉千佛洞

库木吐拉千佛洞位于新疆库车西南约30千米的渭干河出山口及东岸的崖壁上，分南、北两区。1928年，黄文弼在库车地区佛教遗存考察的第一站正是该遗址。采集到佛像残卷、瓦片、铜片等遗物，并就佛像形制和焉耆明屋进行对比，初步判断该石窟开凿于两晋，经隋唐延续至宋代，具有明显的龟兹风格。

◀ 黄文弼所摄
克孜尔石窟
佛说故事图

　　克孜尔石窟位于新疆拜城县克孜尔镇东南7千米处明屋塔格山的悬崖上。黄文弼是继清朝人徐松之后第一个到达克孜尔石窟的中国学者，也是第一个对该遗址进行科学调查的学者。1928年，他自东向西调查了146个洞窟，以"天地玄黄宇"为区域代号进行编号，并对洞窟中的题记、壁画与佛像形制进行了详细的文字记录和拍照。采集有经卷残件、木版、纺线机残件、汉语文书等遗物。图为黄文弼拍摄的克孜尔石窟佛说故事图。

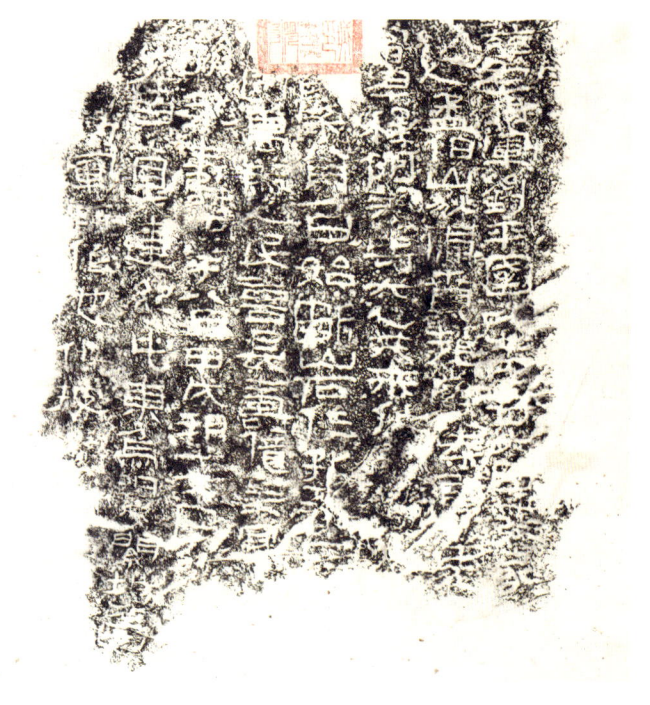

▲ 刘平国刻石拓片

刘平国刻石又名"刘平国治关城诵",位于新疆拜城东北150千米的黑英山乡哈拉塔山博孜克日格沟摩崖上。记载了东汉龟兹左将军刘平国于永寿四年(158),率领孟伯山等人来到山口处修建亭障之事。反映了两千多年前,各族人民共同开发西域的历史事实。黄文弼在拜城调查的最后一站,即勘察了该刻石,并做了详细记录。

▲ 黄文弼绘制的土垠遗址及其发掘现场

土垠遗址位于罗布泊北岸、楼兰古城以南,是沿水路抵达楼兰的必经之处。1930年4月13日,黄文弼成为首位考察罗布泊的中国考古学者。4月23日,黄文弼首次发现土垠遗址,这是继楼兰古城之后在罗布泊地区发现的第二个重要遗址。黄文弼在此发掘、采集到西汉木简70余支,确认其为西汉宣帝至成帝时期使用的烽燧遗址,是汉王朝有效管理西域的实证资料。

黄文弼手绘的罗布泊女尸

　　黄文弼在罗布泊地区的考察持续到1930年5月6日，发现了一批遗址、墓葬，采集到玉斧、玉刀、陶杯、木碗、铜镞、铜镜、丝绸、铁器、骨器、钱币等遗物，通过对墓葬及遗物的分析，黄文弼判断此处有受汉文化西渐影响的痕迹。图为黄文弼手绘的罗布泊女尸，发现于1930年4月20日，整体被毛毯包裹，对了解古楼兰人种提供了重要信息。从图中精炼细致的笔触，也可以看到黄文弼深厚的绘画功底。

▲ 西北科学考查团中黄文弼所用标签记录纸

  标签记录纸的正面上方为"中国学术团体协会西北科学考查团"的中英文，中间空白之处应为考察人员撰写考察发现物品的名称及发现地点；背面左侧划分为"号数""物品""种类""时代""出土地""发现日期""发现人"和"备注"，右侧则由发现人根据发现物品的相关信息。

  这种信息记录方式简明、翔实、有序，与今天考古工作所填写的遗物采集信息极为相近。

1.2.8 考察途中的风景与生活

◀ 刘衍淮绘制的树林里的斯文·赫定博士

初稿绘于1927年9月16日内蒙古考察期间，1928年7月6日补作于库车。描绘了在Ourantaulrei一带宿营的场景，三棵树后面隐藏着人字形帐篷，帐篷中是斯文·赫定和两名孩童。

刘衍淮绘制的团员工作场景 ▶

初稿绘于1927年9月16日内蒙古考察期间，1928年7月6日补作于库车。描绘了在Ourantaulrei一带，正在帐篷一侧拿着测量工具做观测的考查团团员。

◀ 刘衍淮绘制的林中住所

　　初稿绘于1927年9月16日内蒙古考察期间，1928年7月6日重作于库车。描绘了考查团在Ourantaulrei一带宿营，平沙漠漠，树林中的帐篷若隐若现。

◀ 刘衍淮绘制的沙山日落

　　初稿绘于1927年9月16日内蒙古考察期间，1928年7月6日补作于库车。描绘了Ourantaulrei一带落日的场景，画面中光芒四射的太阳缓缓沉降于山峦之后，远处大漠黄沙，苍凉而壮美。

第一章　凿空之旅——早年经历和第一、二次西北考察 | 41

◀ 刘衍淮绘制的黄文弼先生的帐篷

绘制于1927年9月20日。当时考查团在赶往额济纳河的路上，因前几日路途颠簸，当天决定休息一日。可以看到黄文弼帐篷门口有大小两个箱子，或许就是黄文弼专门携带的放有大量古籍的行李箱，以供随时查阅之用。

◀ 刘衍淮绘制的斯文·赫定所乘的骆驼

初稿绘于1927年9月21日内蒙古考察期间，10月7日（年份不明）重作于库车。绘制地点为Schalazag，作为驮运工具的骆驼安详地静卧在地上。

◀ 刘衍淮绘制的调查途中一景

初稿绘于1927年9月21日内蒙古考察期间，10月7日（年份不明）重作于库车。描绘了Schalazag一带的景色，画面中的植被疑似是一片胡杨林，远处用极简的笔触勾勒出山丘的轮廓。

◀ 刘衍淮绘制的Sügingzag考查团驻地

初稿绘于1927年9月24日，1928年7月13日重作于库车。此时考查团刚刚走出巴丹扎兰格沙漠（巴丹吉林沙漠），在稀疏的杨树林中驻扎休整。

◀ 刘衍淮绘制的调查途中的一景

初稿绘于1927年9月24日内蒙古考察期间，1928年7月14日重作于库车。描绘了Borzungging的一处遗址，周边一片荒凉，附近生长有稀疏的树木。考查团于次日在此处踏查，推断为一处古代要塞。

◀ 刘衍淮绘制的黑城遗址

初稿绘于1927年9月26日，1928年7月18日重作于库车。描绘了黑城遗址的一角，角楼清晰可见，后面的残垣断壁伫立在荒凉的沙漠中。黑城遗址位于内蒙古额济纳旗达来呼布镇南偏东方向约22千米，建于公元9世纪的西夏政权时期，明洪武五年（1372）后废弃。1927年秋，黄文弼成为第一个考察黑城遗址的中国学者，在这里采集到一批宋元文物，并做了测绘。

◀ 刘衍淮绘制的营地篝火

  初稿绘于1927年9月27日内蒙古考察期间，7月16日重作于库车。描绘了考查团在cyaHenduhuei一带宿营时，营地中熊熊燃烧的篝火，在风中摇曳不定，颇具意境。

◀ 刘衍淮绘制的爱金河畔的一幕

  初稿绘于1927年9月28日内蒙古考察期间，1928年7月20日重作于库车。可以看到爱金河两岸水草丰茂，考查团的帐篷倚树而立，对岸树木葱茏。

第一章 凿空之旅——早年经历和第一、二次西北考察 | 45

◀ 刘衍淮绘制的
爱金沟

　　初稿绘于1927年9月28日内蒙古考察期间，1928年7月22日重作于库车，绘制地点为爱金沟，在图片的右侧应该是考查团团员所架设的测量设备。

◀ 刘衍淮绘制的
爱金沟一景

　　初稿绘于1927年9月29日内蒙古考察期间，1928年7月25日重作于库车。图中爱金沟景色用水粉绘制，可以看到两岸的林地、河中的沙洲以及绿树掩映下考查团的帐篷。

◀ 刘衍淮绘制的调查途中的一景

初稿绘于 1927 年 10 月 13 日内蒙古考察期间，1928 年 9 月 8 日重作于库车。描绘了 Lubulang Eieng 的一处干河沟，秋日的草场茂密，树木点缀其间。

◀ 刘衍淮绘制的调查途中的一景

初稿绘于 1927 年 10 月 14 日内蒙古考察期间，9 月 10 日（年份不明）重作于库车。描绘了 Adakchahan 一带的景色，画面中间为一条小溪，两岸有高大的树木和低矮的山丘。

刘衍淮绘制的河口烽墩

绘于1927年10月17日内蒙古、甘肃考察期间。描绘了高山下绿洲附近的一处烽墩遗址，烽燧剥蚀严重，但基本形制依稀可辨。从侧面证明了此处应为古代军事和商贸往来的必经之地。

刘衍淮在赶往毛目县途中绘制的河口

初稿绘于1927年10月17日内蒙古、甘肃考察期间，1929年10月13日重作于库车。近景是一条平缓的河流，河流对岸是浓密的植被，远处是高耸的山脉。

◀ 刘衍淮绘制的
东地湾的正面

绘于1927年10月20日内蒙古、甘肃考察期间。正中应为一座古堡类建筑，根据笔触和图中的阴影，推测此图绘制时，太阳应在画面左侧。

◀ 刘衍淮绘制的
自南向北望的
东地湾

初稿绘于1927年10月20日内蒙古、甘肃考察期间。描绘了东地湾的侧面，能明显看出和上图东地湾古堡正面精准的对应关系。

◀ 刘衍淮绘制的
毛目县城

初稿绘于1927年10月25日内蒙古、甘肃考察期间，1929年4月28日重作于库车。画面中的毛目县城一角，城墙、角楼、马面保存完好，时值深秋，树木凋零。毛目县治所在今甘肃金塔县城东北鼎新镇，清雍正十三年（1735）始设，1928年改名为鼎新县。

◀ 刘衍淮绘制的
毛目县城中的
郭宅一景

初稿绘于1927年10月26日内蒙古、甘肃考察期间，1929年5月16日重作于库车。描绘了毛目县城郭氏宅院外景，具有典型的中式木构建筑风格。

◀ 刘衍淮绘制的
莫陵沟

初稿绘于1927年11月10日内蒙古、甘肃考察期间，1929年5月16日重作于库车。描绘了莫陵沟的景色，沟中生长有大量的灌木，远处有平缓的山坡。

◀ 刘衍淮绘制的
驻地一景

初稿绘于1927年11月18日内蒙古、甘肃考察期间，1929年5月16日重作于库车。考查团驻地一片荒芜，左侧帐篷上的装饰图案清晰可见。

◀ 刘衍淮绘制的
调查途中一景

初稿绘于1927年11月22日内蒙古、甘肃考察期间，1929年5月27日重作于库车。低矮的山丘植被荒芜，仅有远处的3棵树，表现一种孤寂的意境。

◀ 刘衍淮绘制的
调查途中一景

初稿绘于1927年12月7日内蒙古、甘肃考察期间，1929年5月27日重作于库车。画面中3位考查团的队员在山谷中前进，似乎在寻找些什么。两侧山峰林立，谷内有溪水流淌。

◀ 刘衍淮绘制的调查途中一景

初稿绘于1927年12月7日内蒙古、甘肃考察期间，1929年6月9日重作于库车。描绘了Schala Hulusung一带的景色，山势十分陡峭，山下林木茂盛。

◀ 刘衍淮绘制的调查途中一景

初稿绘于1927年12月7日内蒙古、甘肃考察期间，1929年6月9日重作于库车。描绘了Schala Hulusung的一处山谷中，一棵枯树在寒风中挺立。

◀ 刘衍淮绘制的从庙儿（尔）沟南山北望中的天山雪峰

初稿绘于1927年12月27日哈密考察期间，1929年6月9日重作于库车。图中的天山雪峰林立，云海茫茫。庙尔沟位于天山南麓，距离哈密市约35千米，哈密回王曾在此处修建行宫，现已不存。哈密回王为清至民国初哈密札萨克和硕亲王的简称，是哈密地方的封建领主。

◀ 刘衍淮绘制的庙儿（尔）沟南山上的建筑物

初稿绘于1928年1月3日哈密考察期间，1929年6月9日重作于库车。可以看到矗立在庙尔沟南山顶上的一座半圆形穹顶建筑，应是哈密回王的行宫。考查团于1928年1月7日抵达哈密城，并在哈密修整月余。休整期间，黄文弼还先后参观了回王陵、柴胡庙附近的明代烽燧等。

◀ 刘衍淮绘制的
回城西门

初稿绘于1928年2月8日哈密考察期间，1929年8月6日重作于库车。可以看到当时的哈密回城西门附近城墙高耸，城墙上修建有城楼，旁边还筑有一座更高的建筑，可能是角楼或瞭望塔。哈密回城始建于康熙四十五年（1706），是历代回王居住、生活、工作之所。

◀ 刘衍淮绘制的
哈密西河坝

初稿绘于1928年2月8日哈密考察期间，1929年12月6日重作于库车。描绘了哈密西河坝一景，一座木质的桥梁跨越湍急的河水，远处是依托河岸生长的树林。西河坝今天又名哈密河，发源于东天山，在哈密市南注入南湖，是哈密绿洲的主要水源之一。

◀ 刘衍淮绘制的
远望中的新城

绘于1928年2月10日哈密考察期间。描绘了哈密新城一座城门附近的景观，城墙右侧应是一座角楼，城内建筑屋顶依稀可见。哈密新城始建于清同治七年（1868），为哈密办事大臣文麟在老城西北角营建。

◀ 刘衍淮绘制的
哈密北门

绘于1928年2月10日哈密考察期间。描绘了哈密城北门外的景色，城楼和城墙上的垛口历历在目。彼时正值冬季，城外枯木林立，萧瑟孤寂。

右图绘于1928年2月10日哈密考察期间。从一个特殊的角度描绘哈密城，近景为突出的墙台，远处的城楼清晰可见。1928年2月12日，考查团一行离开哈密，走天山南路，经一碗泉、七角井、辟展（今鄯善）、吐鲁番、托克逊、达坂城、柴窝堡于1928年3月8日抵达迪化（今乌鲁木齐）。

下图为荒凉戈壁中的一座土丘，可能是烽燧一类的遗存，拍摄地点不明。

▶ 刘衍淮绘制哈密城一角

▲ 刘衍淮拍摄的土丘

▲ 刘衍淮拍摄的木构建筑遗存

可以看到倒塌的建筑，在木质横梁上方似以芦苇或草覆盖。拍摄地点不明。

▲ 刘衍淮拍摄的迪化（乌鲁木齐）街景

泥泞的道路两侧分布着低矮的房屋，在右侧房屋后排还有一座宣礼塔。1928年3月8日，考查团抵达乌鲁木齐，逗留一个多月后，分为多支队伍分头展开新疆考察。

◀ 刘衍淮在空中拍摄的古城

可能采用气球高空拍摄，拍摄时间地点不明。可以看到画面中心古城的整体结构，城内建筑依稀可辨，周边的耕地、河流、山丘也一览无余。

◀ 刘衍淮在空中拍摄的哈密三堡坎渠灌溉系统

可能采用气球高空拍摄，应拍摄于1927年底至1928年初。拍摄主题是哈密三堡附近的坎儿井灌溉系统，可以看到交织的河网，但是坎儿井似乎并不清楚。三堡今隶属哈密市伊州区五堡镇，地处白杨河绿洲，土壤肥沃，坎儿井灌溉系统发达。

◀ 刘衍淮在空中拍摄的调查图像

　　可能采用气球高空拍摄，拍摄时间地点不明。可以看到峡谷中蜿蜒的河道，及河口西侧的城池轮廓。

◀ 刘衍淮在空中拍摄的调查图像

　　可能采用气球高空拍摄，拍摄时间地点不明。左侧依稀可以看到有一座城镇，近处是沟壑纵横的地貌。

◀ 刘衍淮拍摄的考查团的帐篷

拍摄时间地点不明。可以看到帐篷四周鲜有植被覆盖，属于荒漠，调查条件十分艰苦。

◀ 考查团行进在阿拉癸沟

阿拉癸沟今名阿拉沟，距离托克逊县达67千米，是穿越天山的著名通道。图中考查团的马匹均驮运有木箱等考察所需设备及行李，正在艰难渡过河流。

1.2.9 考察途中的书信往来

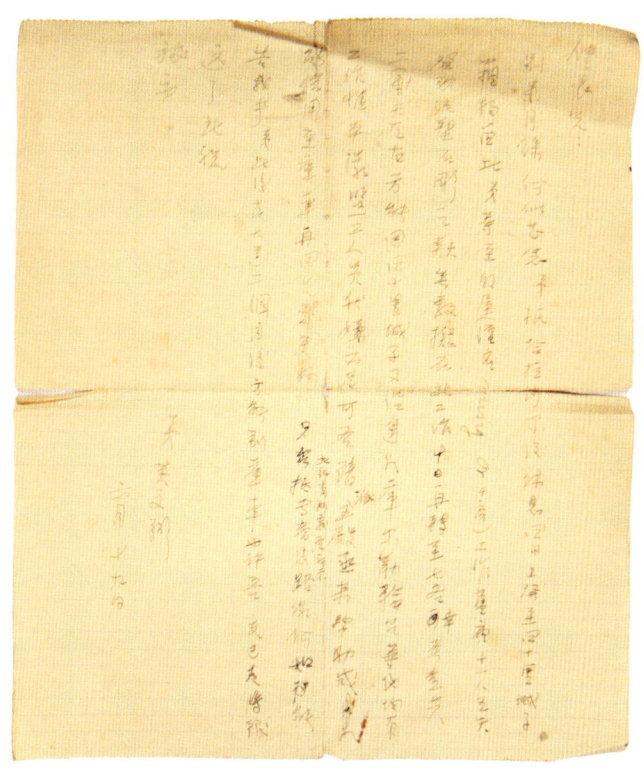

▲ 黄文弼给丁道衡的信函

此信写于1929年6月19日。黄文弼向丁道衡介绍了近期的工作进展，并表达了希望他派遣王殿丞前来协助的请求。丁道衡（1899—1955），字仲良，著名地质学家、古生物学家、教育家和社会活动家，毕业于北京大学地质系，1927年参加中国西北科学考查团。

信函全文如下：

仲良兄：

　　别来月余何似，甚念。弟抵哈拉沙尔后，休息四日，出发至四十里城子，箱物留此。弟等至明屋（缠名ming or 千房）工作，旧庙，十一人五天，发现泥塑石雕之类无数，拟在此工作十日，再转至七各幸考查，共二十天左右，方能回四十里城子，又沿途如库尔勒、轮台等地，均有工作，惟本队监工人员犹嫌不足。可否请派王殿丞来帮助几日？如能借用至库车再回兄处更妙。（此行有妙处否？祈示。）兄抵焉者后路线何如？能告我乎？弟此后走大道，二个月后方能到库车，也许吾兄已走得很远了。

　　此祝

　　旅安。

弟黄文弼

六月十九日

此函应发于1929年。袁复礼向和阗县县长陈继善说明西北科学考查团回程路线安排，其中回程团员为黄文弼、丁道衡、李宪之、刘衍淮、袁复礼等七人，除一人携带仆人、驼夫驮运行李及考察物品走草地返回北平外，其余六人计划经西伯利亚从海参崴返回。

▶ 袁复礼为黄文弼取道苏联回国寄陈继善的函件

1929年10月19日，李宪之在迪化（乌鲁木齐）向署长提交绕道西伯利亚返回北平的人员名单，并请求省政府主席批准发放护照。名单包含了七位团员的籍贯和年龄：袁复礼（河北徐水县，37岁），黄文弼（湖北汉川县，38岁），丁道衡（贵州织金县，30岁），刘衍淮（山东平阴县，22岁），龚元忠（江苏吴县，24岁），白万玉（河北龙关县，30岁），李宪之（河北赵县，26岁）。

▶ 李宪之上报取道苏联回国人员名单

1.2.10 考察途中的消费情况

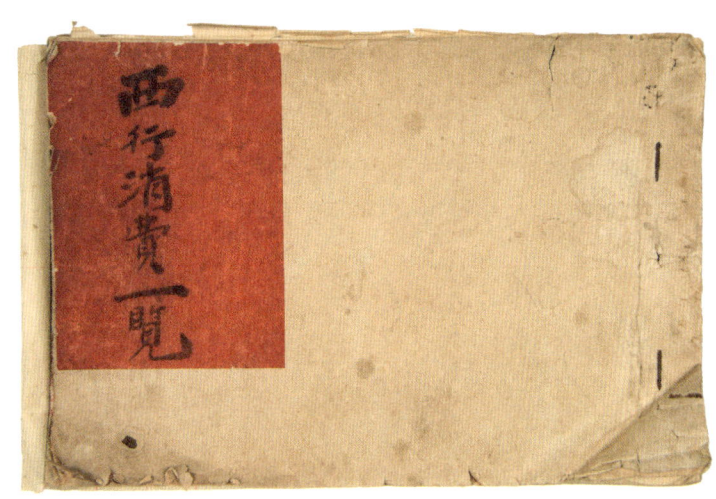

▲ 考查团消费明细的封皮

考查团途径多地,各地经济发展水平不同,流行货币也略有不同,所以考查团的账单中出现了洋元和纸币(新疆财政厅发行的地方性货币)两类。根据记录,考查团先后收到洋元407.3元,纸币2156.5两,支出洋元407.3元,纸币1858.2两,结余298.3两。记账人员详细记载了每一笔支出,透过这些支出明细,可以掌握考察人员在各地的消费情况,同时也有助于了解各地的经济发展状况。

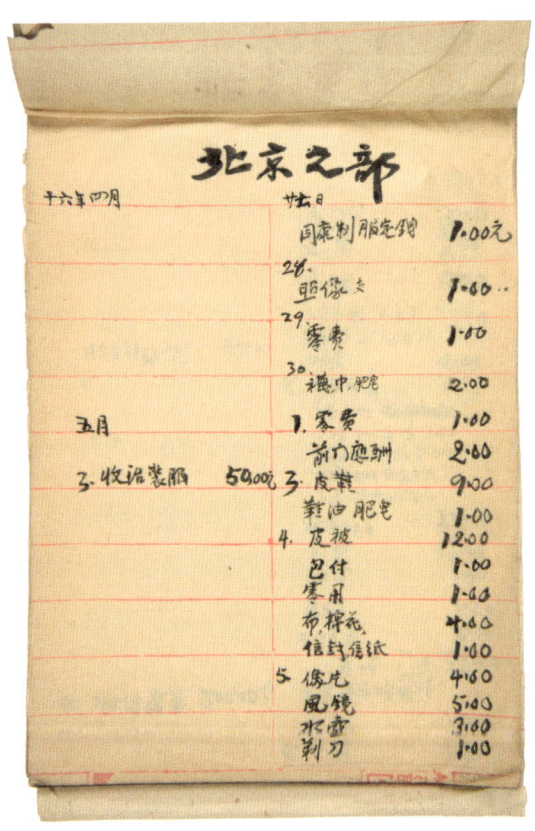

◀ 考查团在北京的收支明细

计量单位为元。支出项目有照相费、前门应酬费,还购买了袜子、皮鞋、鞋油、肥皂、布、棉花、信封、信纸、水壶、剃刀等考察所需物资及生活用品。

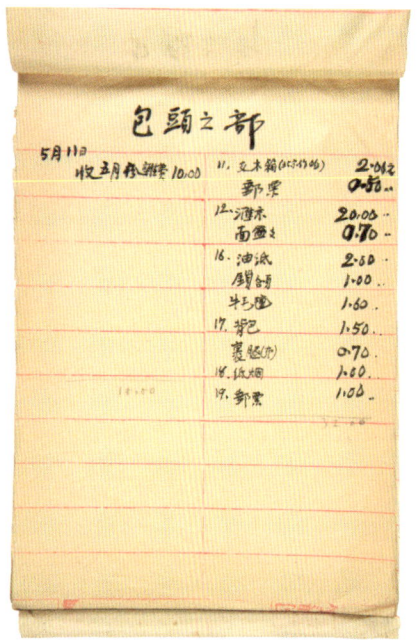

▲ 考查团在包头的收支明细

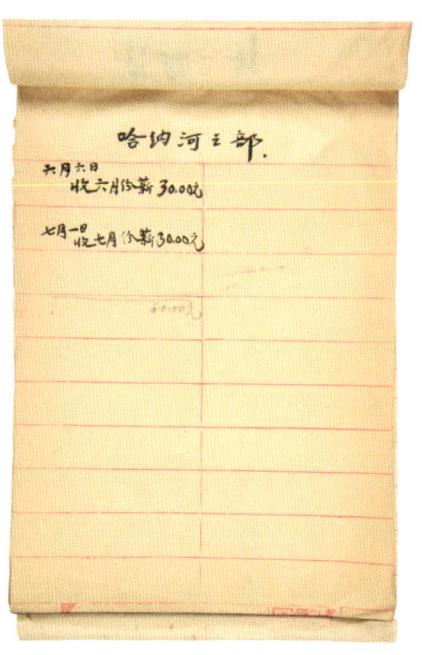

▲ 考查团在哈纳河的收入明细

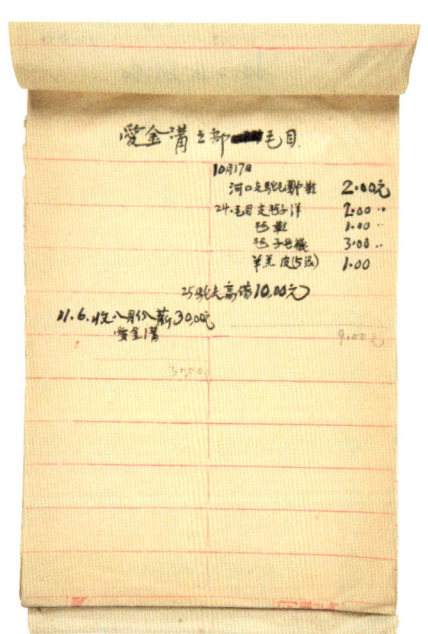

▲ 考查团在爱金沟的收支明细

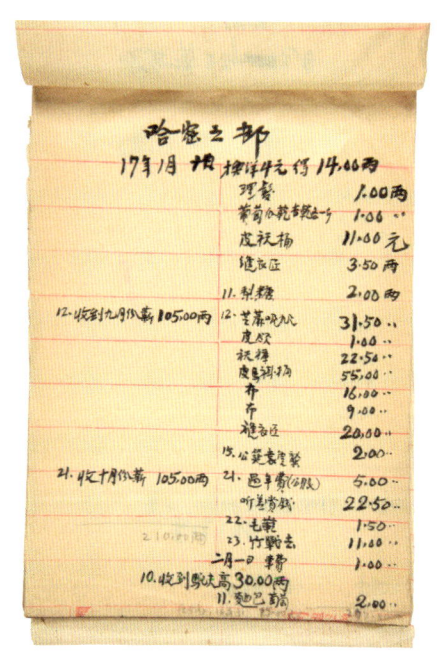

▲ 考查团在哈密的收支明细

左上图为计量单位为元。考查团收到5月份的杂费10元，在包头购买了邮票、木箱、油纸、背包、裹腿布和纸烟等。

左下图为考查团在爱金沟收到了8月份的薪酬费，并在爱金沟购买了驼毛围巾、驼毛鞋，在毛目县购买了毡鞋、毡子袜和羊羔皮等。

右上图为考查团在哈纳河收到了6月份及7月份的薪酬费。

右下图为计量单位为两。考查团在哈密收到了9月份及10月份的薪酬费，并将洋银元换为银两。在哈密购买了葡萄干、杏干、梨糖、皮袄桶等物资及生活用品，还产生了理发、车费以及向缝衣匠支付的费用等。

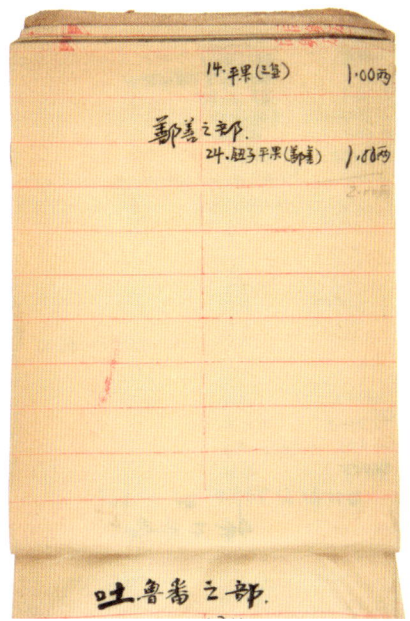

▲ 考查团在鄯善购买了苹果

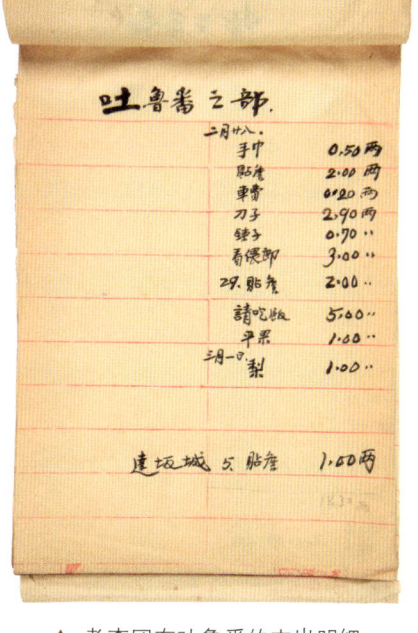

▲ 考查团在吐鲁番的支出明细

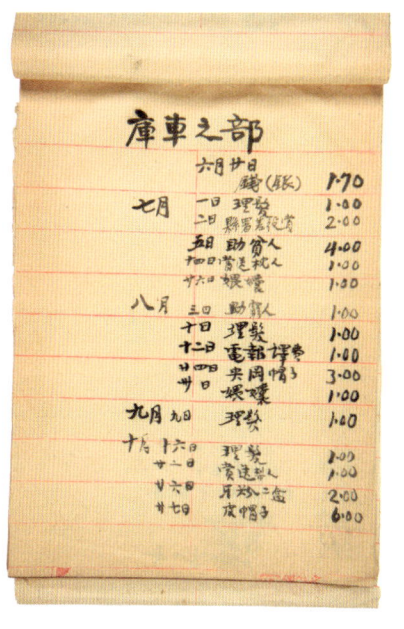

▲ 考查团在库车的收支明细

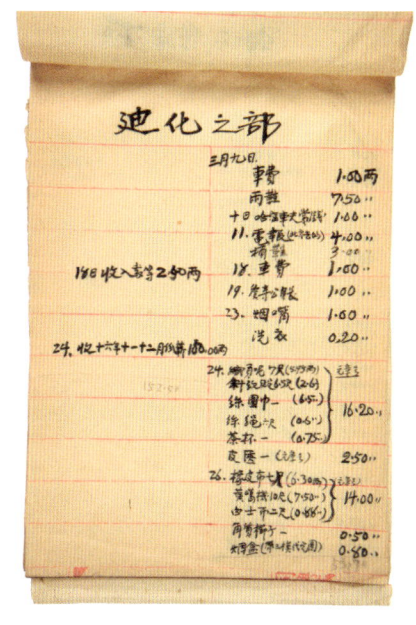

▲ 考查团在迪化的收支明细

两上图为考查团在吐鲁番和达坂城购买了手巾、刀子、剪子、苹果和梨等生活用品，并产生了车费和"请吃饭"的费用。

左下图为考查团在库车产生了理发、电报译费等支出。

右下图为考查团在迪化（乌鲁木齐）收到11月和12月的薪酬，购买了雨鞋、烟嘴、茶杯、烟盒等物资和生活用品，并产生了车费、电报费、洗衣费、布鞋费等支出。

1.2.11 第一次西北考察成果

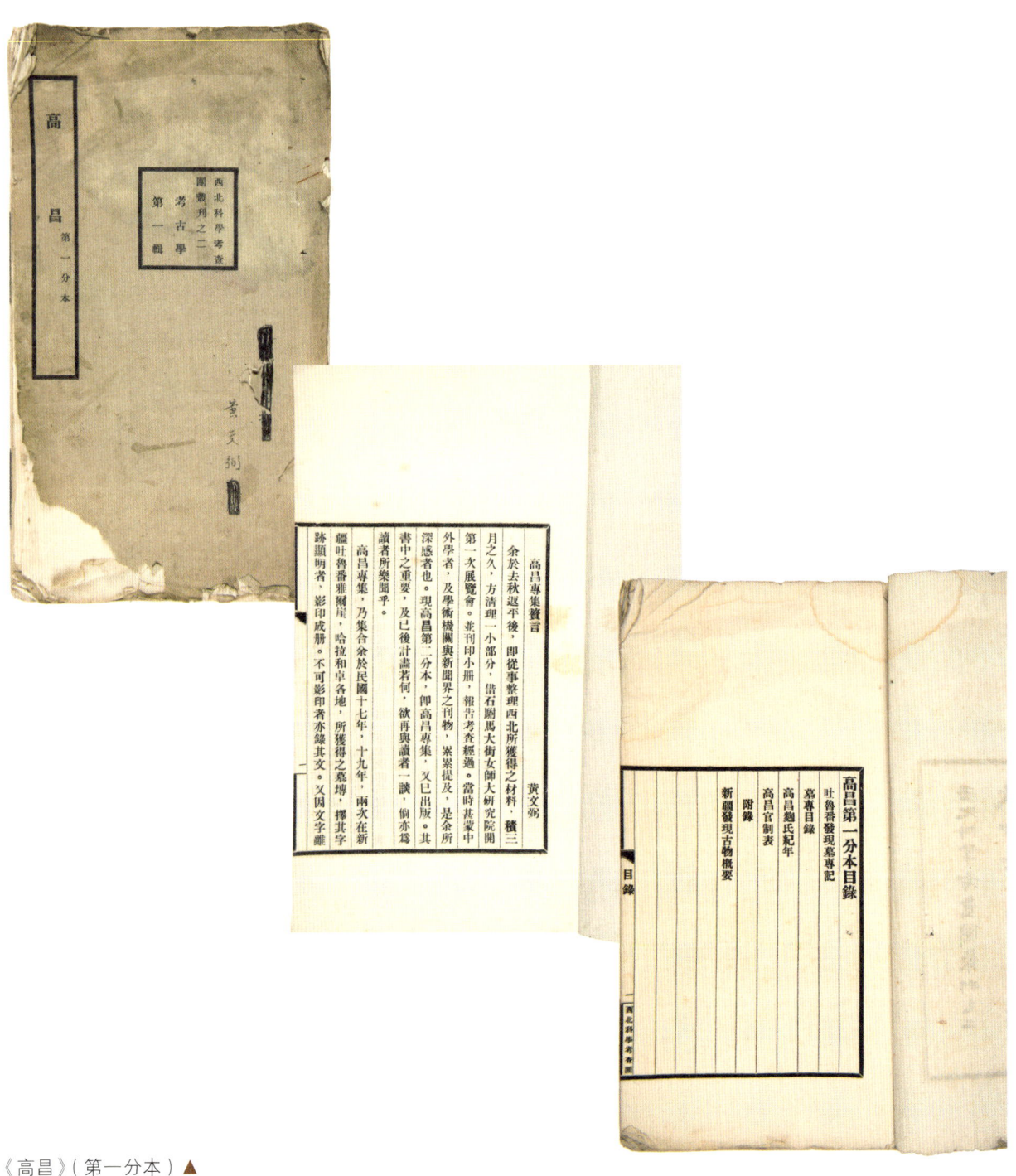

《高昌》（第一分本）▲

黄文弼《高昌》（第一分本）于1931年出版，是西北科学考查团丛刊系列之二。该书内容主要涵盖了黄文弼在吐鲁番地区考察发现的墓志记载、墓砖，以及根据其在吐鲁番的发现所整理的高昌国麹氏纪年和高昌官职表，最后还附有在新疆发现的古物概要。

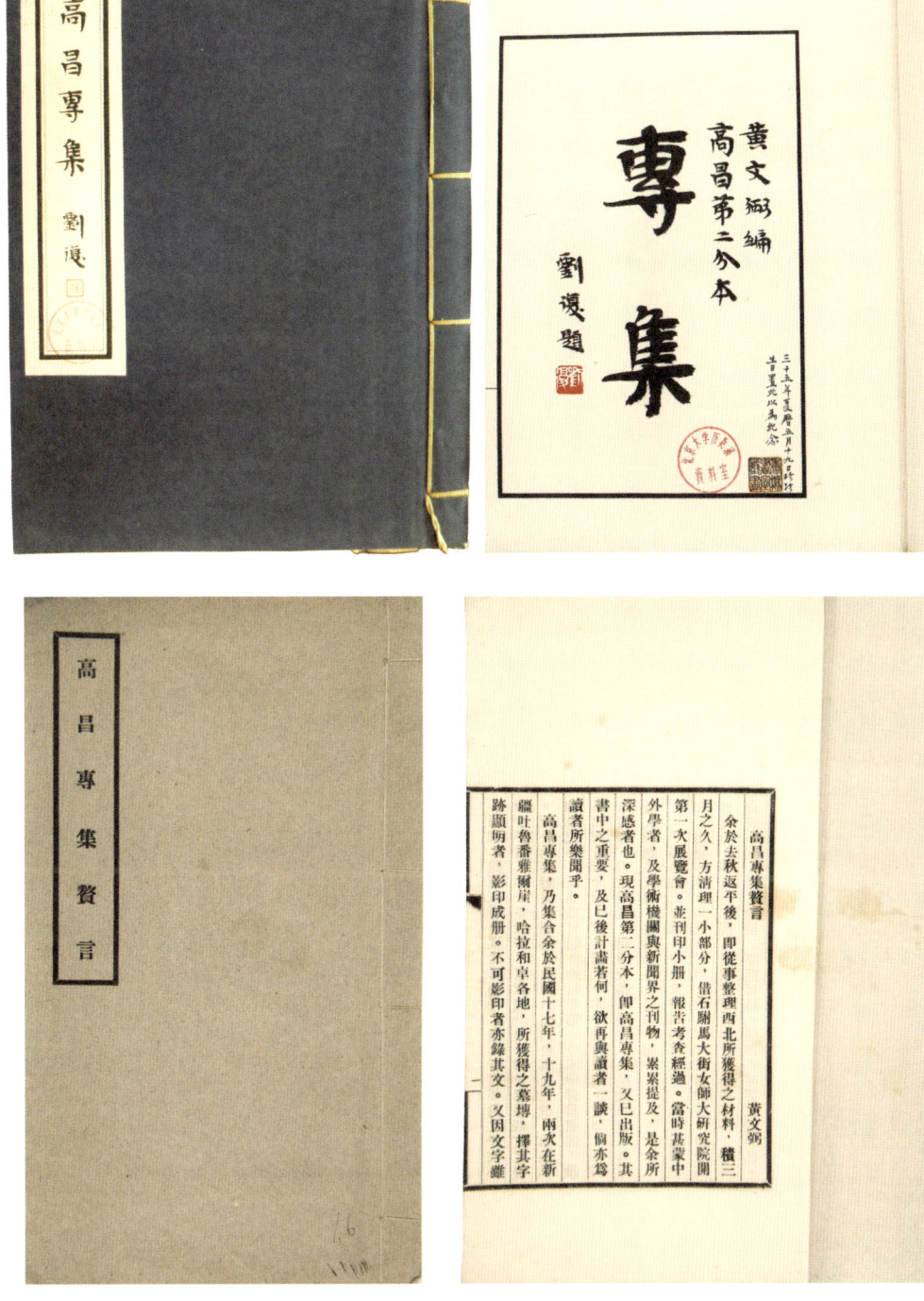

▲《高昌专集》《高昌专集赘言》

  黄文弼《高昌专集》一名《高昌》第二分本，1931年由西北科学考查团印行，为"三记两集"中最早出版的著作。主要收录了黄文弼在吐鲁番地区发现的"刘保欢墓表""张保守墓表"共计17方墓表及墓志。同年还印发有《高昌专集赘言》，介绍了《高昌专集》的内容出处，主要依托黄文弼于1918年、1920年在吐鲁番雅尔崖、哈拉和卓各地采集及挖掘到的墓砖上的相关信息。

1951年，黄文弼又将《高昌》（第一分本）和《高昌专集》修订合并为《高昌砖集》（增订本）再次刊行。

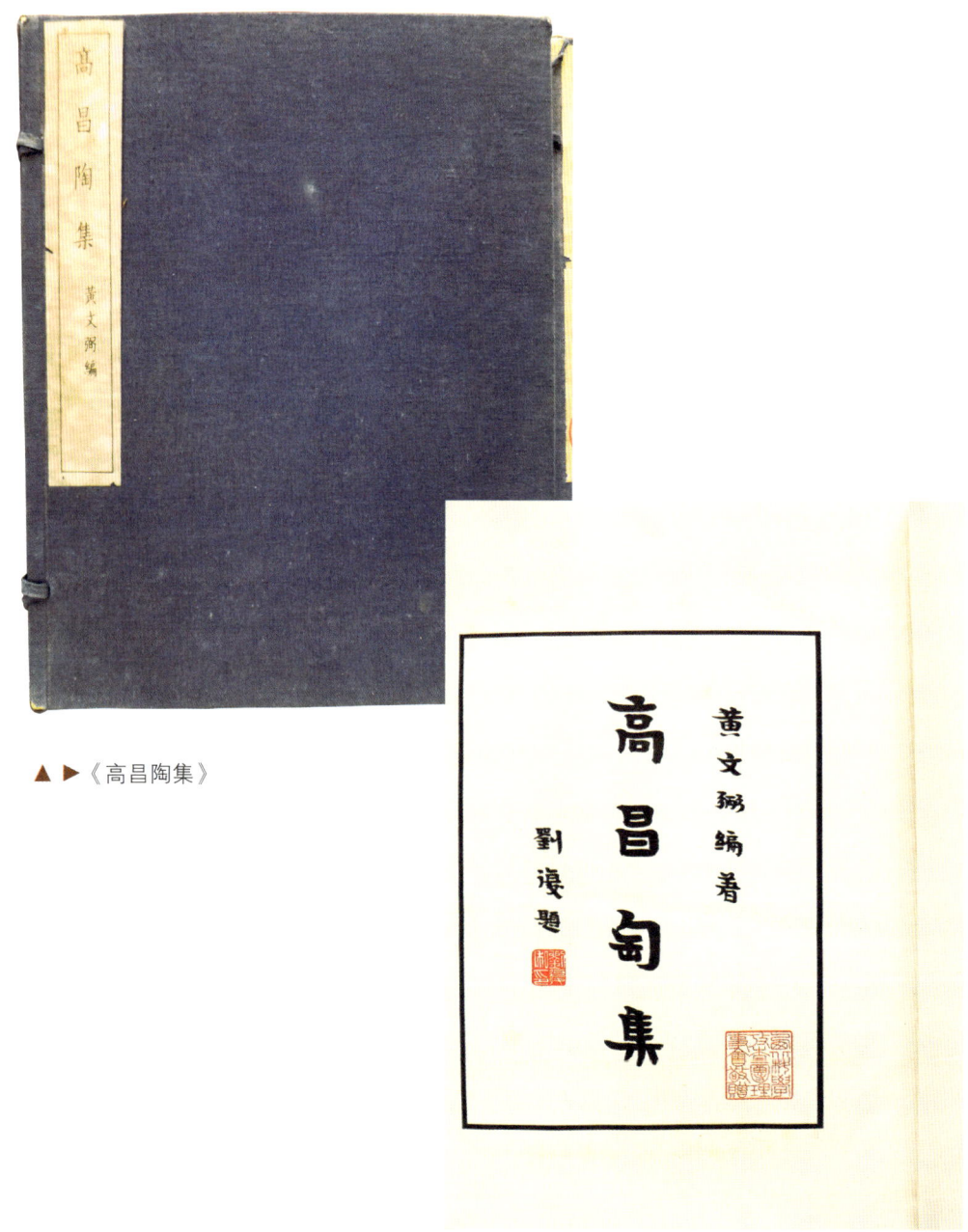

▲ ▶《高昌陶集》

黄文弼《高昌陶集》于1933年由西北科学考查团理事会印行，是"三记两集"之一。上篇介绍黄文弼在吐鲁番地区的考古发掘报告和研究，下篇是在吐鲁番出土800件陶器中选择的100多件精品的图录。该书通过新疆彩陶的断代，反驳了瑞典考古学家安特生提出的"中国彩陶西来说"。

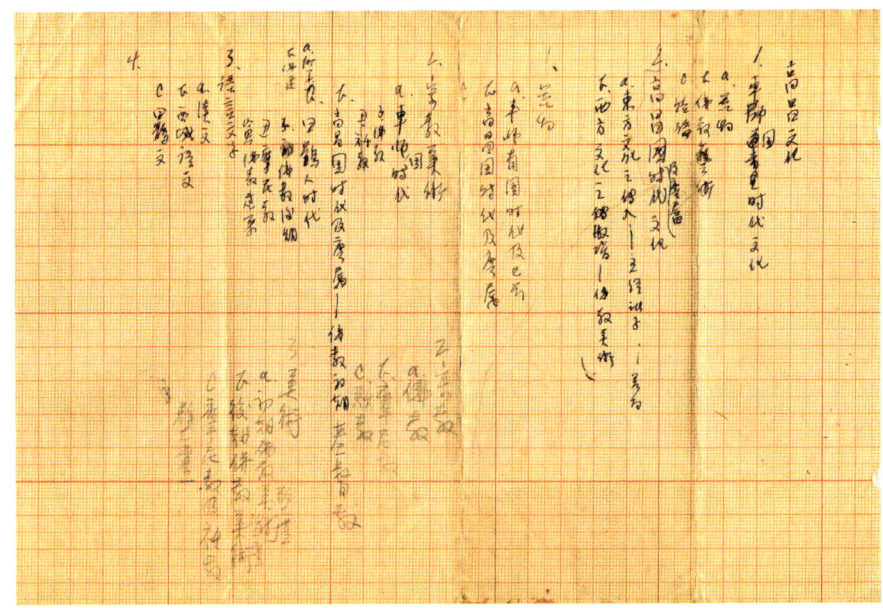

手稿简要列举了后续研究所要撰写的内容板块，主要有高昌文化，下分为车师国时代文化和高昌国时代文化两个部分；还有器物、宗教美术、语言文字等。

此外，黄文弼在第一次考察结束后，还先后发表了多篇研究性文章，主要有《居延海考》《拜城博者克拉格沟摩崖》《楼兰之位置及其与汉代之关系》等。

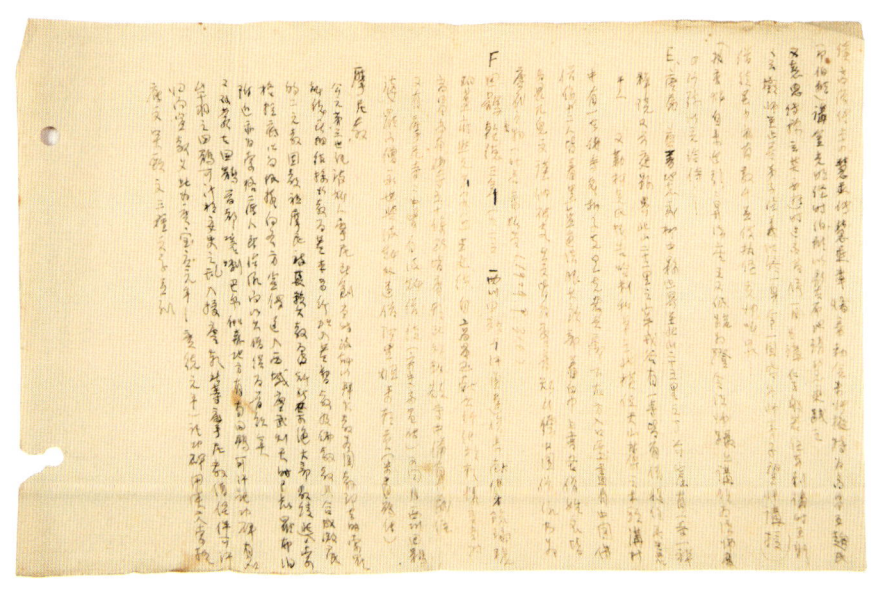

◀ 黄文弼撰写的吐鲁番研究手稿

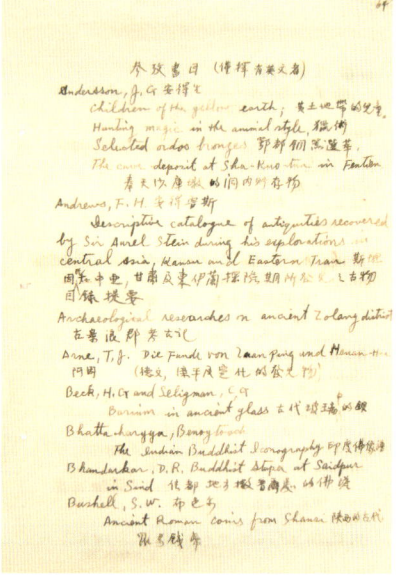
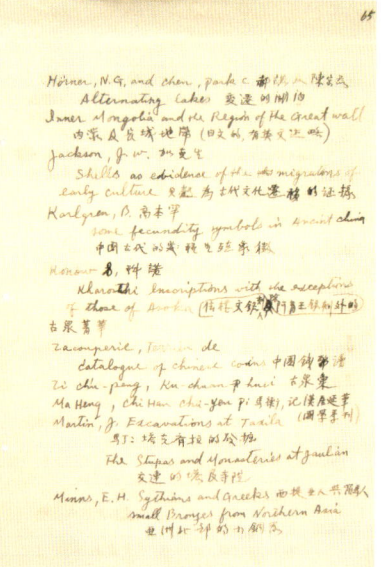
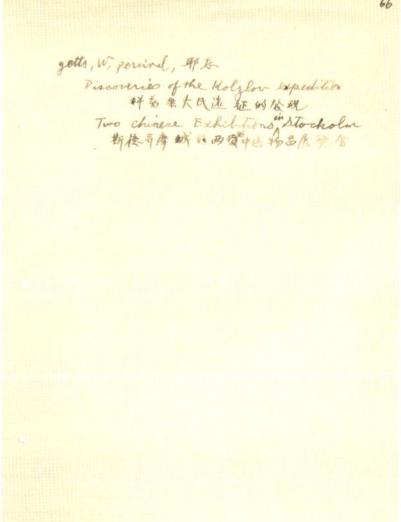

◀ 黄文弼撰写的英文参考书目清单

参考书目中主要有安特生撰写的《黄土地带的儿童》《鄂都铜器选粹》《奉天沙库墩的洞内贮存物》，阿因撰写的《滦平及宣化的发现物》研究性书籍或文章。

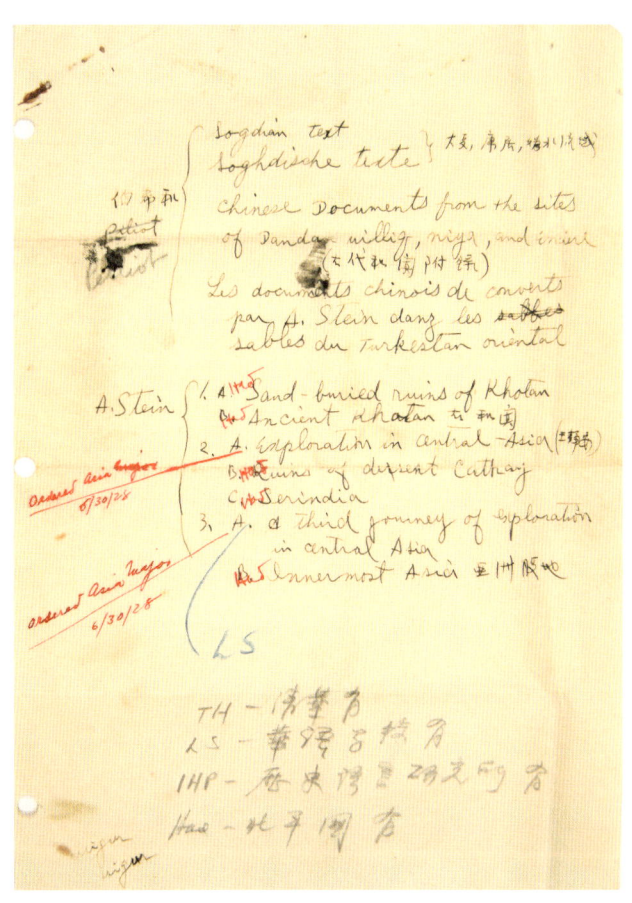

▲ 黄文弼手写的外文书籍的馆藏情况

外文书籍中标注TH的书籍藏于清华，标注LS的书籍藏于华语学校，标注IHP的书籍藏于历史语言研究所，标注HAD的书籍藏于北平图书馆。

1.2.12　第一次考察后的经历

西北科學考查團在新疆攷古情形報告

黃　文　弼

（在北大歡迎會席上演說）

北大前派參加西北科學考查團之黃文弼氏，新由迪化歸平，該校考古學會特於月之二十一日上午開會歡迎，並請黃氏講演在新工作情形，首由陳大齊致辭，大意云：黃先生此行前後三年，經過許多艱難困苦，成功而歸，外人在新考古者甚多，我國人今以黃先生為第一，而其所得材料之豐富，亦不亞外人，尤可慶幸云云，次沈兼士演說，大意謂我國的科學的考古事業，今尚在幼稚時代，人材經濟及環境，均有種種困難，黃先生當時勇往直前，今果戰勝一切，成功而歸，現在國內學術機關，已漸注意考古及民俗學之研究，但在六七年前，只北大同人注意於此，不但開通風氣而已，今果有偉大成功，至於以後應如何繼續努力，尚應研究進行之策云云，次由黃文弼報告在新工作情形，略謂：

余於西曆一九二七年四月間由北平出發，迄今三年有奇，其中經過之困難誠如陳先生所云，蓋凡作一事，創始者難，余等此次係參加外國科學團體，與外國科學家共同工作，在中國本為第一次，公然能工作三年之久，探得如許材料而歸，亦大幸也，然余雖在前方努力奮鬪，設無先生等在後方籌畫，幫助一切，亦不能有如許成功，故對於先生等，尤不能不表示謝意，然余考查之事業，雖暫告結束，而材料之整理與工作之繼續，其事務之繁鉅，或有過於考查之時，適沈先生說：以後應如何繼續工作，所當研究，此尤弼所歡欣而自勉者也，至於此次工作情形，歷時既久，經過亦多，適纔回平，整日忙於私事，擬稍暇即將工作過去詳細情形，報告本會，現特述其大略，請諸位先生指教。

▲《西北科学考查团在新疆考古情形报告》

1930年9月，黄文弼返回北平后，在北大欢迎会上做《西北科学考查团在新疆考古情形报告》的演说，演说主要包括了"由内蒙古至哈密""乌鲁木齐至阿克苏""吐鲁番至罗布泊"的考察经过和主要发现。全文以《西北科学考查团考古情形报告》为名刊于《女师大学术季刊》1930年第1卷第4期。

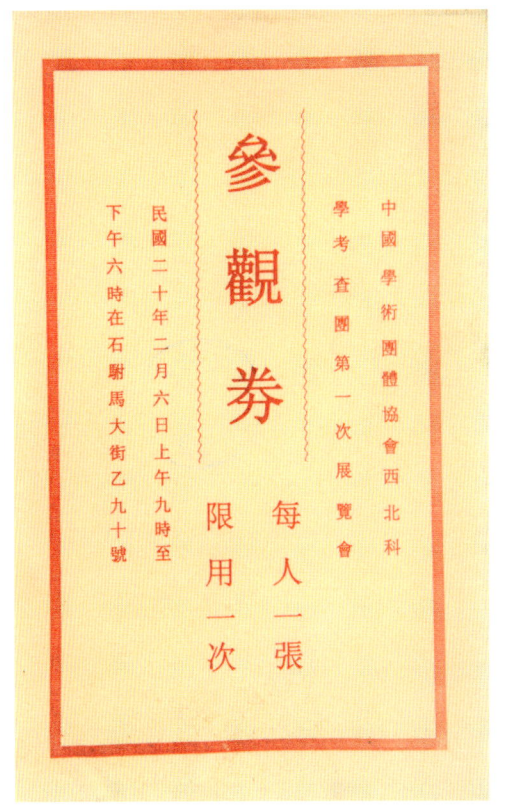

1931年，黄文弼兼任北平女子师范大学教授，同年促成在北平女子师范大学研究院举办的西北科学考查团第一次展览会。会上展出了西北科学考查团在沿途采集、发掘的遗物。黄文弼日后对文化遗产的展示传承工作颇为重视，很有可能就是受到了此次展览的影响。

◀ 西北科学考查团第一次展览会参观券

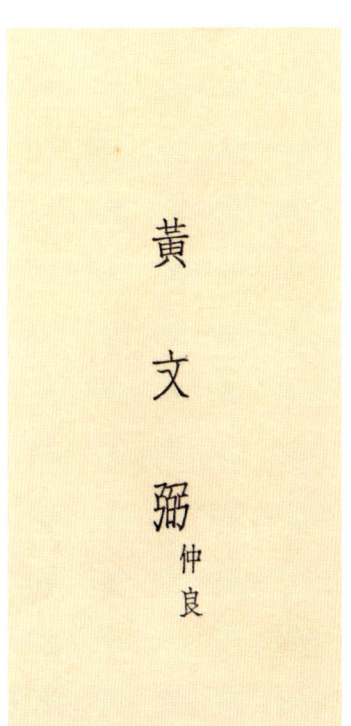
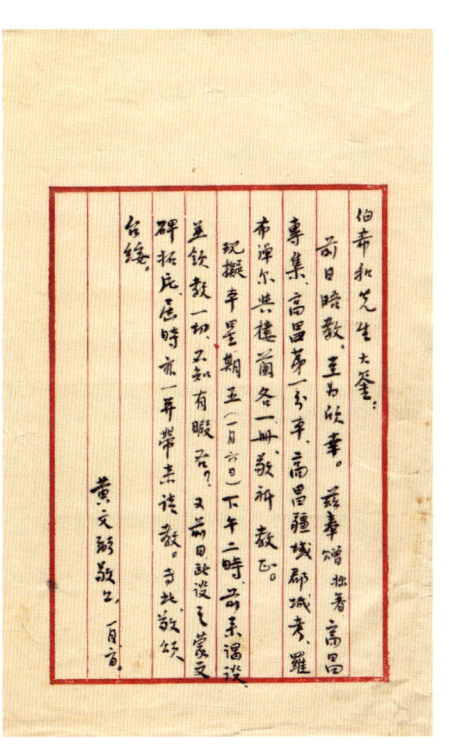

黄文弼赠送伯希和的名片与 ▶
黄文弼致伯希和书

随着黄文弼学术研究的不断精进，他与国际学术界的联系也逐渐加强。1932年底，法国著名的汉学家、中国学家伯希和来华调研。得知消息的黄文弼便将自己的名片及部分著作赠送给伯希和，并撰写书信，在信中表达了拜访伯希和并探讨相关学术问题的期望。

▲ 葛玛丽解读回鹘文《土都木萨里修寺碑》的德文书信及中文译版

黄文弼曾邀请德国突厥学家葛玛丽解读回鹘文《土都木萨里修寺碑》。葛玛丽将《土都木萨里修寺碑》拓片中的石刻名称与内容翻译成德文，为了便于黄文弼理解和使用，铁丁（黄文弼与葛玛丽信件译者的署名，具体姓名不可考）又将德文翻译为中文。

▲ 葛玛丽肖像

葛玛丽（Annemarie von Gabain，1901—1993），德国著名突厥学家。在大学求学期间，先后学习突厥比较语言学、汉学、佛教学。博士毕业后进入德国科学院从事新疆吐鲁番出土的回鹘文文献研究。1931年曾来华，研究西北科学考查团在考察中获得的突厥文献。

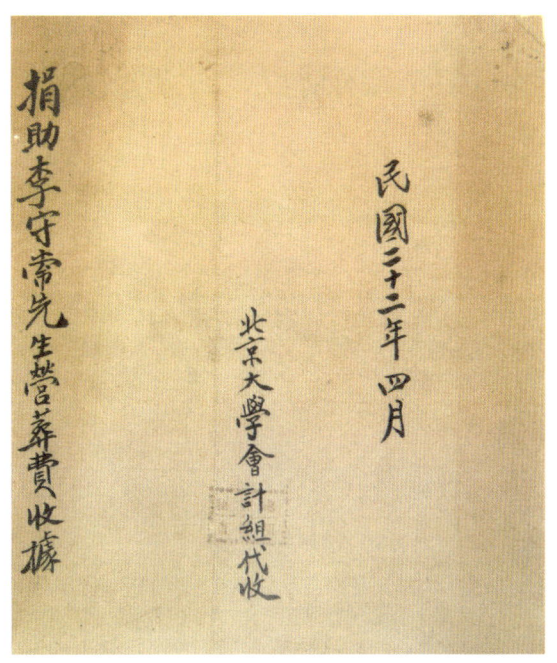

1933年捐助李守常先生营葬费收据封面

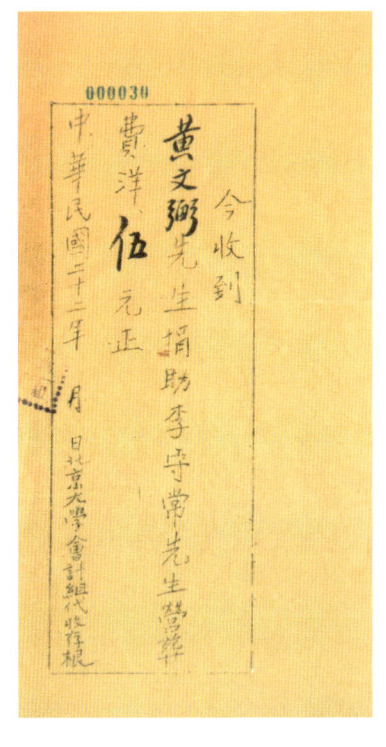
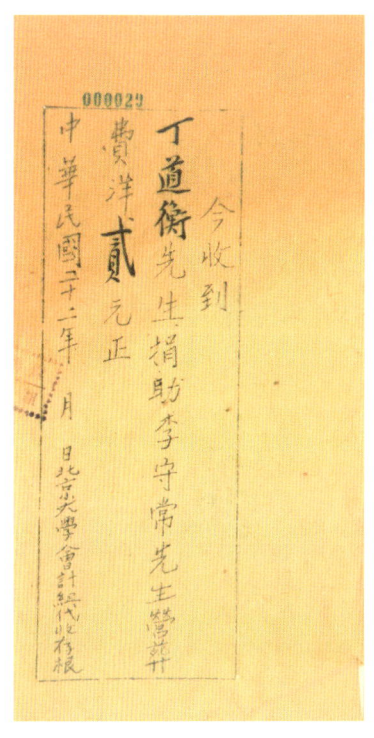

黄文弼、丁道衡给李守常公葬筹备捐助丧葬费的收据

中国共产主义运动先驱李大钊（字守常）先生于1927年在北京英勇就义，因先后遭受执政的北洋军阀和蒋介石国民政府的压力，始终不能得到安葬。后经多方斡旋，最终由北京大学校长蒋梦麟与刘复、钱玄同等人于1933年成立公葬李守常筹备组，向社会募捐，社会各界人士共捐得2377元丧葬费。作为北大同人的中国西北科学考查团团员黄文弼、丁道衡等，出于对同事、师长的深厚感情和对革命者的深切同情，亦慷慨捐助。1933年4月23日，李大钊先生就义6年后，灵柩终于得以安葬在北平西郊的万安公墓。

1.3 中国西北科学考查团第二次西北考察

1.3.1 出发前的筹备

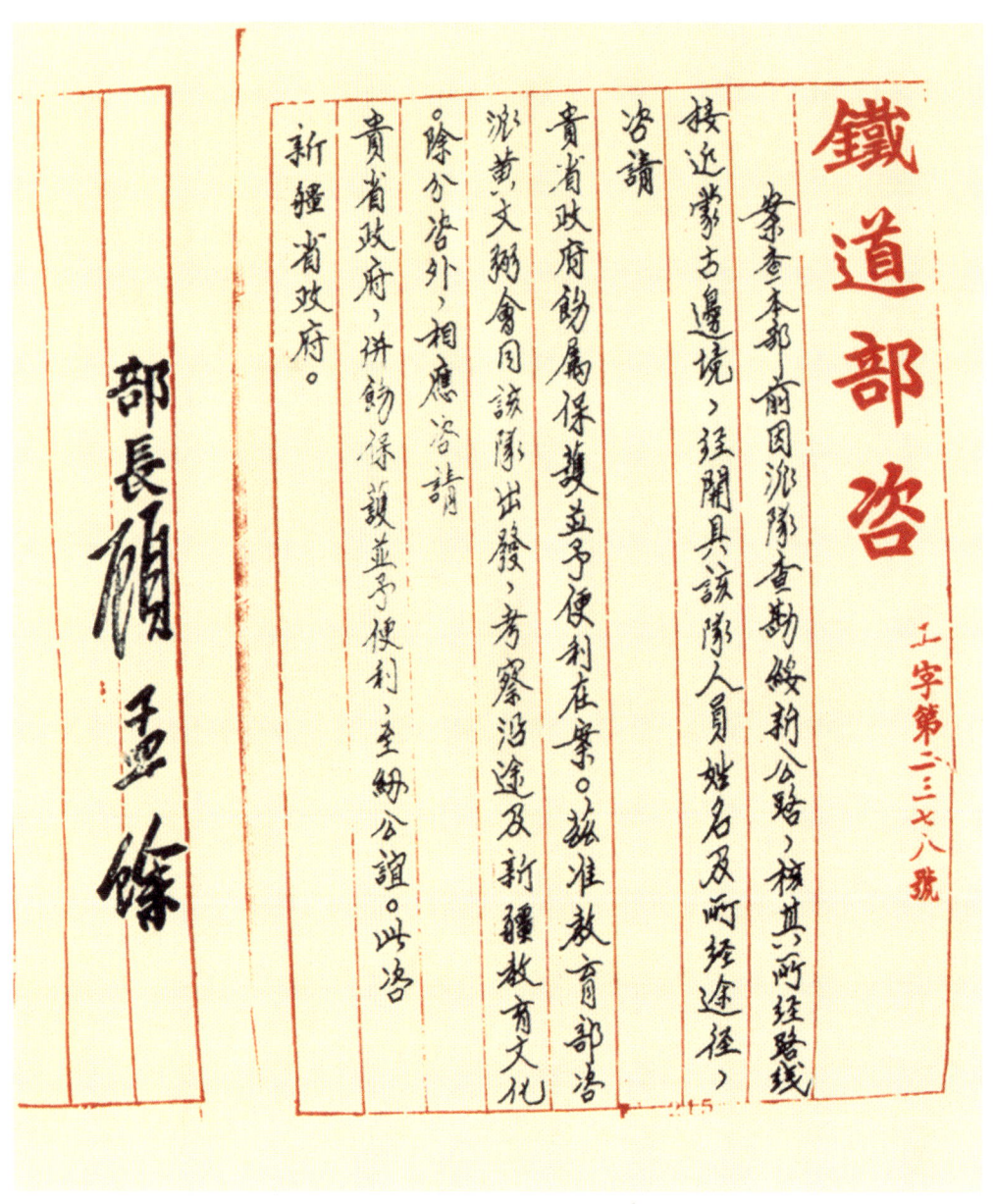

▲ 国民政府就绥新公路勘察队相关事宜给新疆省政府的咨函

此咨文应发于1933年10月黄文弼第二次西北考察之前。文中提到绥新公路勘察队的勘察路线靠近蒙古边境，需新疆省政府提供保护和必要的便利支持。还提到了教育部委派黄文弼参加此次勘察，调研沿途及新疆的教育文化发展情况。左侧有铁道部部长顾孟馀的签字。

1.3.2 勘察队使用的汽车

绥新公路勘察队使用的汽车

这批汽车为斯文·赫定从美国福特公司拉来的赞助。

当地儿童与勘察队成员在汽车前合影

汽车上装载了大量的行李，相比第一次西北科学考察，绥新公路勘察的条件已大为改善。

◀ 汽车渡河

勘察队的汽车停驶在木筏上，准备渡过河流。

◀ 汽车事故

勘察队的汽车陷入泥土中，众人合力将汽车拉出。除了恶劣的路况之外，汽车所必需的汽油也常常成为影响勘察队工作进度的因素之一。

1.3.3 在新疆使用的纸币

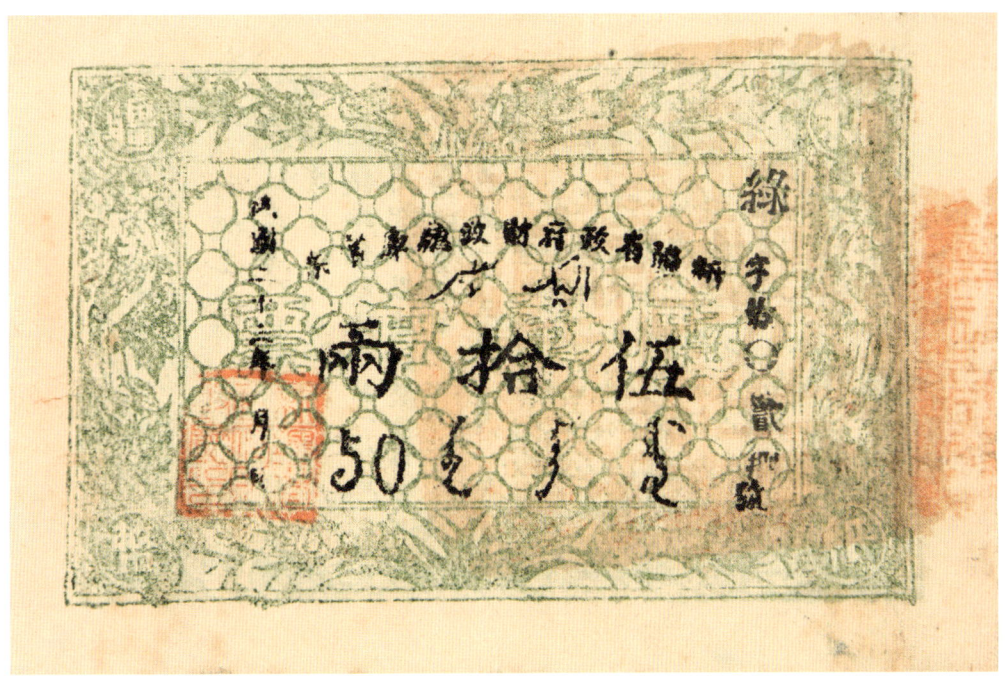

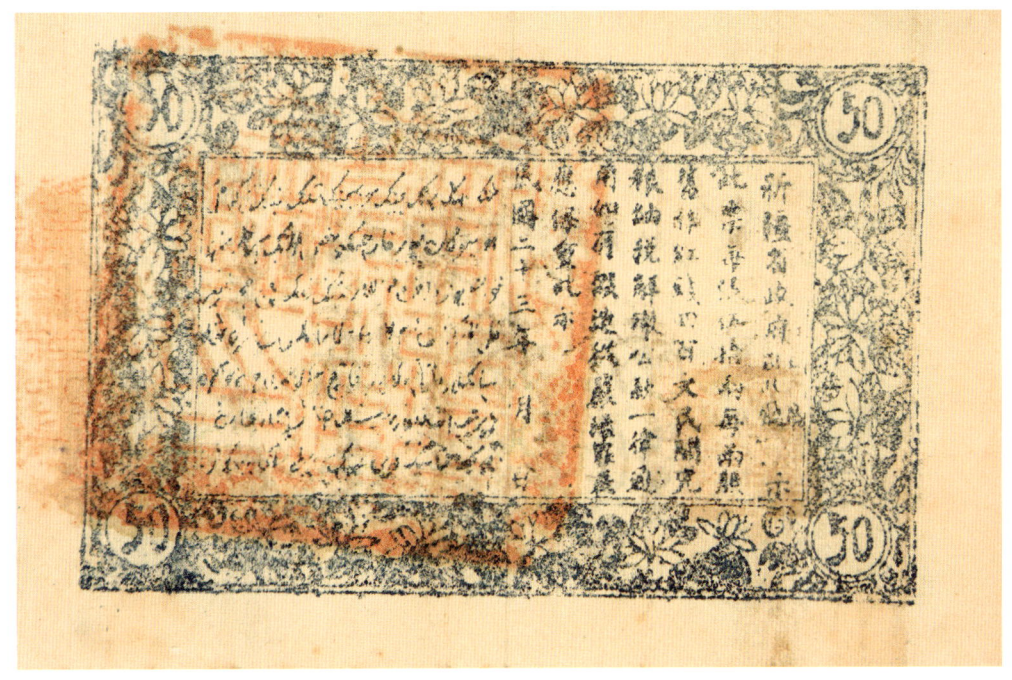

▲ 1934年发行的50两面额的新疆省纸币

1933—1936年，新疆财政厅发行了石印的10两和50两纸币，总发行量达12亿两。其中一张50两的纸币相当于红钱400文（红钱一般指清代新疆地区造的红铜货币）。纸币的大量发行造成了货币的贬值，引发了严重的通货膨胀，当地民众的生活更加恶化。

1.3.4 在新疆的经历

◂ 勘察队与马仲英部官兵的合影

相比第一次西北科学考察，勘察队第二次进入新疆的时期恰逢新疆省内政局动荡，群雄割据、战火纷飞。1933年2月，占据哈密地区的马仲英一部觊觎勘察队的汽车，遂将刚进入新疆的勘察队员软禁了下来。

第二次考察中，黄文弼在迪化（乌鲁木齐）停留达半年之久，调查了当地的教育状况。图为黄文弼在迪化气象站前留影，穿双排扣西服，系领带，气质非凡。

◂ 黄文弼在迪化（今乌鲁木齐）气象站前的留影

1.3.5 第二次西北考察成果

▲《教育部特派员黄文弼氏谈新疆教育概况》

黄文弼是以考察新疆教育文化专员的身份进行的第二次西北考察，在考察结束后，他撰写了《教育部特派员黄文弼氏谈新疆教育概况》，发表在《开发西北》月刊第二卷第五期。在文中，黄文弼首先描述了伊犁、迪化（乌鲁木齐）、吐鲁番的学校设立情况，其次强调了在校接受教育的群体以汉人为主，同时分析了造成教育情况低下的多种原因，最后指出统一语言是普及教育的前提条件。

第二次蒙新考察记

黄文弼

余於二十二年九月奉教育部令，随蒙藏部新绥公路察勘队赴新，考察教育及古代文化，於九月杪发自南京，十月中旬由北平西行，经内蒙草地，到达新疆。二十三年十月中旬，辞别束返。同年十一月十五日返抵南京。计费时一年零一月。兹将经过情形路述於次：

一、绥哈段

按由内地至新疆有三路：一为北道，即山西绥远往北，穿行内蒙草地至新疆哈密；现绥新商人均由此道，由绥远西至包头，经宁夏至甘肃，奥大道合；此道亦为商道，一为中道，由陕西西北行至兰州，循世原至哈密，行之者稀。一为南疆，即官员住来大道；为左宗棠所辟，亦可称为「左宗棠大道」。余等取其捷径，决由北道西发，返时由大道东归。

余等在平筹备就绪後，即同乘汽车至绥远。时因汽车被火车碾损，另行嘴备，约有十余日之耽搁，余即乘时考察古蹟古物。十月二十四日出发，十一月三日返绥，随同西北科学考查团助理员白崇玉君，往托县清水和林远，又住数日。十一月十日全队发自归化，经武川，十一日至乌兰淖尔北，已入草地，皆蒙人牧畜之所，点辍蒙宣，蒙装为饮料；汉人甚稀。

十五日全队发至贝勒庙，此地属乌兰察布盟边尔汗旗，有庙，为达尔汗贝勒之庙。余逊亦有汽车宏阔，驻喇嘛千余，在乌兰察布盟中以此庙为大。河东旁有汉商十余家，均以米麴布疋运行营业。此地属东西往来骆驼商均经行过此。绥远为东西往来骆驼商均经行过此。绥远为东西往来骆驼商均经行过此。此庙蒙语（贝勒庙之音译）之间，故白灵庙。

蒙为中国北部重镇。当我等抵贝勒庙之北阿尔泰河开幕，黄部长殺止之时，值内蒙自治会议开幕，黄部长殺止之时，值内蒙自治会议在此蒙古自治会成立之原因及经过，并述及蒙文教科书中引用八月十五日绥桓子故事，认为与五族共和主义有妨碍。绥亦逐继冰释。

在此休息四日。二十五日发至黑柳图，过灌图尔鄂博，非速及国文教科青中引用八月十五日绥桓子故事，认为与五族共和主义有妨碍。绥亦逐继冰释。

▲《第二次蒙新考察记》

黄文弼在《禹贡半月刊》1935年第4卷第5期上刊发的《第二次蒙新考察记》，详细记述了第二次西北考察的所见所闻。本次考察总计耗时一年零一月，1933年10月从南京出发，前往北京与勘察队汇合，经内蒙古草原至新疆，沿途考察教育及古代文化，1934年10月返回南京。

▲《斯文·赫定博士领导的中国西北科学考察报告集》

斯文·赫定在结束中国西北科学考查团在中国的活动后,返回瑞典,向政府申请资金,以开展基于考察的研究工作。从1935年开始,考查团外方成员将各自的研究成果汇集在一起,以《斯文·赫定博士领导的中国西北科学考察报告集》（Reports from the Scientific Expedition to the North-Western Provinces of China under the Leadership of Dr. Sven Hedin）为题,先后出版研究报告集达56册。这是研究中瑞联合"中国西北科学考查团"两次活动的重要参考资料。

第二章

公诚勤朴
——任教西大和第三次西北考察

1934年7月，尚在新疆考察的黄文弼被国民政府行政院聘为中央古物保管委员会委员。同年年底，从新疆考察返回不久的黄文弼受中央古物保管委员会派遣，与滕固赴安阳、洛阳、西安等地调查文物古迹。作为周秦汉唐故都、丝绸之路起点的古城西安因其丰富的文物资源和深厚的文化底蕴给黄文弼留下了深刻印象。1935年1月，黄文弼向中央古物保管委员会提请设立西安办事处。4月，西安办事处成立，驻西安碑林。不久黄文弼调离北京大学，赴西安任办事处主任。

黄文弼莅陕后立即多方接洽，力陈整修碑林之必要，1935年9月会同陕西省政府组织整理西安碑林工程监修委员会，主持工程实施，并于10月聘请时任陕西省政府主席邵力子、西京筹备委员会委员长张继等担任委员，11月2日正式对外办公，黄文弼兼任秘书，具体负责监修事宜。几经波折，工程终于1938年3月竣工。此次增修工作主要集中在建筑翻修和碑石的排列上，还对碑石保存情况进行调查、修复，另将于右任捐赠的一批北朝至隋唐墓志移入碑林，丰富了碑林的藏品。整修之后的碑林，建筑风格统一、碑石排列科学，藏品得到了保护、丰富和展现，基本奠定了今日规模。

1937年7月7日卢沟桥事变后，抗日战争全面爆发。为保存中华民族的文脉，国民政府有计划地将平津和东南沿海一带的大学西迁内地。1937年9月10日，西迁西安的国立北平大学、国立北平师范大学、国立北洋工学院和北平研究院等组建为西安临时大学。同年结束西安办事处工作的黄文弼遂即成为西安临时大学历史系最早的教师之一。1938年，西安临时大学改为"国立西北联合大学"，南迁陕西城固。次年又拆分为国立西北大学等五所学校。1946年，西北大学迁回西安。在此期间，黄文弼先后在西北联合大学和西北大学的历史系、边政系任教授，并先后担任了两系系主任，直至1947年返回北平。1939年起，他还兼任四川大学历史系教授。在长达10年的从教时间里，黄文弼秉承西北大学"公诚勤朴"的校训，践行西北大学"发扬民族精神，融合世界思想，肩负建设西北之重任"的办学理念，书写了他学术生涯中散发着独特光彩的绚丽华章。

黄文弼是西北大学考古学科的奠基人之一。在校期间，他除了从事秦汉史、魏晋南北朝史、美术史、蒙元史、西北边疆史、史学史等课程的教学之外，还尤其重视考古实践训练。1938年，黄文弼加入西北联大历史系考古委员会，带领学生参加了城固汉博望侯张骞墓的调查、发掘、修缮与祭扫，用张骞开拓西域的"凿空"精神激励中华儿女救亡图存的抗争。在城固期间，黄文弼参与了西北大学考古室（后改为西北文物研究室）的创设，大量搜集陕南地区历史文物，用作考古整理研究及实践教学。迁回西安后，他还为学生社团——西北大学考古学会制定了西安周边和甘肃洮河流域的考察计划，并于1946年亲自带领学生赴甘肃洮河流域考察史前遗存及秦汉长城遗址。这些活动标志着西北大学考古学科的创立和发展，也为西大考古基本学术定位和目标的确立做出了重要贡献。

黄文弼还是西北大学边政学科的开创者。根据历次西北考察的经历，他深刻认识到边疆的重要意义、中国面临的边疆危机和边疆教育的匮乏，大力推进西北大学边政学系的筹备建设，终于在1944年夏经教育部批准成立，成为全国两个最早的边政学系之一（另一个是中央大学）。边政系旨在"建立边政学之体系，研究治理边疆的原则，检讨边疆所发生的实际问题，推进边政之事业"，为当时支援边疆建设工作和维护边疆稳定起到了积极作用。

黄文弼在西大期间的一项重要活动就是他的第三次西北考察。1943年4月，他受西北大学委派，随国父实业计划考察团经河西走廊再入新疆，考察重点在教育文化及古迹古物，并首次深入考察了北疆地区。此次考察于当年11月结束，历时8个月。1944年2月，黄文弼在西北大学讲演《吐鲁番之历史与文化》，向学校汇报此行考察收获。

在西北大学的10年约占黄文弼学术生涯的1/4，他在中华民国时期的著述约有半数完成于此时，可以说是黄文弼学术人生的黄金阶段。当时西北大学的校长赖琏曾提出国立西北大学要"远观周秦汉唐之盛世，纵览陕甘宁青新区域之广大"，"恢复历史的光荣，创建新兴的文化"，以"融合东西文化，发扬民族精神为主旨"。作为这一宣言的具体体现，黄文弼执教西大期间与同仁一起开创了我国西北考古和边政研究的新局面，激起了一大批有识之士认识、研究、献身中国西北的热情。在那个国难民瘼的年代，他将"公诚勤朴"的信念写进了西大的基因，在中国西北高等教育史上留下了永远无法磨灭的印迹。

2.1 黄文弼与碑林整修

2.1.1 碑林旧貌

◀ 孔庙远景

▲ 孔庙近景　　　　　　　　▲ 达摩面壁石刻

以上为美国传教士克劳德·毕敬士（Claude L.Pickens）1936年所摄的西安孔庙（即碑林）旧貌。

西安碑林的渊源可追溯至唐天宝四年（745）收藏《石台孝经》的长安务本坊国子监，北宋元祐二年（1087），漕运使吕大忠将《开成石经》《石台孝经》等碑石迁至"府学之北墉"，即今碑林所在地。北宋崇宁二年（1103）又于此建文庙，至此，府学、文庙与碑林同在一地。唐宋以降，碑林历代都有名碑入藏、规模日大，蔚为关中乃至西北的文化圣地。

2.1.2 中央古物保管委员会关于启用印信并择定会址的公函

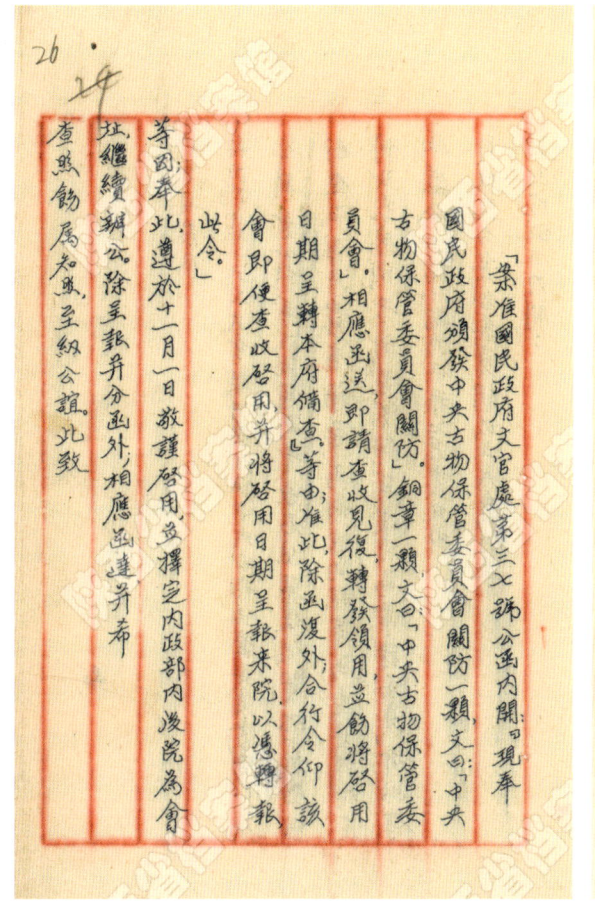
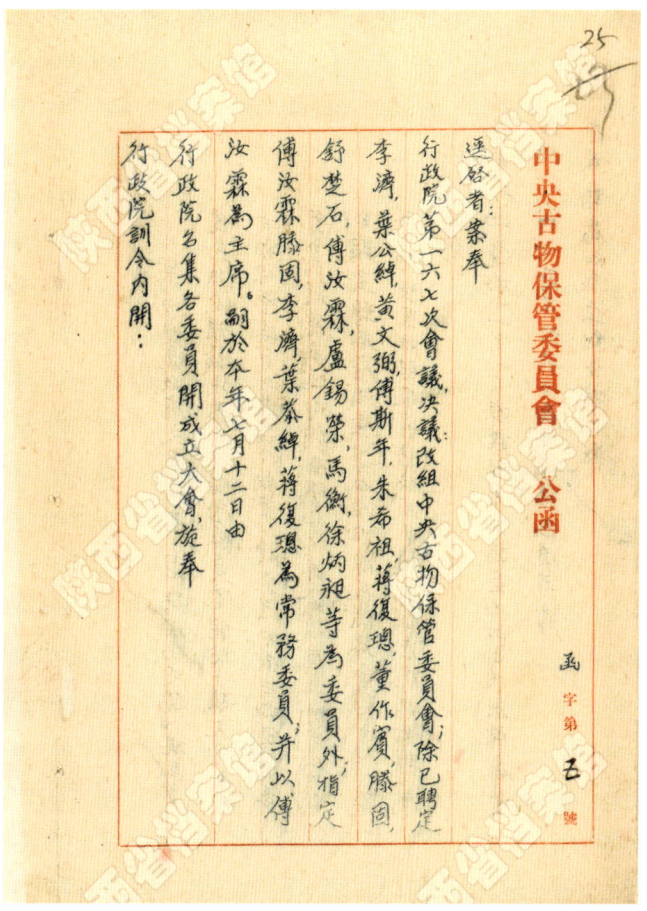

此函发于1934年11月8日，文中提到国民政府颁发中央古物保管委员会关防（官印）一颗、铜章一颗，印信自1934年11月1日启用，并择定内政部内后院为会址。

中央古物保管委员会（Central Commission for the Preservation of Antiquities）是中华民国时期设立的文物管理机构。1928年成立，先后隶属于大学院、教育部和内政部，1937年全面抗战爆发后，该会工作宣告终止。

2.1.3　中央古物保管委员会关于设立西安办事处的公函

中央古物保管委员会公函

事由拟办	决定办法	备考
函以本会在西安设立办事处并推黄委员文弼兼任该处主任，凡陕甘宁青新等省古物保管事宜统由该处就近办理，希查照由		

公函字第　　號

公函字第　　號　年　月　日　時到

收文字第　　號

中華民國二十四年叁月九日 印發

附件

中央古物保管委員會 公函

字第六十六號

本會為古物保管唯一主管機關，對於各地有關文化事宜，均應統籌維護。惟是地方遼遠，董理為難，亟應酌量需要情形，在各地設立辦事處，以資便利。現經呈准行政院在西安設立本會西安辦事處一所。並經本會第一次臨時會議決議推本會黃委員文弼兼任該處主任。凡陝西甘肅寧夏青海新疆等省關於古物保管事宜，統由該處就近處理，俾策進行。除分函外，相應函達，即希貴省政府查照為荷。此致

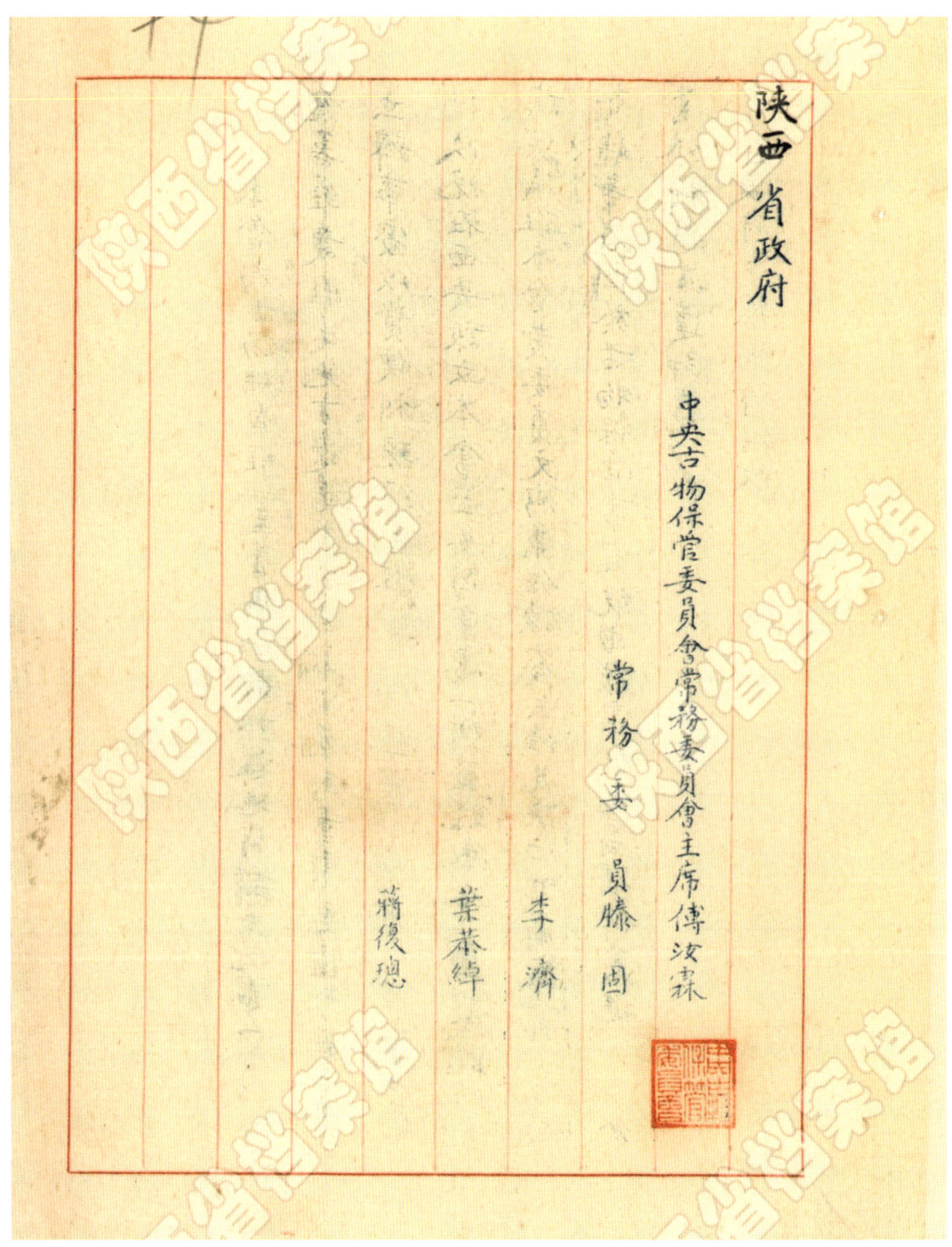

此函发于1935年3月6日，文中提到中央古物保管委员会第一次临时会议决议由该会委员黄文弼兼任西安办事处主任，凡陕甘宁青新等省有关古物保管的事宜统一由该处就近处理。

2.1.4 《西北问题》关于西安办事处的报道

此文发表于《西北问题》第2卷第9、10合期,1935年,第39页。是有关黄文弼赴陕主持中央古物保管委员会西安办事处的报道,其中提到办事处设立目的为"保全中国西北一带之古迹古物",黄文弼提出其将来主要的工作内容为"地面上古迹古物之保全……至于地下发掘工人暂非本处"。

2.1.5 陕西省政府关于西安办事处开始办公并启用关防的训令

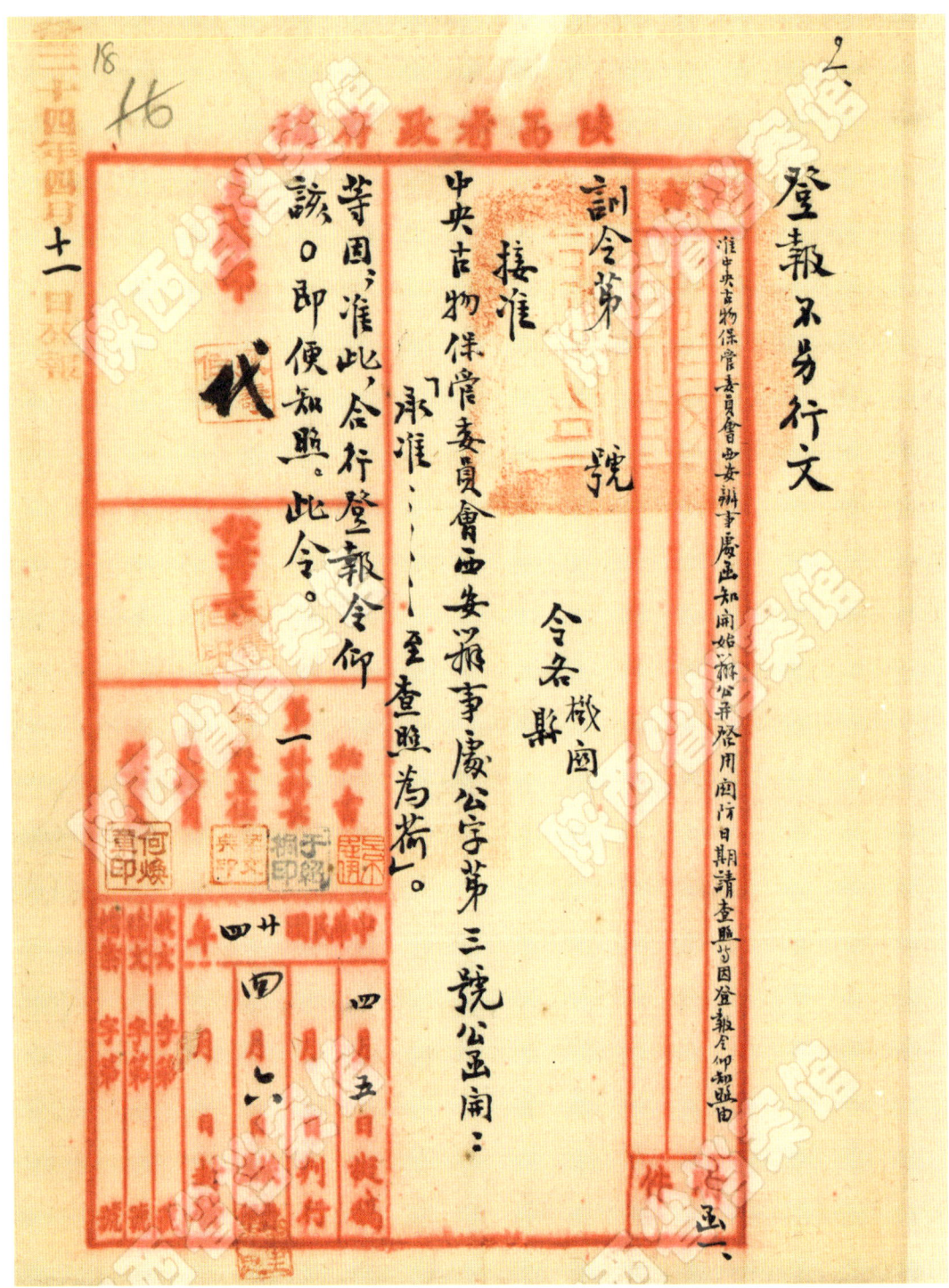

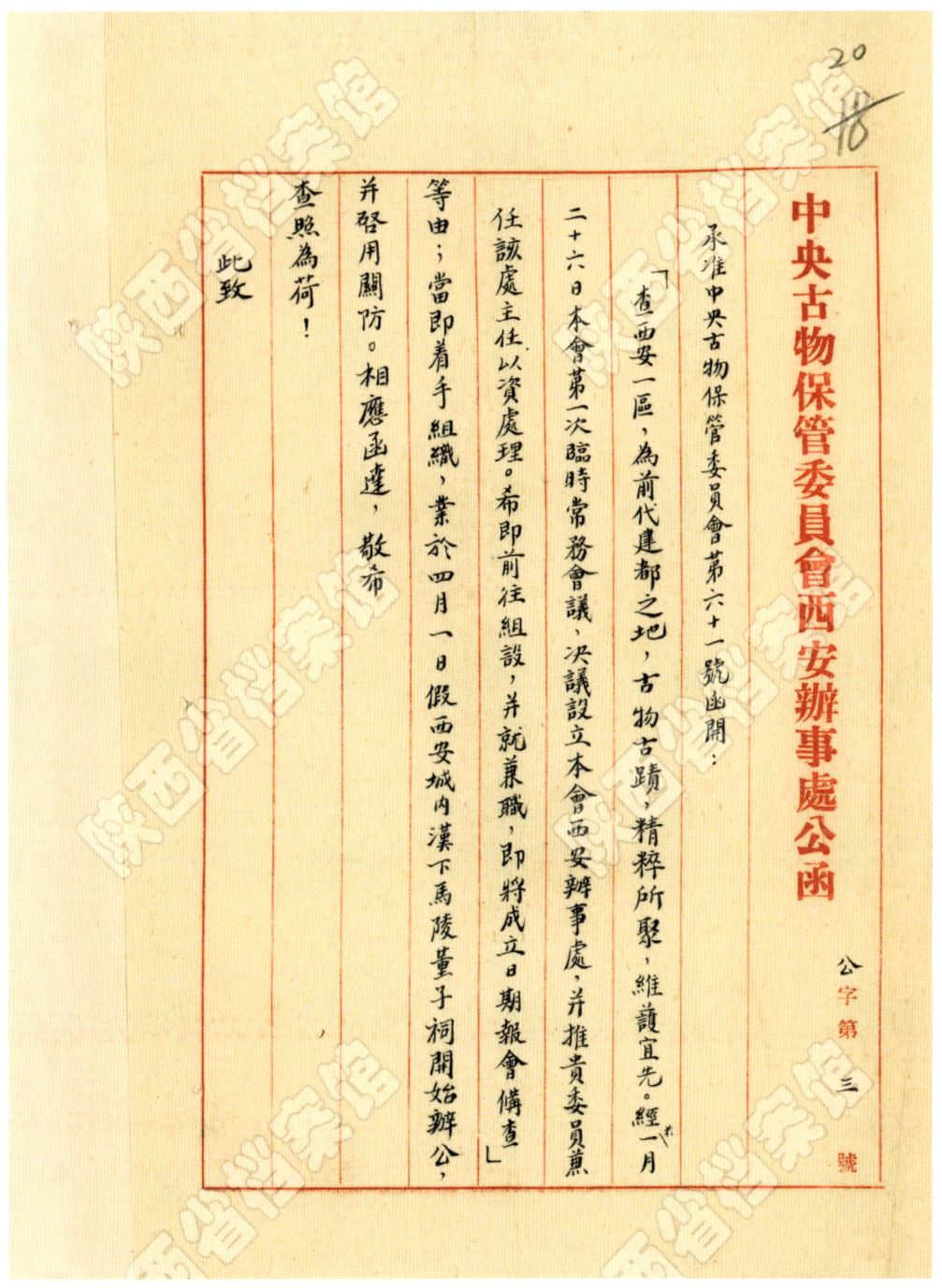

此函发于1935年4月6日,文中提及中央古物保管委员会西安办事处成立之初,拟于1935年4月1日暂寓西安城内汉下马陵董子祠办公,并启用关防。

下马陵又称蛤蟆陵,位于今西安市和平门城墙内,包括东起和平门,西至文昌门的区域,全长800余米,相传是汉代董仲舒墓的所在地。董子祠即为董仲舒纪念之所。

2.1.6 整修碑林期间黄文弼致傅斯年的信函

信中提及傅斯年曾委托黄文弼代购拓片八包，黄文弼随函寄送目录二册及清单二纸。其时傅斯年与黄文弼、叶恭绰、李济等同为中央古物保管委员会委员。

2.1.7 黄文弼为西安办事处工作事宜致函邵力子

文中表达了对邵力子及西京筹委会对中央古物保管委员会支持的感谢之情。

邵力子（1882—1967），中国近代政治家、教育家、社会活动家、著名民主人士，1933—1936年任陕西省政府主席。国民政府西京筹备委员会成立于1932年6月13日，目的在于建设西安为陪都西京。

2.1.8 邵力子为碑林重修事宜致函黄文弼（两封）

▲ 第一封

1935年黄文弼任中央古物保管委员会西安办事处主任，计划与陕西省政府联合整修碑林，为此致函各方，力陈整修必要。时任陕西省政府主席的邵力子于1935年10月回复黄文弼："至整理碑林一事，此间原拟有计划，惟预算经费不过二万余元，规模尚嫌简陋。倘中央能补助款项，俾壮观瞻而垂久远，自极赞同。前日蒋委员长莅陕曾亲到碑林视察，对此极为注意，并面谕从速加以整理。"后1935年12月28日，该计划由行政部批复："呈件均悉，案件提出本院第二四二次会议决议'由中央补助五万元'已令饬财政部遵照筹拨。"

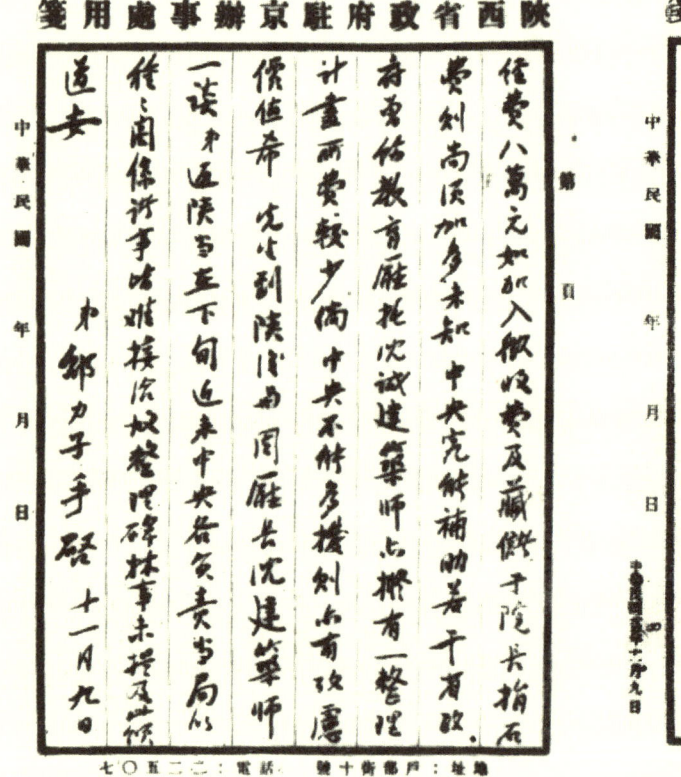

▲ 第二封

1935年11月9日，邵力子在收到黄文弼拟就的整修碑林计划书后，就有关事宜回复黄文弼，函中首次提出将于右任所捐墓志收入碑林的问题，"于院长有唐以前墓志二百余石，允捐归公有，而保留其拓售之权利为三原民治小学经费。此实一盛事，正洽商迁回藏庋办法，众意亦附入碑林，此须于整理计划中加入"。

2.1.9 黄文弼为西安办事处选址事宜致函寿伯

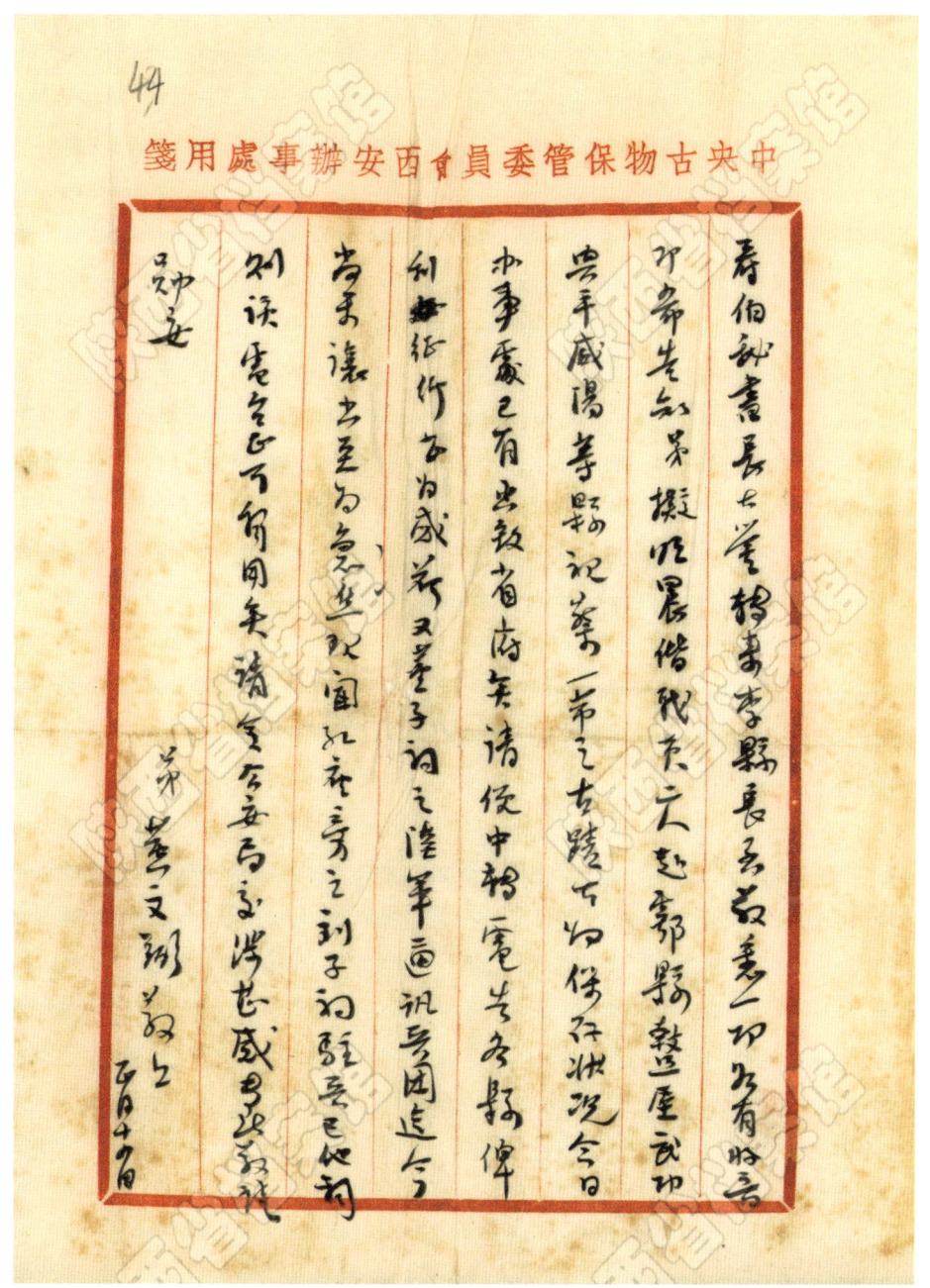

中央古物委员会曾拟暂居董子祠办公，笺函中提及直至黄文弼赴周至、武功、兴平、咸阳等县考察前夕，原驻该处的陆军通讯兵团尚未迁出，因此恳请陕西省政府秘书长寿伯予以协调，督劝陆军通讯兵团移驻孔庙旁刘子祠。

刘子祠为纪念清代关中大儒刘古愚所建。1933年，在刘古愚辞世30年后，他的众多学生由于右任、张季鸾等牵头，并联合当时的陕西省政府主席邵力子共同筹划、共同集资，在孔庙东侧启圣祠之东修建了"刘子祠"，纪念这位为陕西做出巨大贡献的爱国教育家。邵力子亲自为"刘子祠"题写匾额。

2.1.10 黄文弼为西安办事处相关物品致函曹仲谦

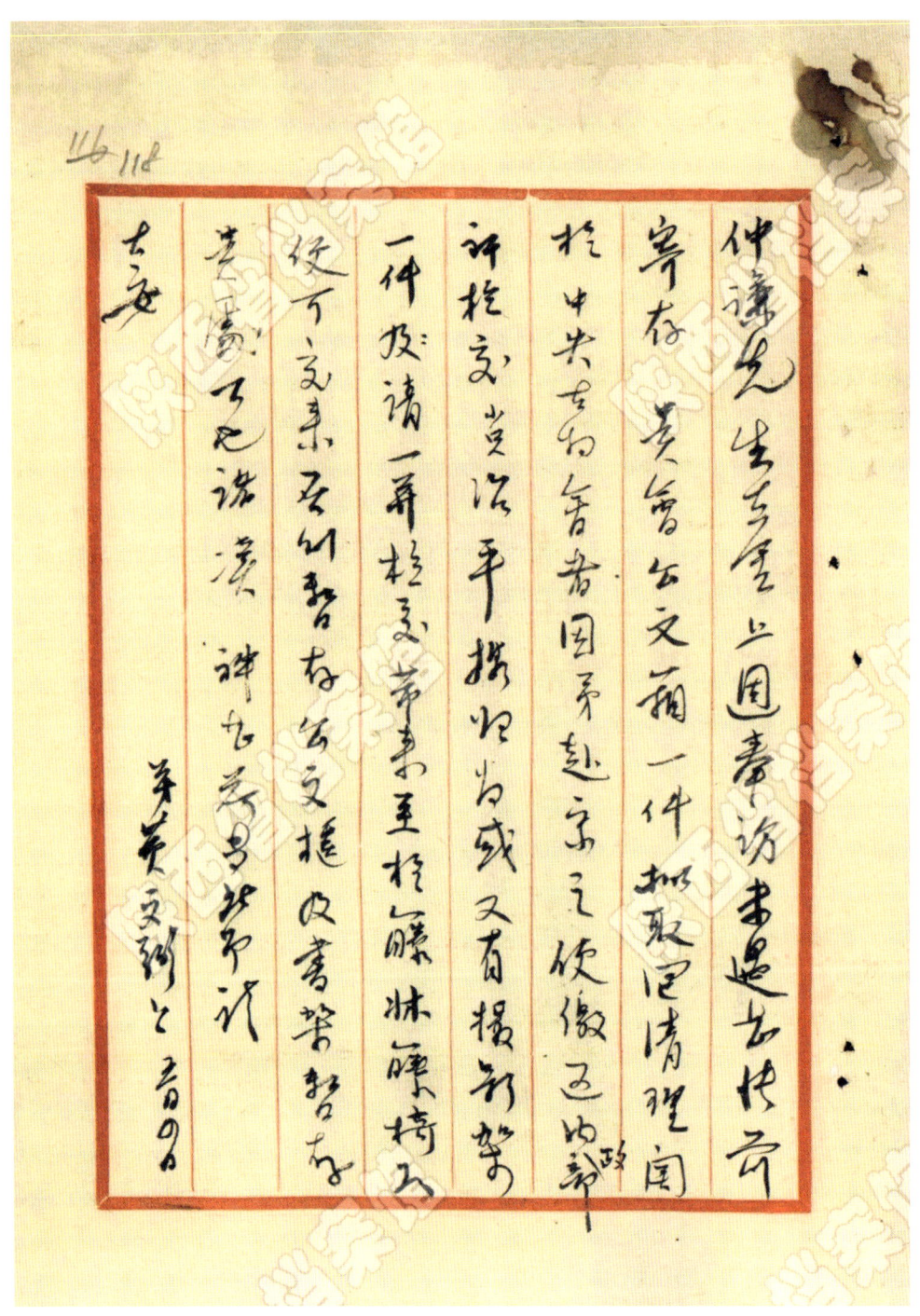

此函发于1940年5月4日,由黄文弼递交碑林管理委员会负责人曹仲谦。文中提及此前曾于该处寄存公文箱一件,此次拟取回清理,"关于中央古物会者,因弟赴京之便,缴送内政部"。

2.1.11 黄文弼赴韩城考察的公函

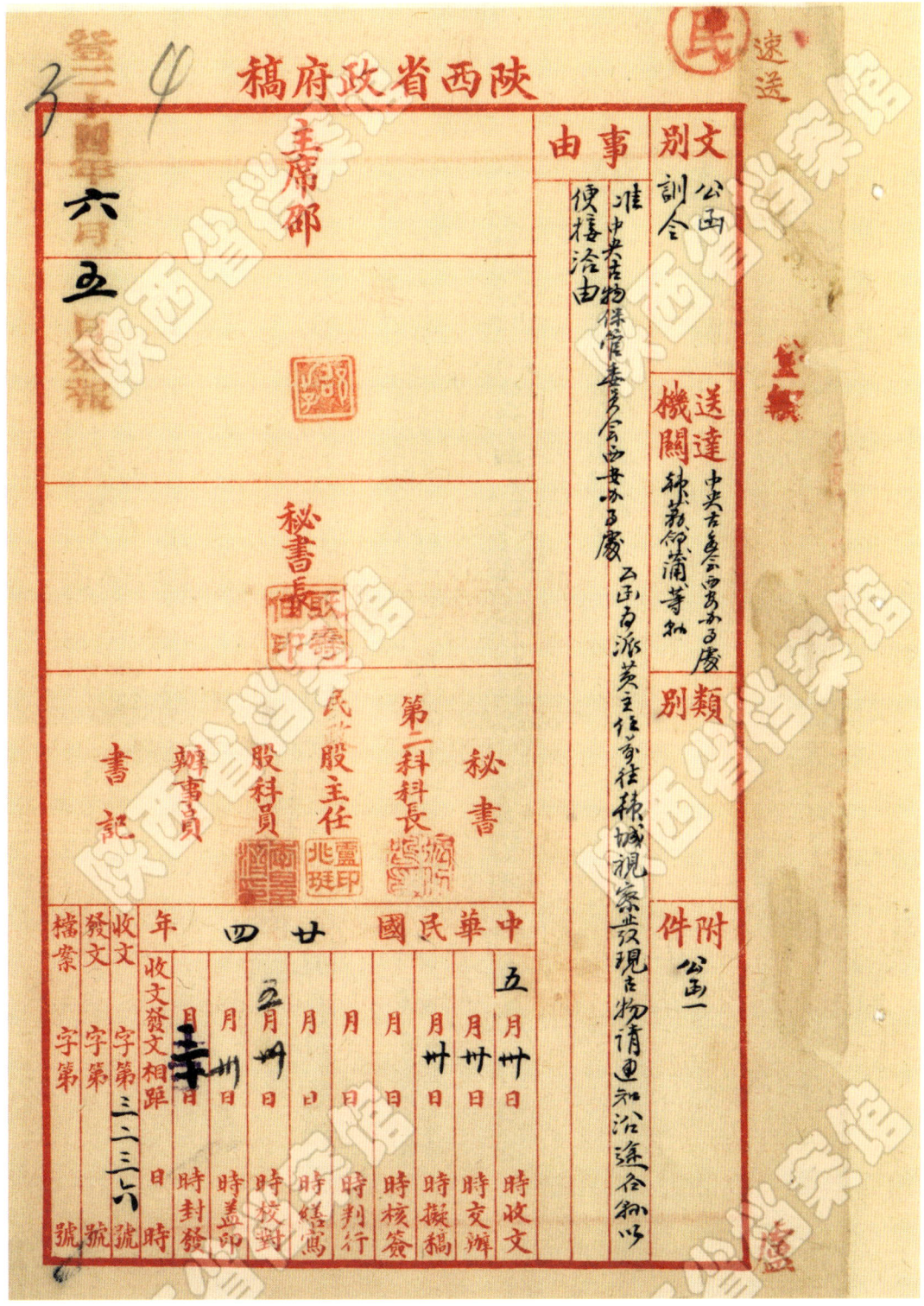

公函第670號

案准

貴廳公字第一七號公函為

縣視察考現古物，請通知沿途各縣政府以便接洽

等因准此除分令韓城、大荔、郃陽、蒲城各縣政府

暨外相應函請

查照此致

韓城縣壹現古物、黃正伍仁文弼

中央古物保管委員會西安辦事處公函

事 由 擬 辦	決 定 辦 法	備 考

事由擬辦：

為韓城縣發現古物，本處黃主任擬於明日前往視察，並謀保存辦法，請通知該縣縣政府，以便接洽。又去時經過大荔郃陽，歸時經蒲城，亦請一併通知由。

附件

中華民國廿四年五月廿九日收到

3236

收文字第　　號

中央古物保管委員會西安辦事處公函

查日昨西京報載，最近韓城因修築堡寨，發現古銅器大小五件。又該邑東鄉之桐堡里陳家巷地方，因村民掘土，發現古墓一座。現本處黃主任文弼擬於明日率領職員前往視察，並謀保存辦法。特此函請

貴省府通知該縣縣政府，以便接洽。又去時經過大荔郃陽，歸時經過蒲城，亦請一併通知各該縣為荷！此致

陝西省政府

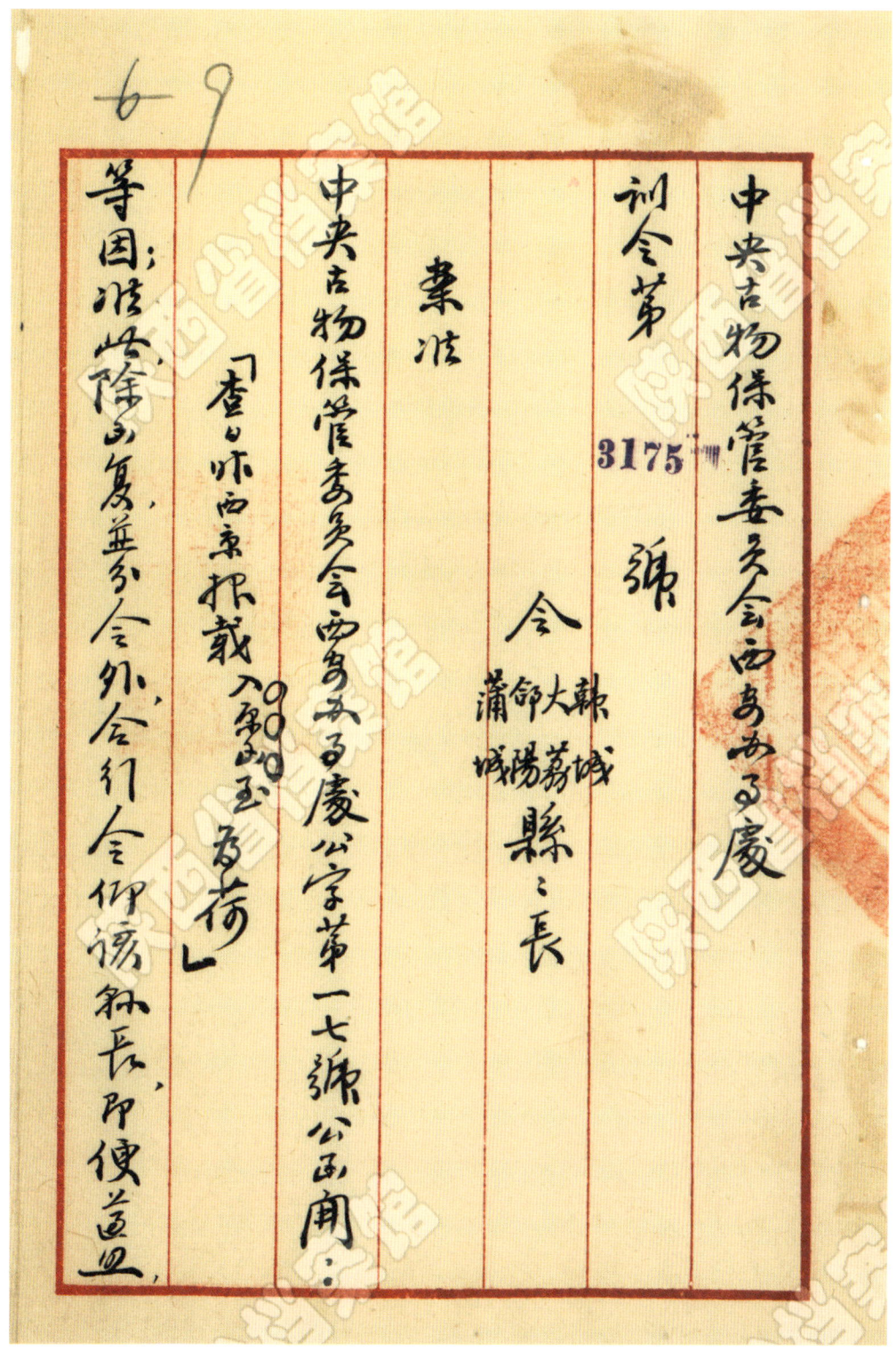

此函发于1935年5月30日，文中提及当时韩城发现古铜器大小五件。又韩城东乡相堡里陈家巷地方因村民掘土发现古墓一座。中央古物委员会西安办事处闻讯派遣黄文弼及随员前往调查，为此致函陕西省政府，希望省府通知韩城县政府及沿途合阳、蒲城等县予以协助。

2.1.12 《韩城禹门口记游》（附照片）

韓城禹門口記遊

黃文弼

先是在長安，聞韓城縣發現古銅器及古墓室；余因職責所在，於五月杪，偕書記陳君前往視察，歷華陰、朝邑、郃陽，六月一日行抵韓城。工作完畢後，遂擬一探龍門之勝，其地在縣治東北五十里，亦不爲遠也。

六月二日之清晨，僱車二輛由縣署派員導引前往。上午八時，由韓城縣出發，出城西門，繞東北行，上劉公坡，經董村，坡氏村；下坡爲王鴅村溝，旋又上坡，經梁戴村，過慶善坡；又下坡過坤元廟，謝莊村，即至黃河。沿河行，不及半里，轉西北行，過河下村；越小河流至營村鎮，此爲東鄉之首鎮。再前進過潘莊下坡，行黃河灘，經北謝村，至橋南村（俗呼橋郎村）。巳後經行沙灘中，約五里許，即至龍門山，即俗稱爲禹門口者也。黃河流行山中，至此，山勢緊縮，口亦收小，水流盆激。出口則豁然開朗，恰如門形，傳爲大禹所鑿，故名禹門，東西對峙，河身增廣四五倍。山口兩面突出，亦名龍門。山上各建有禹王廟一所，河東者爲東廟，河西者爲西廟，爲元至元中所建，清康熙四十一年重修。濁流經其下，憑檻俯瞰，駭詫神奪。廟二進，正殿前殿均有壁畫，蓋爲明清所繪。門旁有器繪番王拽馬像，有唐人氣韵。廟旁之老君殿，西壁有無名氏所畫虎一隻，甚雄健生動，傳說出一神仙之手；與東廟禹王鎮蛟，稱龍門二絕。途各攝一影。本擬赴東廟視察，而大風怒吼，渡船均停止，加以地方未靖，途未果行。稍息即返，約行二十里至李村宿焉。

盥洗進餐後，賓主坐談禹門口故事，由主人王先生介紹一曾爲船戶之某，其所談歷歷如繪，大助人聽。據云，「所謂禹門三汲浪之處，即在禹門口之上游二里許，陰曆五月後波濤沸騰，此刻尚無所睹。再沿河上行約二百里，東岸爲山西之大寧蘇縣交界處，西岸名老龍灣。山峽一如禹門口，黃河從高約三十丈之壁崖上直流而下，八十里外可聞其聲」。按三秦記云，「龍門水懸船而行，兩傍有山，水陸不通，龜魚集龍門下，數十不得上，上則爲龍」，疑即此處也。至上者爲龍，傍山邊開一石槽耳。現商人爲便利交通及運輸起見，

禹貢半月刊　第四卷　第四期　韓城禹門口記遊

黄文弼《韩城禹门口记游》，刊于《禹贡半月刊》第4卷第4期，1935年，第81—84页，文中附照片。黄河龙门位于今山西省河津市西北与陕西省韩城市交接的黄河峡谷出口处。龙门山俗称禹门口。1935年5月黄文弼携中央古物委员会西安办事处相关人员赴韩城考察此前发现的古铜器及古墓室，途经华阴、朝邑、郃阳，于6月1日抵韩城，工作完成之后前往禹门口访胜。

2.1.13 《释居庐訾仓：罗布淖尔汉简考释之一》

黄文弼《释居庐訾仓：罗布淖尔汉简考释之一》，刊于《国学季刊》第5卷第2期，1935年，第65—69页。

黄文弼在第二次西北科学考察中，于1934年5月9日再次到达罗布泊地区的土垠遗址，在遗址南北两端发现汉代军营遗迹并发掘汉简若干，部分简牍写有"居庐訾仓"字样，黄文弼据此推断《汉书·西域传》等文献所记"居庐仓"应为"居庐訾仓"。

2.1.14 黄文弼赴周至、户县考察的公函

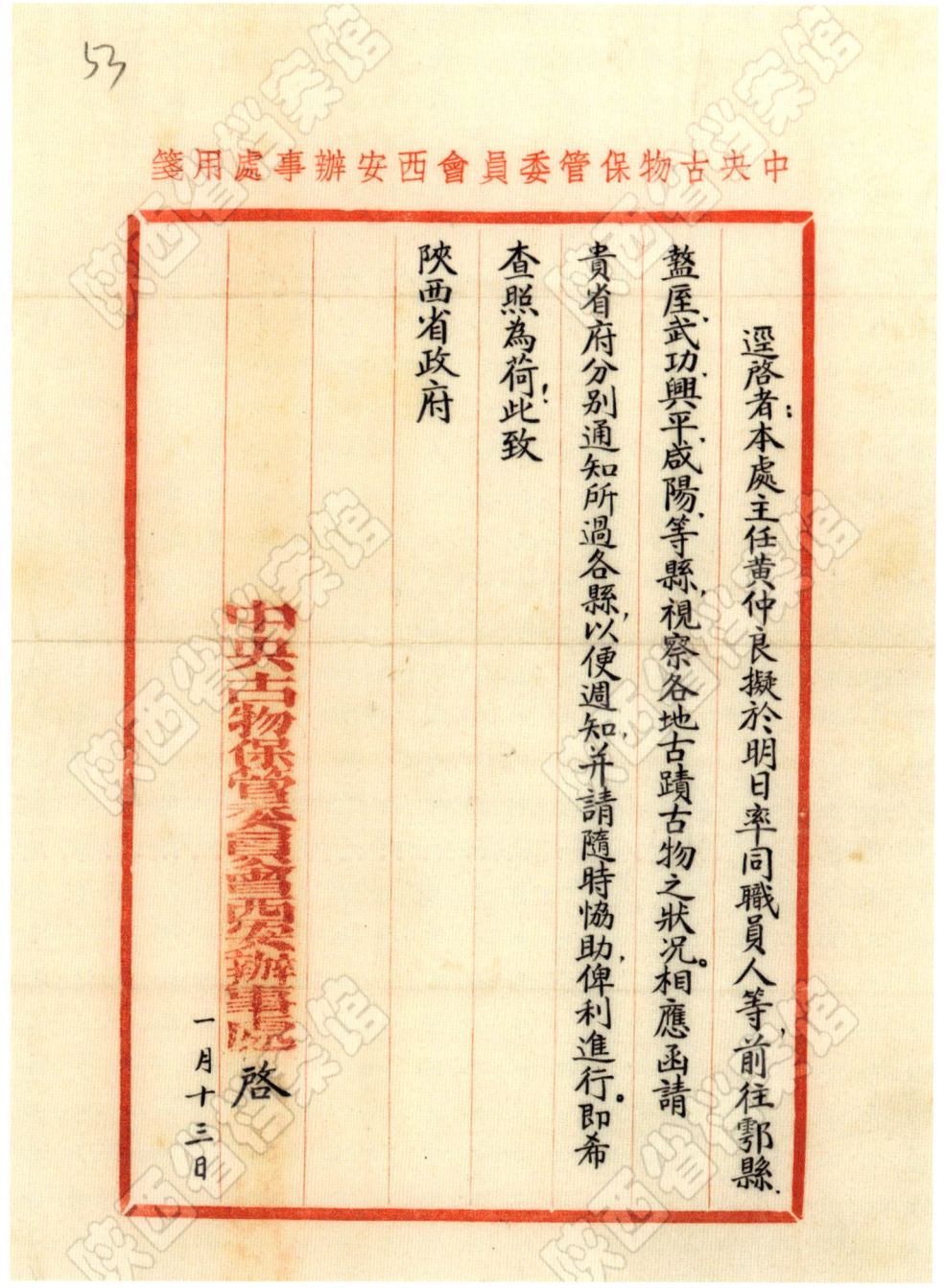

此函发于1936年1月13日，文中提及黄文弼及随员拟于1月14日前往户县、周至、武功、兴平、咸阳等处考察古物古迹。中央古物保管委员会西安办事处为此致函陕西省政府，恳请省府通知各县予以协助。后黄文弼据此著有《视察户县、周至、咸阳古迹古物报告》《视察沣桥报告》等系列调查报告。

2.2 张骞墓发掘与西大考古学科的创立

2.2.1 从国立西北联合大学到国立西北大学

▲ 国立西北联合大学影壁（原位于陕西城固县考院）

1937年卢沟桥事变后，国民政府命令西迁的国立北平大学、国立北平师范大学、国立北洋工学院及北平研究院等于西安合组为国立西安临时大学，设文理、法商、教育、工、农、医六学院；1938年春，西安受敌机威胁，学校迁往陕西城固、南郑、沔县等处，设校本部于城固，改名为西北联合大学，将教育学院改为师范学院，院系同前；同年夏，奉令将工、农两学院独立设置，为国立西北工学院和国立西北农学院。西北联合大学设置文理、法商、师范和医学四学院。黄文弼时任西安临时大学—国立西北联合大学历史系教师。

▲ 国立西北大学大门（今陕西城固县考院，西北联大校本部旧址）

1939年8月8日，国民政府教育部令：国立西北联合大学改为国立西北大学，同时将原有的师范学院和医学院分出独立设置为国立西北师范学院和国立西北医学院；1939年8月14日，教育部训令（渝字197号）颁布《国立西北联合大学改组为国立西北大学、国立西北师范学院及国立西北医学院办法》。1939年9月1日，国立西北大学在城固宣布正式成立，设文、理、法商三个学院。抗战胜利后的1946年，西北大学方由城固迁回西安。

在此期间，黄文弼先后在西北大学历史系、边政系任教，并曾出任两系系主任。1939年，又兼任四川大学教授。直到1947年9月黄文弼赴北平研究院工作后，仍兼任西北大学历史系教授。

2.2.2 西大师生于樊哙墓前合影

1938年,西北联合大学历史系成立考古委员会,黄文弼任委员。5月,考古委员会组织师生调查研究汉中地区文物古迹,包括张骞、萧何、樊哙、李固墓以及勉县诸葛亮墓的民间刻石、褒城石门等。图为西大历史系师生在汉将军樊哙墓前合影,前排左一为黄文弼。

2.2.3　西北联大历史系考古委员会关于拟探寻张骞墓间古物的公函

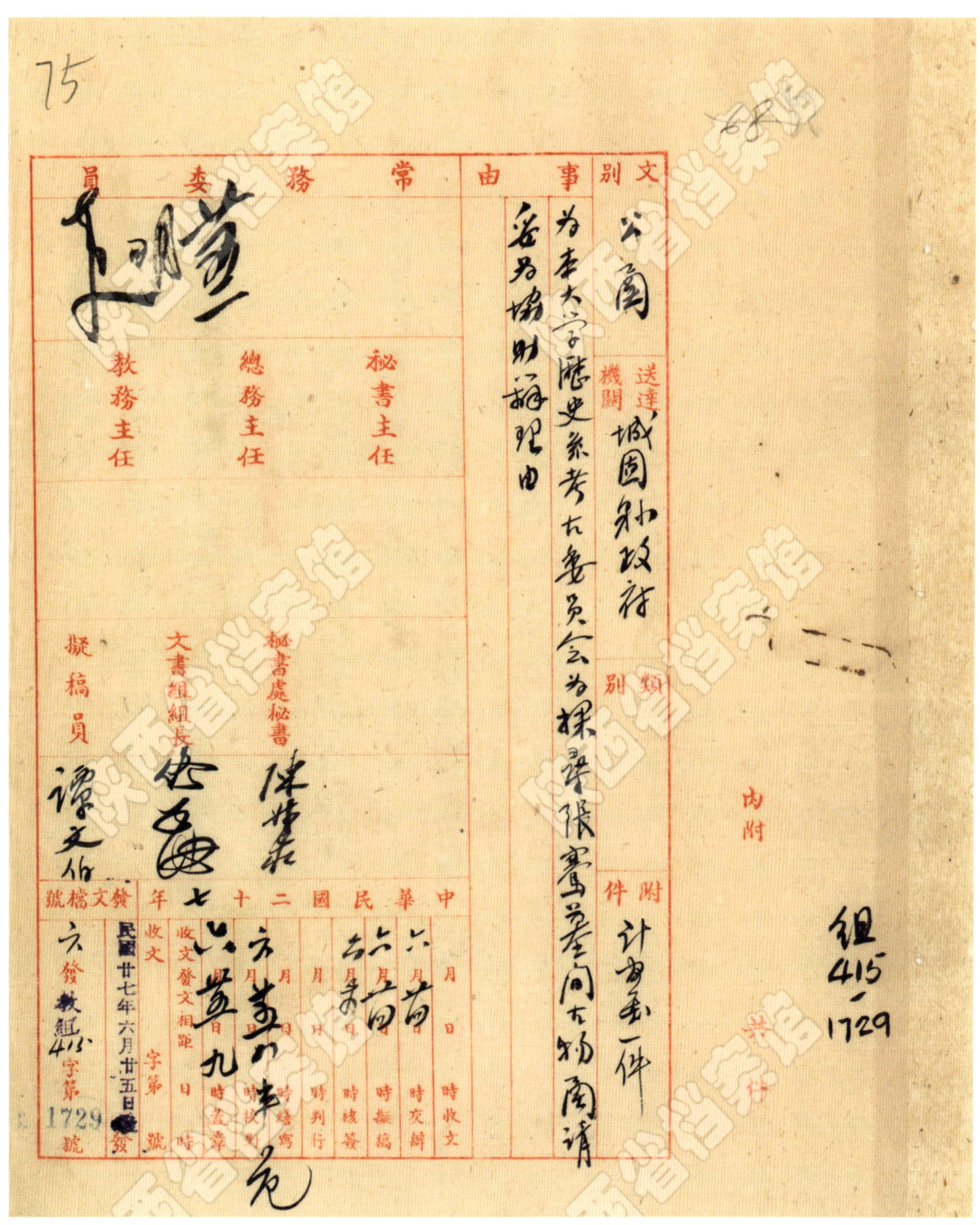

本大学历史学系考古委员会，为探寻张骞墓
间古物，拟定张骞墓间古物探寻计划书，其第八条
"为工作便利起见，拟请本校函商古迹地方省局协助办
理"。准此，相应函请
贵县政府查照惠予协助办理，至纫公谊。此致
城固县政府 县长 郭
  附张骞墓间古物探寻计划书一份
常委蒋梦麟

此函发于1938年6月25日，文中提及西北联大历史系考古委员会已拟定张骞墓间古物探寻计划书，为工作便利起见，商请城固县政府妥为协助。

丝绸之路开拓者——汉博望侯张骞的墓葬位于城固县城西北约3千米的博望镇饶家营村。在汉中调查文物古迹时，西北大学考古委员会发现张骞墓被严重盗掘，墓前石刻亦陷于地下。为保护珍贵的文物，遂决定进行抢救性发掘。由西北大学历史系教师何士骥、周国亭主持，20余名学生参与，许寿裳、李季谷、陆懋德、许重远、黄文弼、吴世昌等亦为主要参与者和研究者。

2.2.4 西北联大关于发掘张骞墓赔偿青苗的便函

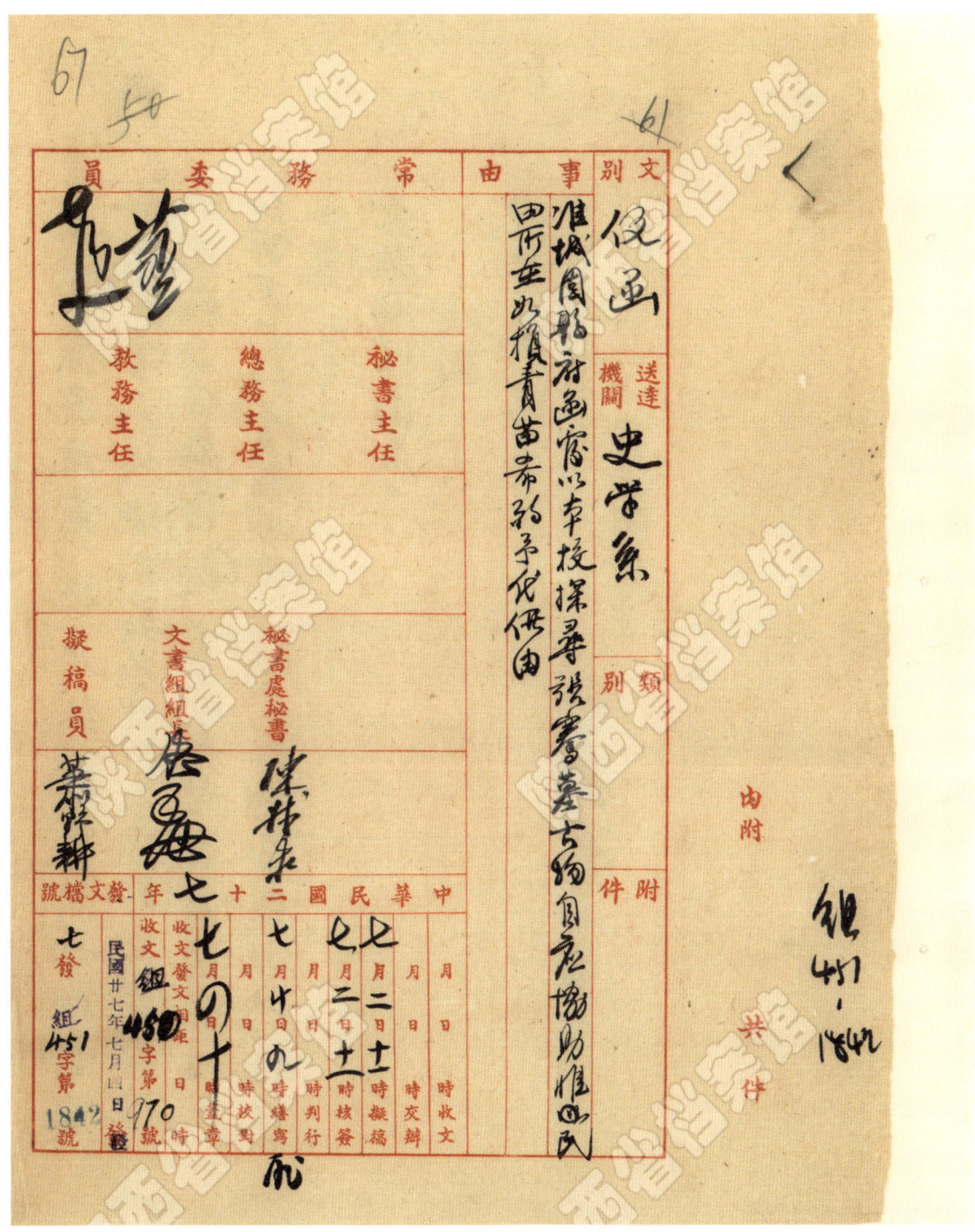

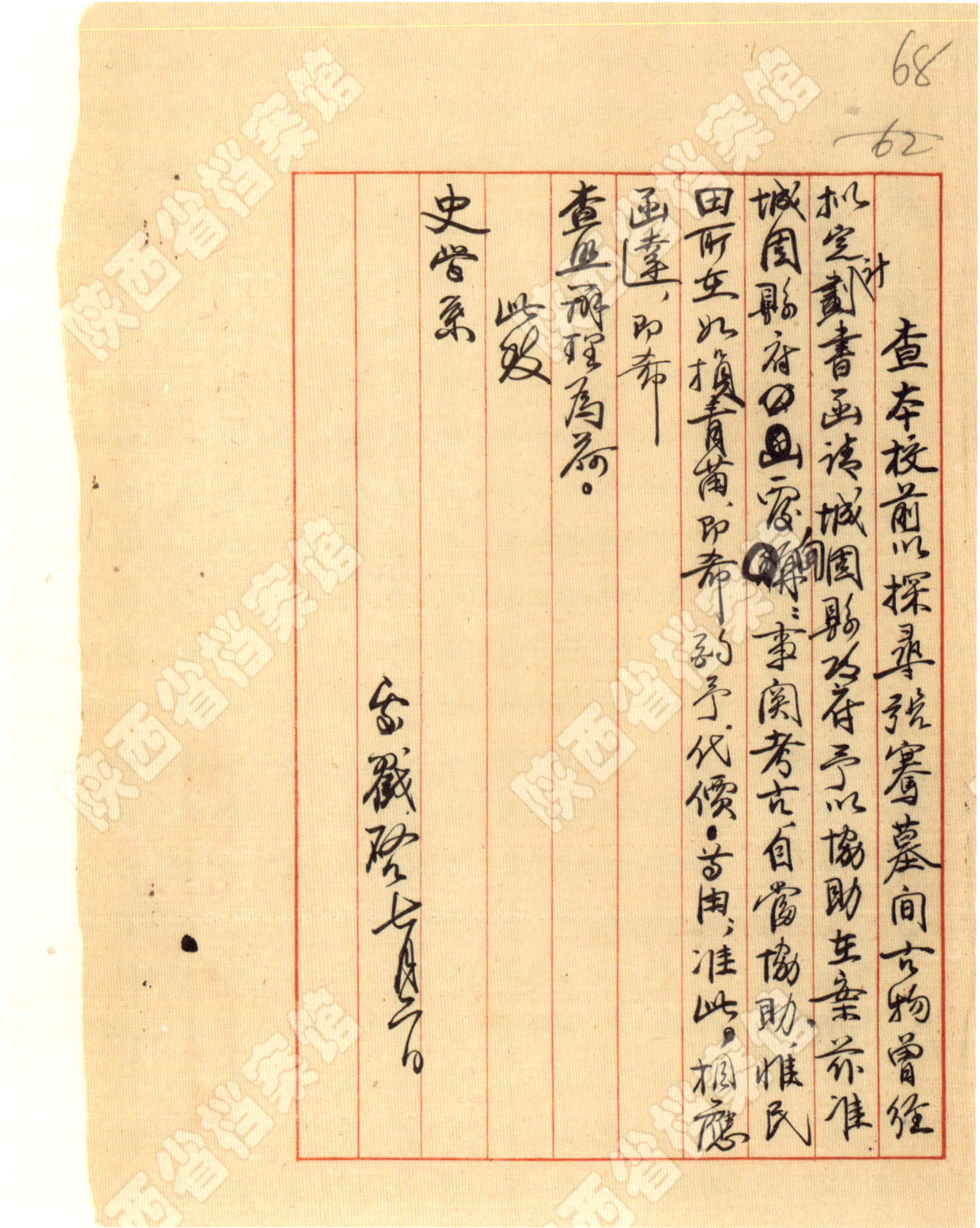

查本校前以探寻张骞墓前古物曾经拟定计划书函请城固县府以资协助在案兹准函达，即希查照办理为荷。

城固县府函函嘱：事关考古，自当协助。惟民田所在，如损青苗，即希酌予代价，苟属准此相应函达，即希查照办理为荷。

此致

史学系

金毓黻 七月四日

此函发于1938年7月4日，文中提到考古发掘区域"惟民田所在，如损青苗，即希酌予代价"。可见本次发掘充分尊重了当地民众的意愿，保障他们的利益不受侵害。

2.2.5 张骞墓前石兽

◀ 东边石兽

◀ 西边石兽

  1938年7月3日，考古人员首先发掘了张骞墓前深陷地下的石刻。这对石刻东、西相对，据考证为石虎。石兽蹲伏在地，头毁、足残、尾缺，呈细腰昂首卧姿；表面多剥蚀，未见花纹与刻字；两兽腹下肋骨每兽左右各七；颜色青黑，石灰石料，制作古朴，状极生动，在考古学和艺术学上都极有价值。

2.2.6　西北联大呈禁止私人挖掘张骞墓穴

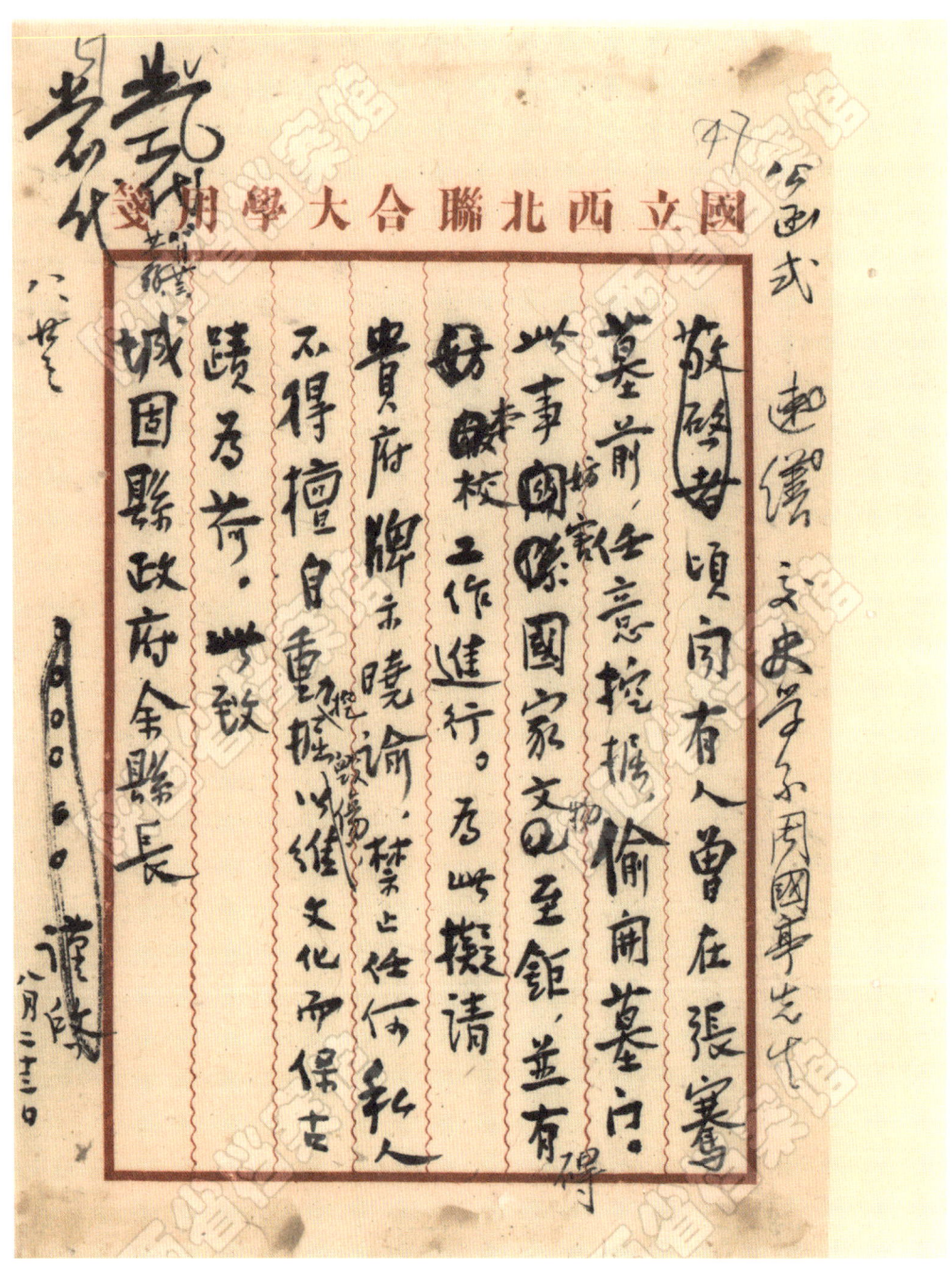

此函发于1938年8月23日，张骞墓本体发掘开始的前一天。文中指出此前曾有人在张骞墓前任意挖掘、偷开墓门，不仅妨害国家文物，也对西北联大的发掘工作造成了影响。因此恳请城固县政府牌示晓谕，禁止任何私人挖掘张骞墓穴。此前，西北联大还曾对社会各界人士发出布告，强调"对于博望侯张骞墓之一切建筑宜加保护，勿得损毁"。可见张骞墓考古已经具备了文物保护管理的意识。

2.2.7 西北联大关于整理张骞墓道以提倡民族精神致地方政府的函

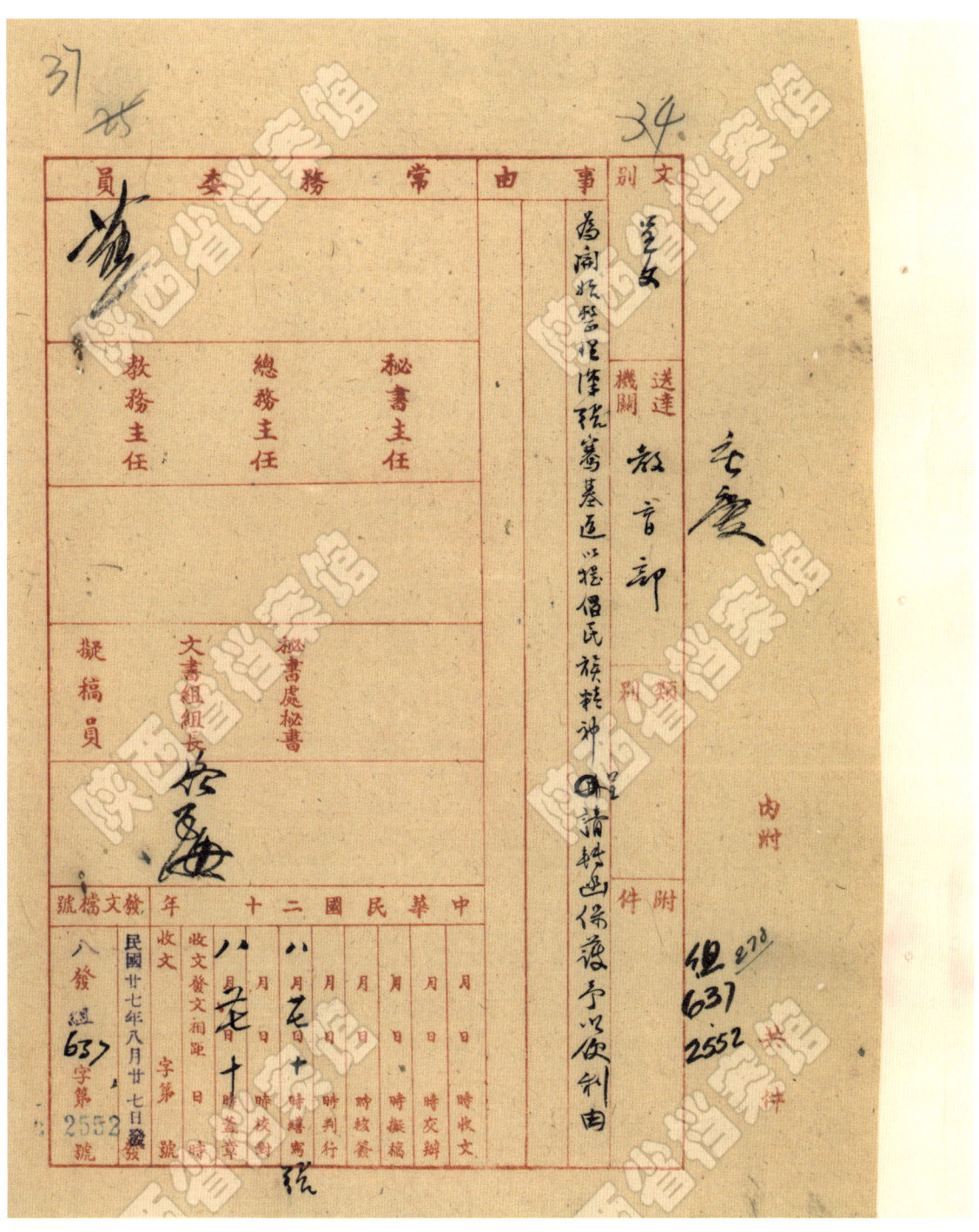

张凤翽、张建才、张鸣岐、张凤金、张兆永、张子焜等九人亦自動参加工作，亦经允許，以示合作。将来搜求如有所得，即當將整理結果呈報。所有開始整理博物侯墓选择缘由，理合呈请

鈞部審核並懇轉知陕西省政府随时保護此墓並對本校之設古工作予以一切便利，寔為德便。谨呈

教育部

第二章 公诚勤朴——任教西大和第三次西北考察

为整理张骞特勒族墓道致教育部呈稿

为整理汉博望侯张骞墓道以提倡民族精神事：窃查张骞特勒族张骞为吾国著名之民族英雄，开拓疆土，沟通文化。①为尊崇万世瞻仰，墓在^{陕西省}城固县城西北三公里之饶家营，其地信而有征，为考古学者所公认，且信实之亭。当之有历史价值之古刻理没资问。年前北平研究院於去组徐炳昶主任曾派遣之③探测实地调查，兹计划动工②挖贯墓旁空地，

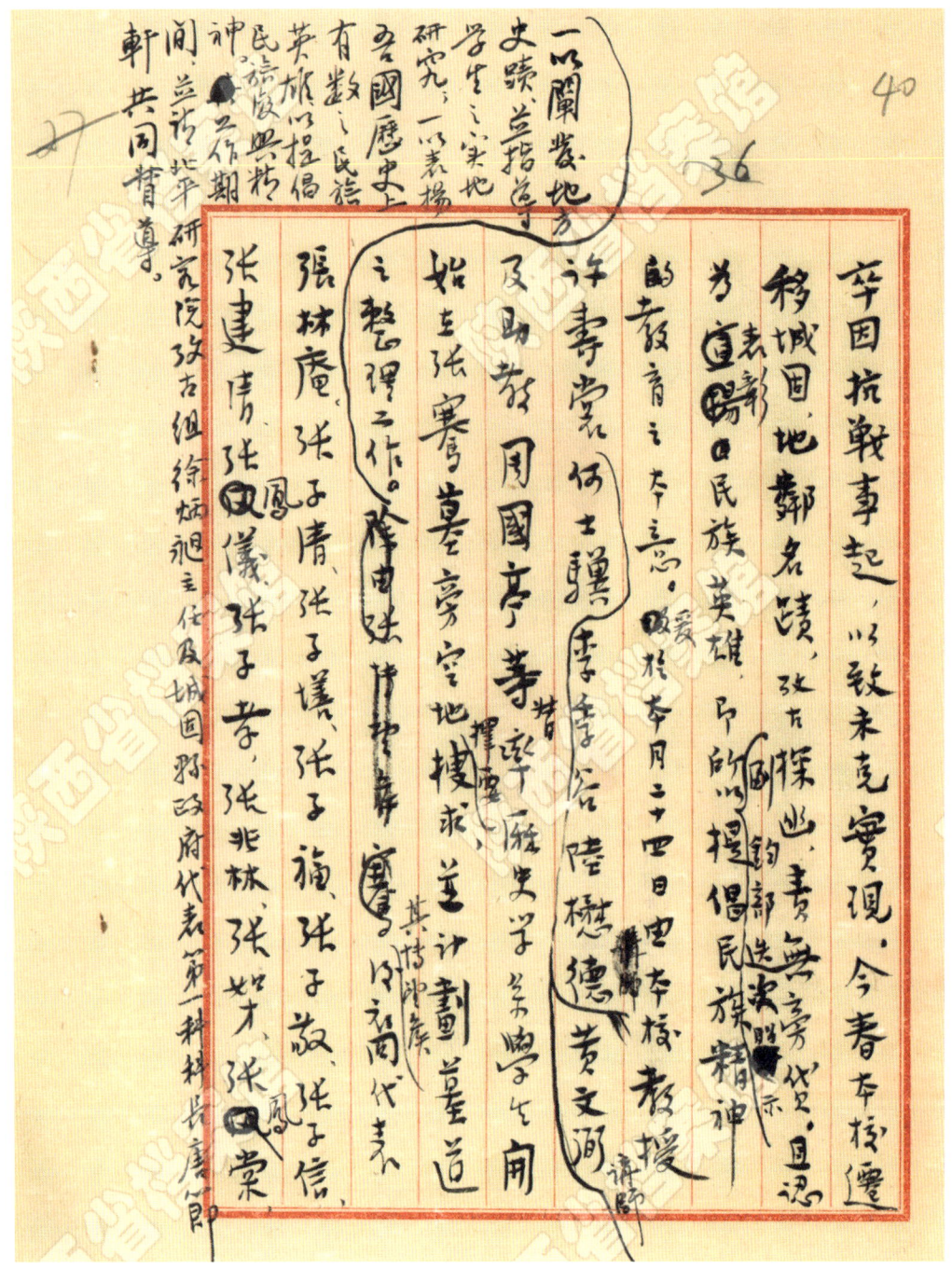

此函发于1938年8月27日，张骞墓墓道发掘期间。文中言明张骞"开拓疆土、沟通文化、四裔尊崇、万世瞻仰"，为我国著名民族英雄。西北联大此次发掘行动的初衷是为"提倡民族精神"。又指出其墓地所在信而有征，具有极高的历史价值。此前北平研究院徐炳昶等曾有意发掘，因抗战爆发而不果行。西北联大迁址城固后"地邻名迹"，因此"考古探求，责无旁贷"。最后的教授联名落款中可以看到许寿裳、何士骥、陆懋德、黄文弼等学者的名字。

时值抗战军兴、国家危亡的关头，张骞墓考古工作的目标之一就是为了彰显张骞作为民族英雄的意义，体现了西大考古学人学术报国、学术为民的家国情怀。

2.2.8 西北联大为整理张骞墓道致函地方政府

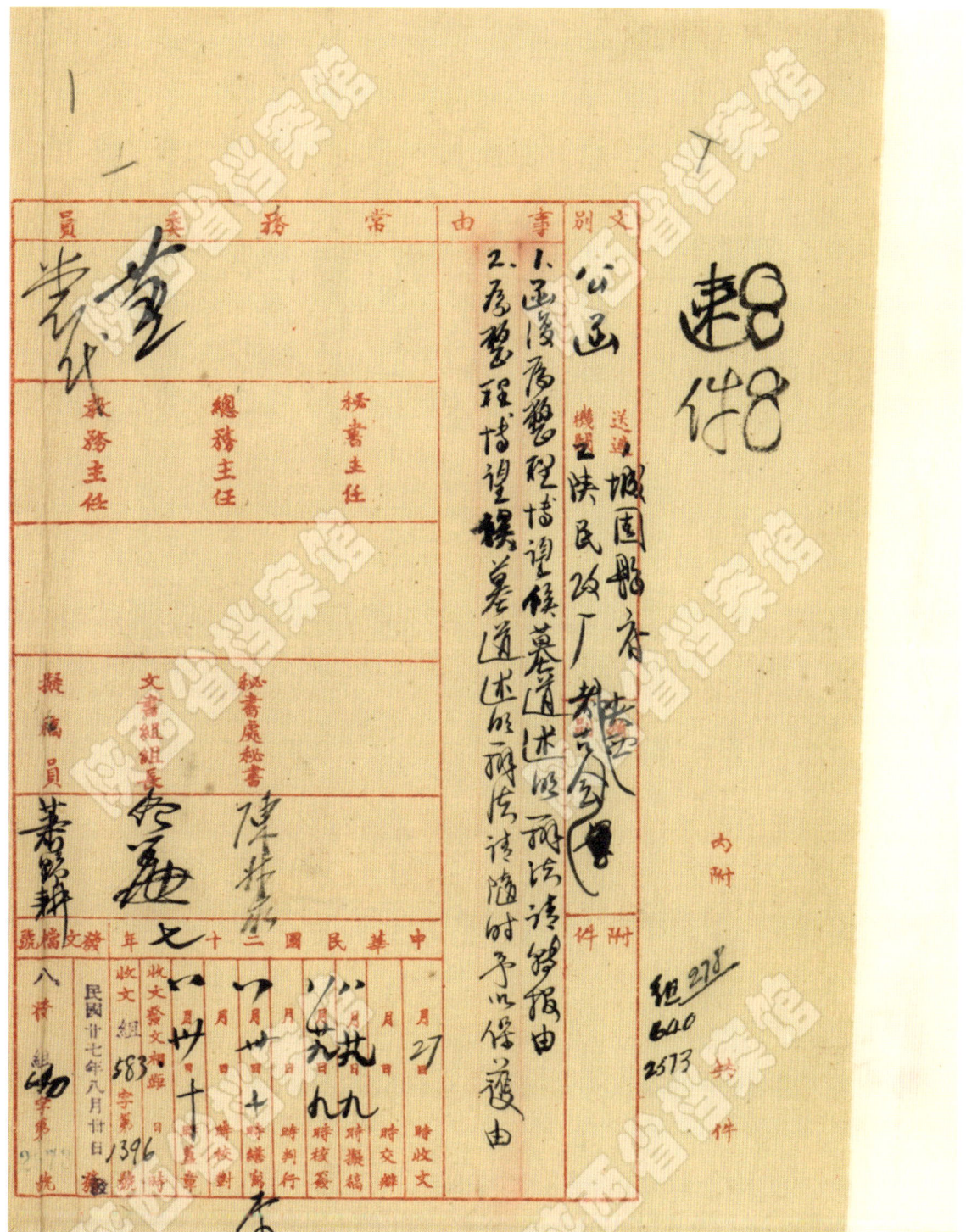

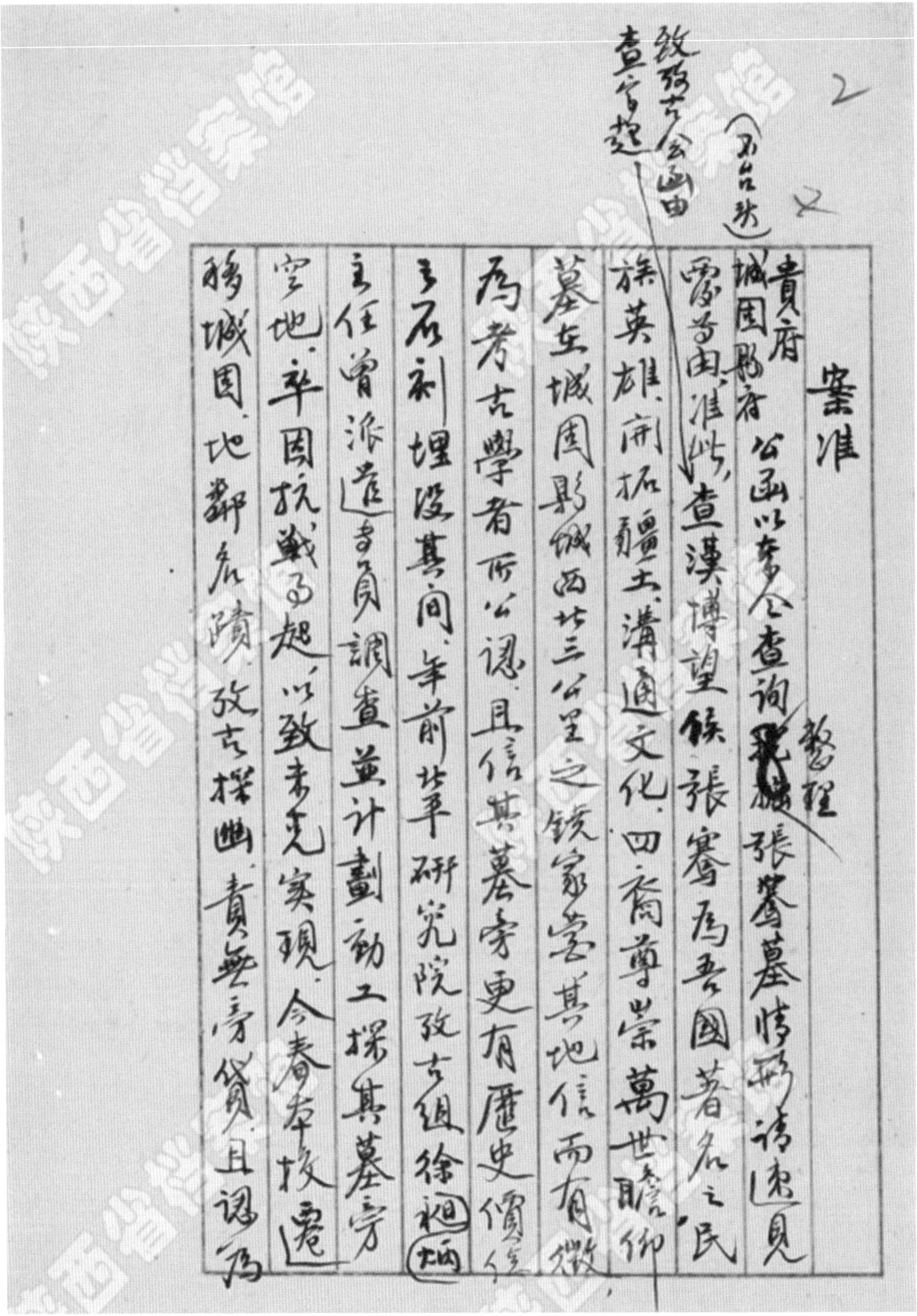

案准

貴府城固縣府公函以奉令查詢整理張騫墓情形請速見覆等由准此，查漢博望侯張騫為吾國著名之民族英雄，開拓疆土，溝通文化，四裔尊崇萬世瞻仰，墓在城固縣城西北三公里之饒家營，其地信而有徵，為考古學者所公認，且信其墓旁更有歷史價值之石刻埋沒其間，年前北平研究院考古組徐炳昶主任曾派遣專員調查，並計劃動工採掘墓旁空地，卒因抗戰事起，以致未克實現。今春本校遷移城固，地鄰名蹟，考古探幽，責無旁貸，且認為

（不公告）

致縣府公函由

查案卷

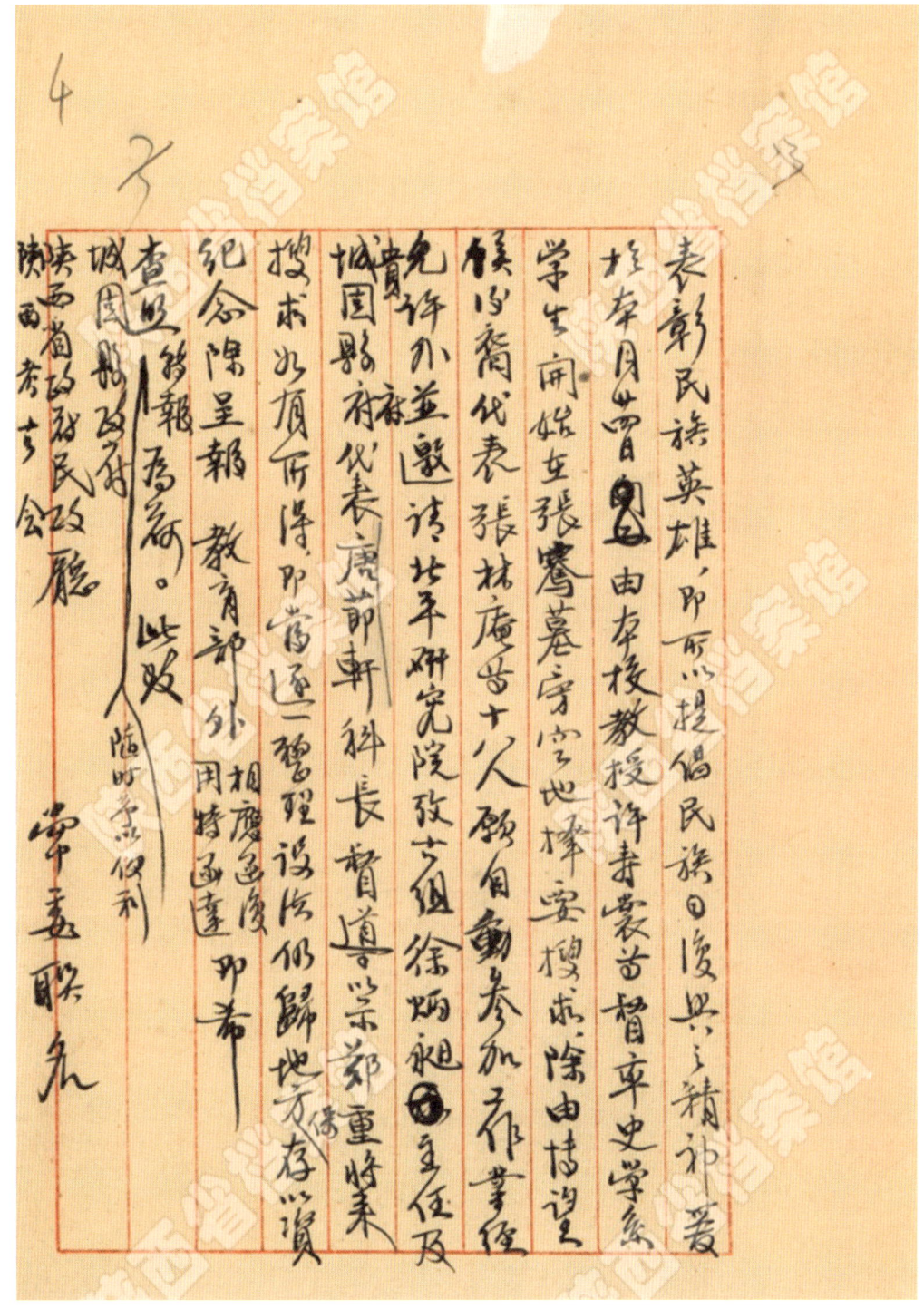

此函发于1938年8月30日张骞墓发掘期间。文中提及1938年春西北联大迁移城固后,由许寿裳教授等督率史学系学生开始在张骞墓旁空地择要搜求古物古迹,其间张骞后裔张林庵等于18日自动参与,北平研究院考古组徐炳昶及城固县代表唐节轩等亦曾用力于此。西北联大郑重承诺"将来搜求如有所得,即当逐一整理,设法仍归地方保存,以资纪念"。

2.2.9 西北联大函告历史系考古委员会不得损及张骞墓穴

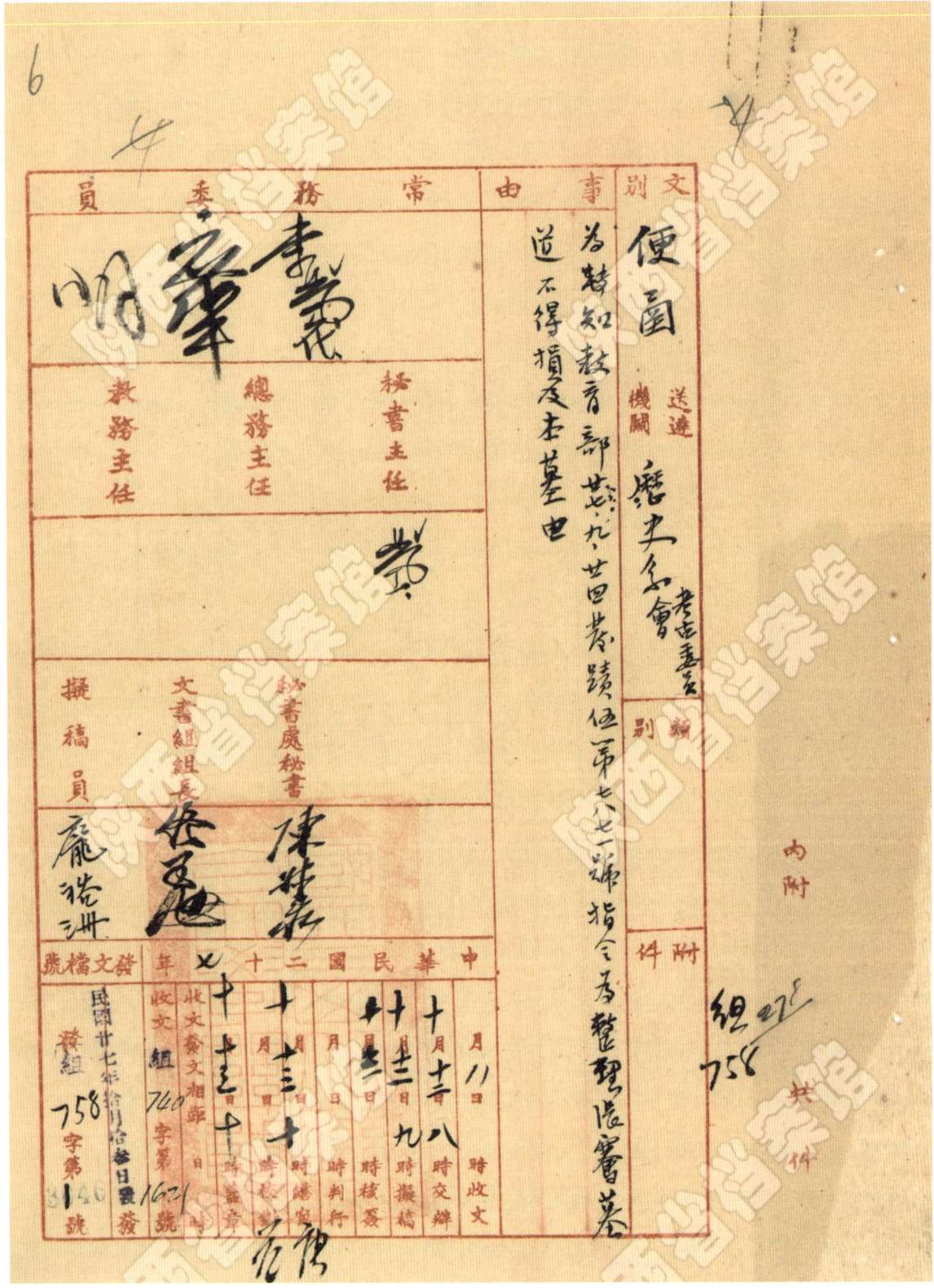

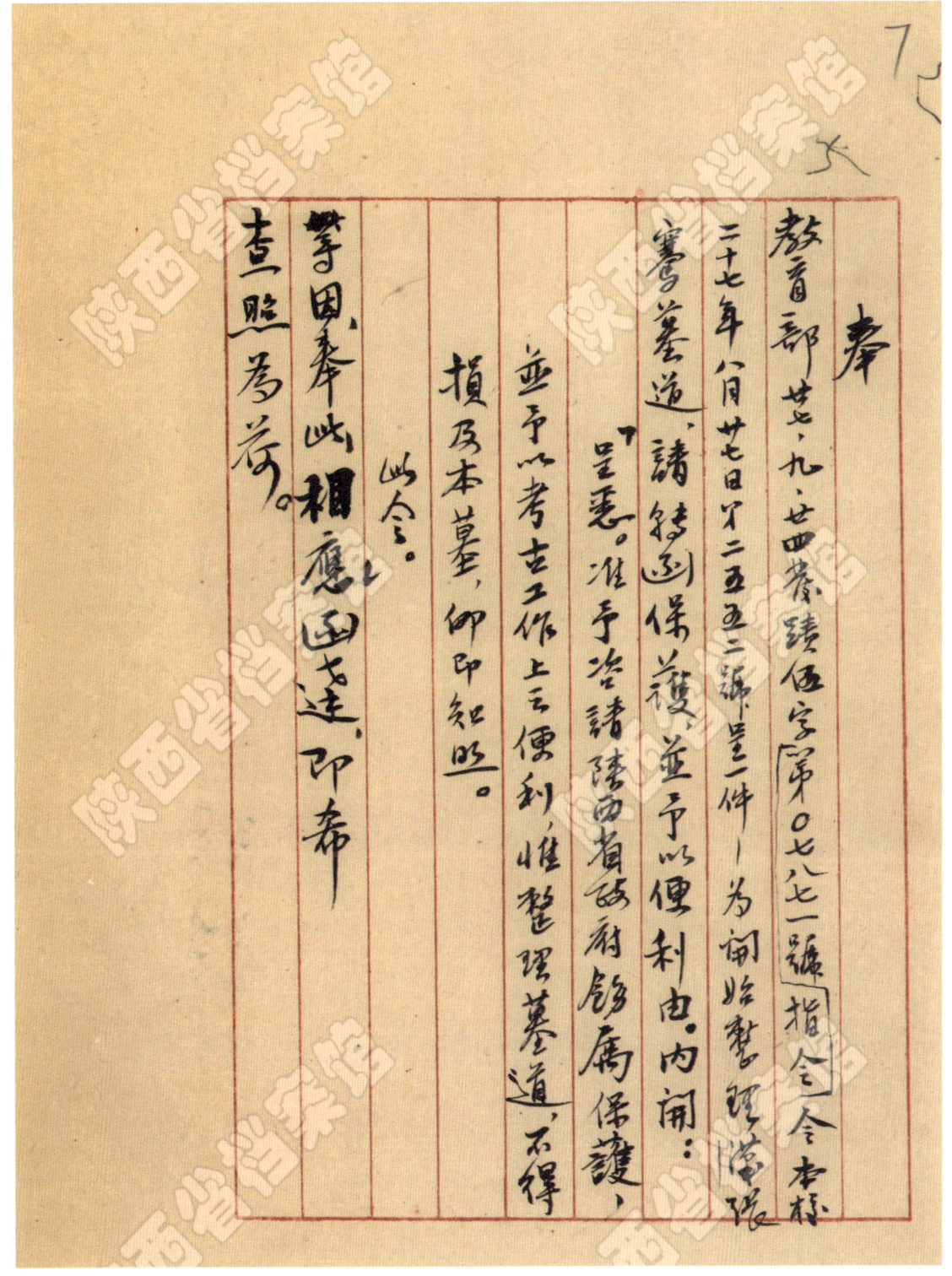

此函发于1938年10月13日，文中提及1938年8月27日，国民政府教育部与西北联合大学曾就张骞墓发掘事宜进行过沟通协商，教育部指令"准予咨诸陕西省政府饬属保护，并予以考古工作上之便利，惟整理墓道不得损及本墓"。本次发掘的确严格遵守了教育部的指令，仅对墓道和东耳室进行了清理，并未进入墓室。当年9月初，由于张氏后人误解，发掘中止，随后即转为墓葬修缮。

2.2.10 张骞墓发掘场景

▲ 发掘场景

西北联合大学历史系考古委员会对张骞墓本体发掘自1938年8月24日持续到9月2日结束,历时10天,清理了墓道和东耳室。图为张骞墓发掘的现场照片,可见到墓前设施、封土和正在清理的墓门。

2.2.11 《张骞墓间古物探寻计划书》《发掘张骞墓前石刻报告书》

西北联大校刊

专载

张骞墓间古物探寻计划书

国立西北联合大学历史学系考古委员会为表章民族英雄张骞墓间古物，并为历史学系学生实地练习考古起见，拟就初步计划书如下：

（一）张墓前二石兽，多半没入土内，但就外露之残体观之，似是西汉石刻，诚有完全显露之必要。

（二）拟将此二石兽，起出土外，每工每日合洋六角，但石兽入土若干尺，现尚未知，故将来全体起出地面，究用若干工，现不能定，大约须用四十工。拟在学生中轮流每日派四人监视，每人须发给饭费三角，试以五日计算，共合洋六元，以上总计约合洋四十元上下。

（三）石兽起出后，拟用石块垒为石座，以便陈列原处，至石座式样，俟起出彼此，另行拟定，再估定价日。

（四）墳墓至石兽之远，其间或有其他石刻古物，拟先用试探方法检寻，所需工价洋另行估计。

（五）工作完毕，拟立碑彼逸择过·应由本校常委路公及参与工作人员题名，以志纪念，至于碑石工价另行估计。

（六）此外尚拟调查附近之萧何，樊哙，李固及沔县诸葛亮等墓，并探寻有无同样石刻。

（七）为学生练习起见，拟派各生参与工作，例如测绘，记录，检查，摄影，或监视工人等事务。

（八）为工作便利起见，拟请本校两商各该地方当局协助办理。

发掘张骞墓前石刻报告书

何士骥　周国亭（编者）

本校历史系考古委员会（委员为许寿裳，李季谷，陆咏沂，黄仲良，何乐夫，周国亭侯张骞夫，李蒸，周国亭六先生。）以汉博望侯张骞为中国历史上不可多得之英雄，实有表彰之必要，乃决定将其葬家加以整理。惟以各种关系，全部计划，未能实

（按本文插图，共计十三幅，因制版不便，故从略，请作者原谅！——编者）

他如襄城石门及其余附近之古代之文化遗迹，亦拟调查所用调查费若干，另行请歇。

西北聯大校刊

一、調查

二十七年五月二十日，本校同人，行，暫定第一步辦法為清理墓前已露面之二石刻，並作為學生考古學一科之實習。惟此次工作簡單，問題不多，茲將其經過情形，述之如次：

同往者有校長徐誦明，教職員李雲亭，主任許季黻，黎勱西，教職員李季谷，陸詠沂，許重遠，謝湘川，何日章，黃仲良，佟節軒，佟伯潤，諸先生，及士驥，國亭，並男女學生等數十人。自上午八時由城固城內出發，至八時半到達。當由黃仲良先生攝影多張，墓之周近麥地內，及村旁，采得繩紋殘磚。（插圖一：一，二，三，）殘瓦，（插圖一：四，五，六，）花紋陶片（插圖二：一，二，三，）等。墓南約一百六十公尺之處，即為二石刻所在之地。時麥秋未屆，二石刻在麥叢中，東西相對，惟約可見。其在東面者，頭部（頭已毀）之最高點露出地面約四寸，尾部之最高點露出地面約五公寸餘。（圖版二：一，）在西面者，情形略同。因係地面調查，故未有動搖等事，於石刻周圍，亦未有拾瓦片等之采穫，至十二時而返。

二、發掘

自調查以後，石刻全部，雖尚未見楊胎，但由已見部份之作鳳觀之，似為漢物無疑。復由所得之陶瓦片磚塊等，證之其時代為漢，更屬明確。遂由本會同人商定發掘辦法。復由士驥展定工人楊法娃為工頭，言明每月工資國幣六角，於六月十八日率赴該地面行視察，估計一切。惟據本地人云，「石虎（縣志亦用此名，）入地數丈，前曾經人挖掘，未得成功。」每雷夏季大雨，水漲石高，入地愈深。且頗多神話，謂「意掘則永遠能保持其驚面數寸之狀態」云。因此，吾人雖不信其神話，但顧以其深度若干之說為然。故預計每日用工人五名，約四五日可以完工。遂派定學生每日四人實習。（上午二人，下午二人，）諸事籌備既緒，即於七月三日（星期日）開工。出席者為士驥，國亭，（餘諸先生因事未能出席，）及學生張循組，楊胎。率同校工一名，工人五名，曠府所派保安隊三名副往。當即會同諸地聯至石刻周圍，亦未有拾瓦片等之采穫所派主任保甲長等，於上午八時開始發掘。因此時麥地已成水田，石刻露水面甚少。因士驥，國亭先令工人將二石刻之周圍各築東西長三公尺，南北寬二公尺之大小，即做長方罨，以排去茵水。坑之大小，即依此面定。復名東面石刻所在之坑為西坑，西面石刻所在之坑為東坑。惟泥永甚大，工作頗為不便。茲將工作記錄述之如下：

坑名：東坑，西坑。
坑之面積：東坑東西長三公尺，南北寬二公尺。西坑同。
坑位地點：城固縣西，饒家營，張騫墓前。
發掘日期：二十七年，七月，三日
指導人：何士驥，周國亭
練習生：張循組，楊胎
工作時間：上午八時──十一時半。下午一時──六時。
工人：上午楊法娃等五名。下午增加工人二名，共七名。

2.2.12 张骞墓出土封泥（复制品）

张骞墓最重要的出土遗物是封泥一方，近方形，边长2.2、厚0.3厘米。篆书"博望□（或造）铭"四字，为确认该墓墓主的身份提供了直接证据。原件现藏于中国国家博物馆，西北大学博物馆藏有复制品。

此外，张骞墓出土的散乱陶片中，亦间有汉隶"博望"，墓葬位置也与《史记》《汉书》记载的张骞故里相合，均为此墓系博望侯张骞墓的证据。

2.2.13 西北联大为清扫张骞墓道等事函告省民政厅

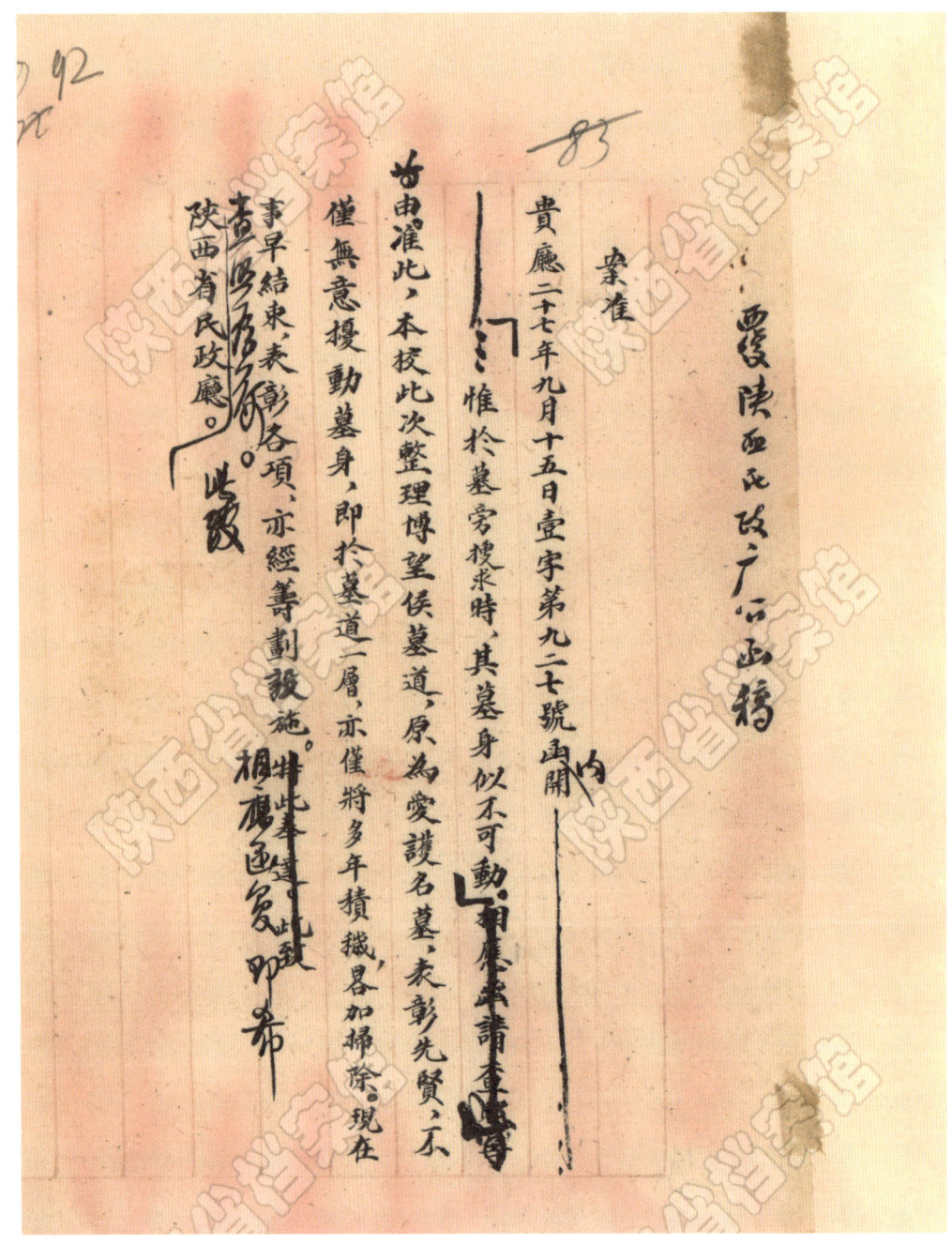

此函发于1938年9月，陕西省民政厅要求西北联合大学"惟于墓旁搜求时，其墓身似不可动"，西北联大为此复函说明此次整理张骞墓道的初衷为"爱护名墓，表彰先贤"，不仅无意扰动墓身，即便对于墓道一层也仅限于清扫多年积秽。

2.2.14 "民族扫墓纪念日"与西北联大公祭张骞

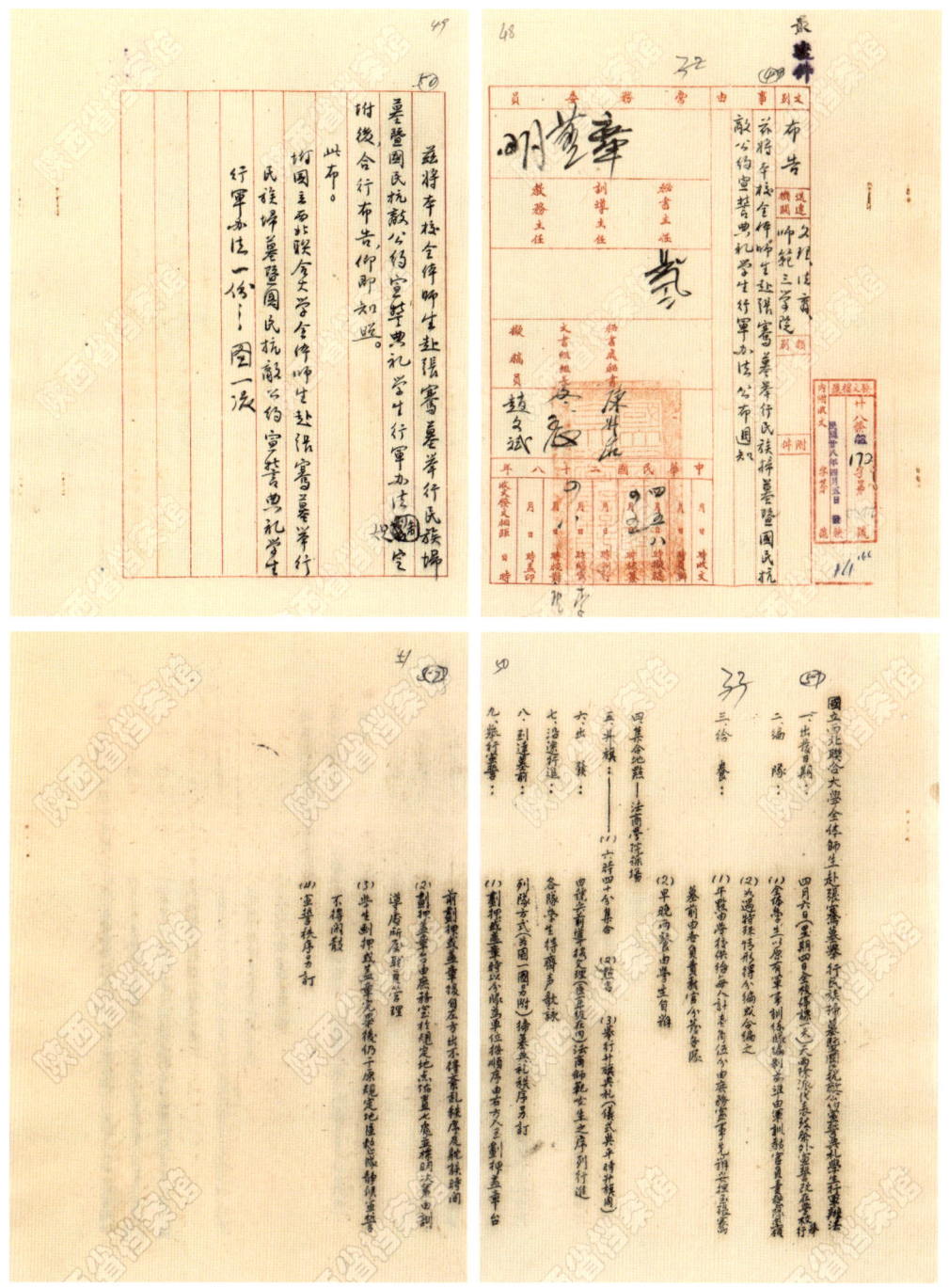

在张骞墓发掘、修缮完成后，国立西北联合大学仍继续发挥其重要价值以服务社会。除了多次举办面向师生和公众的展览之外，最重要的活动是1939年4月6日组织师生在张骞墓前开展祭扫活动。本布告发布于祭扫活动前一日，要求师生于4月6日在法商学院操场集合，以行军队列前往张骞墓前参加民族英雄张骞的公祭典礼，并进行国民抗敌公约宣誓，用张骞所代表的民族精神激励全中华民族的抗日战争。

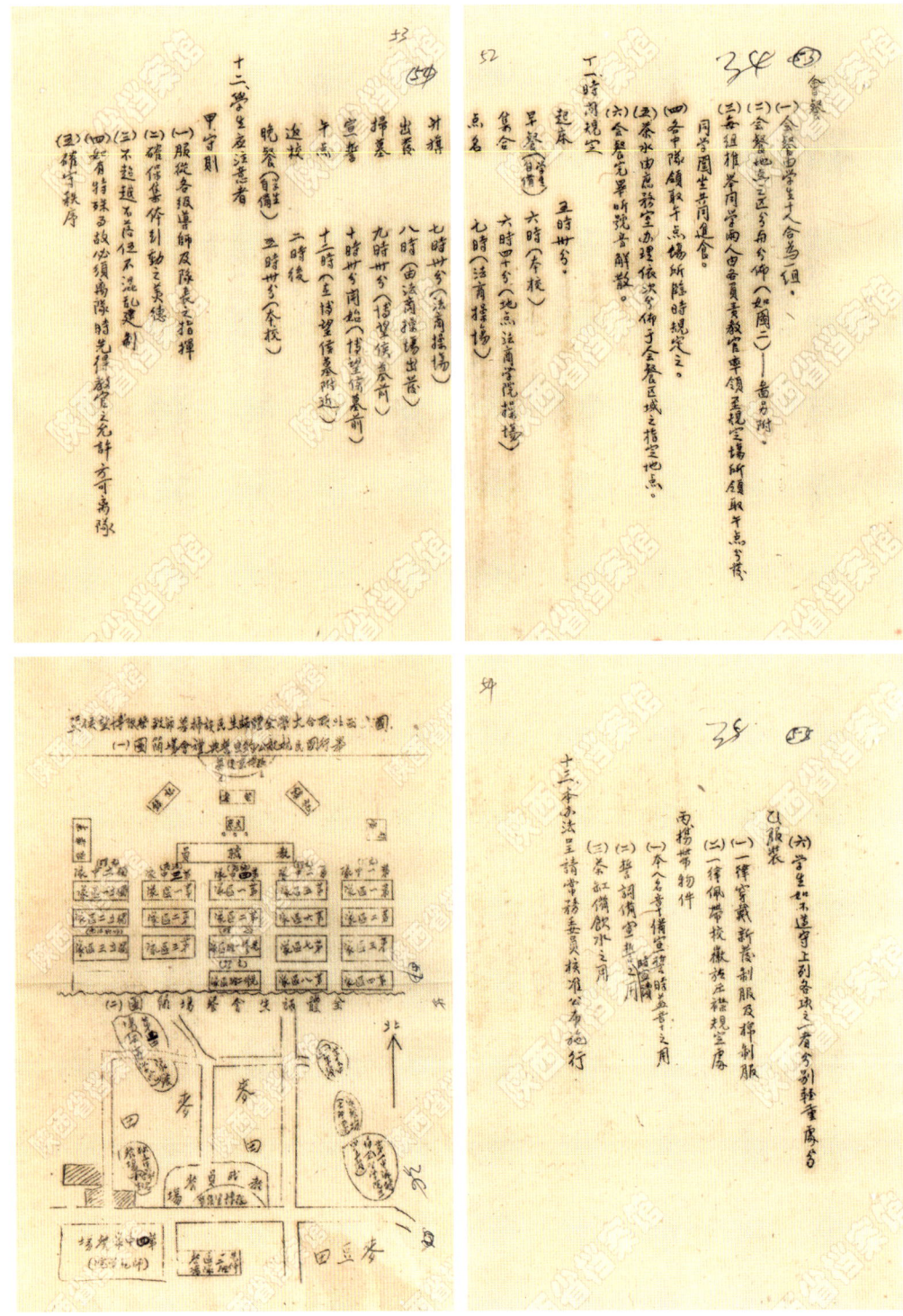

1935年,国民政府颁令4月5日为国定假日清明节,并命名为"民族扫墓纪念日",以此为纽带联结民众情感与家国命运。此后每年清明,除各地政府会派人前往陕西黄帝陵祭扫外,一些省份也会在本地开展祭祀民族先贤的活动。此次张骞墓祭扫活动实为全国性民族先贤纪念活动的一部分。布告对扫墓秩序、餐饮、队列、所携物品等交代甚详,从中可见学校对该活动的重视。

2.2.15 西北联大师生祭扫张骞墓并宣誓抗日

▲ 英雄扫墓暨国民抗敌公约宣誓典礼现场照

1939年4月6日，西北联大全校师生员工1400余人，为举办"民族扫墓节"，提倡民族精神，以行军队列赴汉博望侯张骞墓，举行英雄扫墓暨国民抗敌公约宣誓典礼活动。此次活动是近代以来张骞墓的第一次高规格公祭，也是一场生动的抗战教育，激发了师生和民众的爱国抗日热情。

本次活动由徐诵明常委主祭，殷祖英教授宣读祭文。该文为现代第一篇公祭张骞祭文，现将正文全文迻录如下：

赫赫大汉，肇基汉中，我公诞降，民族英雄。奉使绝域，乃立奇功。万年歌颂，四裔尊崇，霖雨苍生，功难悉数，荦荦大者，言之有五：匈奴猾夏，厥势孔张，臣役西国，结党南羌。唯公发议，断其右臂，遂使王廷，幕南遁弃。亚欧民族，权利互伸，无达□国，葱岭为垠。唯公凿空，沟通文化，首蓿葡陶，天马来驾。当时滇黔，咸未内属，感于蜀布，往求身毒。唯公刱始，西南再征，中国一统，因以完成。河出昆仑，自古有说，究在何处，莫能明揭。唯公身历，究其真源，学术探险，开新纪元。拘縶于胡，备尝艰苦，持节弗桡，实先苏武。唯公此举，使命不惩，民族气节，上薄云天。凡此五端，永垂不朽。值此抗战，效法恐后。本校艸刱，规模未弘，地邻名迹，观感何穷？节届清明，礼修拜扫，济济师生，敬荐苹藻。尚飨。

2.2.16 《增修汉博望侯张公骞墓道碑记》碑

1939年（一说1940年），西大在张骞墓前树立石碑，碑阳刻有西大教师吴世昌于1939年5月撰写的《增修汉博望侯张公骞墓碑记》，阴面刻有许寿裳教授篆意楷书、黎锦熙教授使用新式标点符号写的《汉书·张骞传》。此碑现立于张骞墓左侧，得到妥善保护。

《增修汉博望侯张公骞墓碑记》表彰了张骞开拓边疆、凿空西域的历史功绩，指出了张骞所代表的御侮图强、坚韧不拔的精神对当时全民抗战的激励作用。强调了西北大学出于抢救和保护目的，才对张骞墓进行科学的考古发掘和研究，确认了墓葬的性质。并在发掘之后予以妥善修缮，以期张骞所代表的民族精神永垂不朽，"彰往察来，绍华夏之洪泽；立懦振颓，完复兴之大业"。

可见，张骞墓的考古工作，不是单纯的发掘研究，而是全程贯穿了保护管理、社会传承的科学理念。今天西北大学考古学科倡导的文化遗产价值认知、保护、传承"三位一体"的学科体系，在当时已出现雏形。

国立西北联合大学讲师吴世昌谨撰
国立西北联合大学教授黎锦熙书丹

旷观我国史乘所记，以一介行人而能跋涉万里，扬威域外，重致九译，荒服蛮夷者得二人焉，曰博望张侯、定远班侯。然班氏藉汉明之余荫，乘西域之罢弱，运以权谲，事乃克济。未若博望犯方张之虏焰，假危道以远袭，凿空之功，震烁古今。尝试次其勋绩，约有数端：匈奴肆虐，远稽姬秦，山戎猃狁，并其异称。亶父之走岐下，幽王之死骊山，惩前毖后，创痛巨深。是以诗人作歌，戎狄是膺，季子获丑，虢盘焉铭。爰及末叶，凶焰益煽。史称冠带七国，边胡者三，于是赵王高阙为塞，秦燕限以长城。

洎乎楚汉之际，中原鼎沸，塞外群胡，益增猖狓。以高帝之雄略，犹不获逞志于冒顿，致有平城之厄、白登之围。下逮吕后文景，侵扰犹繁，驯至遣书嫚辱，杀戮疆吏，匈奴之加我黄帝子孙以钜耻大辱者久且烈矣。孝武痛祖宗之积耻，愤华胄之见凌，于是倡议灭胡，发使西征。侯持汉节，跬踬于风沙冰雪之乡，委顿于腥臊膻羶之群，再使西域，数困虏廷。廿载去国，万里经行。偕往百士，归仅二人。卒使威德遍于四海，赋贡致乎汉廷，自有生民以来未之有也。侯既遍朔漠，识其地理水草，卫青击胡，资为向导，用能建不世之奇功，巩列祖之皇造。汉业既隆，边患斯少。尔后贰师之破大宛，定远之服鄯善，莫不蹑其芳躅，迹其故道。凡所躬历，当今甘肃、新疆、俄属土耳其斯坦、阿富汗之地。副使间出，历国十余，跨世界之屋梁，通中西之文化，探黄河之真源，来异物于西亚。役属妫水之邦，创通西南诸夷，即今邛筰黔滇诸地；苗徭归化，蚕丛毕启，揆厥元功，亦莫非侯所创议，后之人君，遂得拓疆数万方里，奠我中华数千年来之伟大国基。我今日之能御侮图强，货殖恣所取给者，胥有赖焉。而乡曲鄙儒，溺于清静无为之说，安于疲软苟且之习，乃以汉武之黩武于戎工，引为后世人主之大戒，何其陋也！

昔扬子云：论前朝之事，以为不一劳者不久佚，不暂费者不永宁。是以忍百万之师，以摧饿虎之啄，运府库之财，以填庐山之壑为不悔也，借如武帝狃于故习，博望阻于跬步，则吾汉族之凌夷，宁待石勒、刘豫、契丹、女真乎？比年倭寇河朔，流毒海陬，国黉播迁，西暨南郑。南郑屏山襟川，炎汉以兴，灵秀所钟，实生人杰，博望之故里、陵墓，胥在城固。廿七年春，吾校历史系同人以侯墓近在咫尺，足式仰止，而东侧土层扰动，墓道凌乱，陵前石兽，长埋榛莽。若不加以修理，妥为保护，行见先贤名迹日就陵夷。因即商准各级政府会同张公后裔，将墓侧原有缺缺口，稍加清除。所见墓道汉砖、破残马骨、五铢汉钱之属，既可断为汉墓，而散乱陶片中间有"博望"汉隶，尤足以为张公原墓无疑。遂为鸠工培土，重加封植。蒸、诵明、庶华等，念斯文之在兹，惧典型之或失，用敢撮述其事，对扬先哲，所以赞翼教化，昭明麻德，策励来兹，永垂楷则，庶几彰往察来，绍华夏之洪泽，立懦振颓，完复兴之大业也。

国立西北联合大学常务委员会李蒸、徐诵明、胡庶华谨立

中华民国二十八年五月吉日，田鸿玉刻石立

2.2.17 张骞后裔与相关部门关于张骞墓修整事宜的公函往来

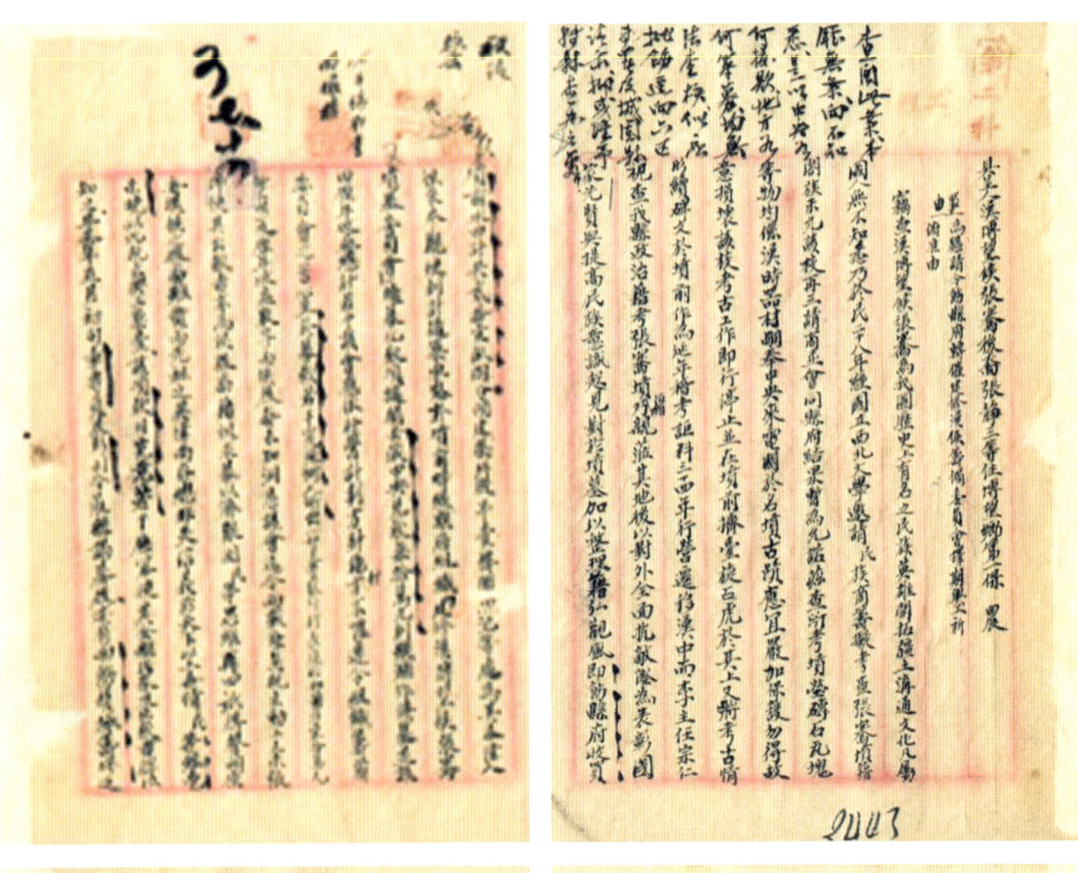
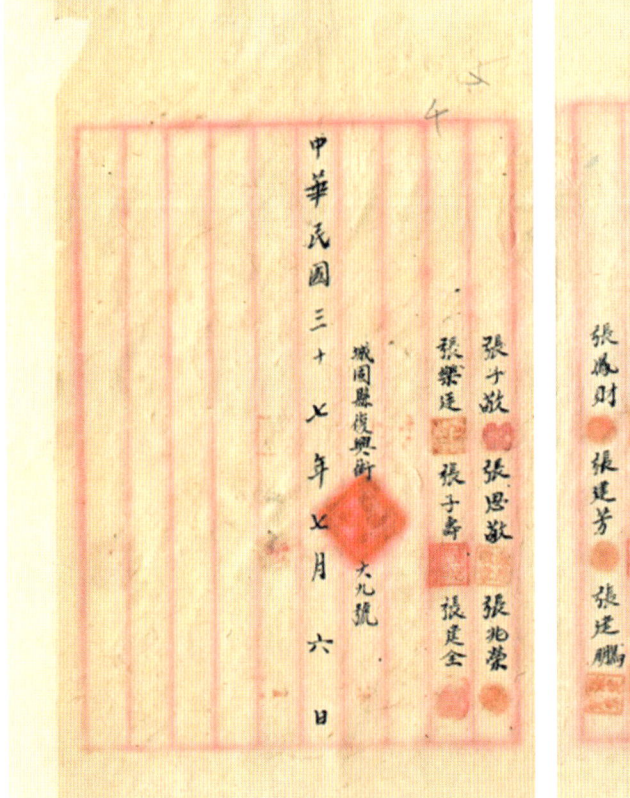
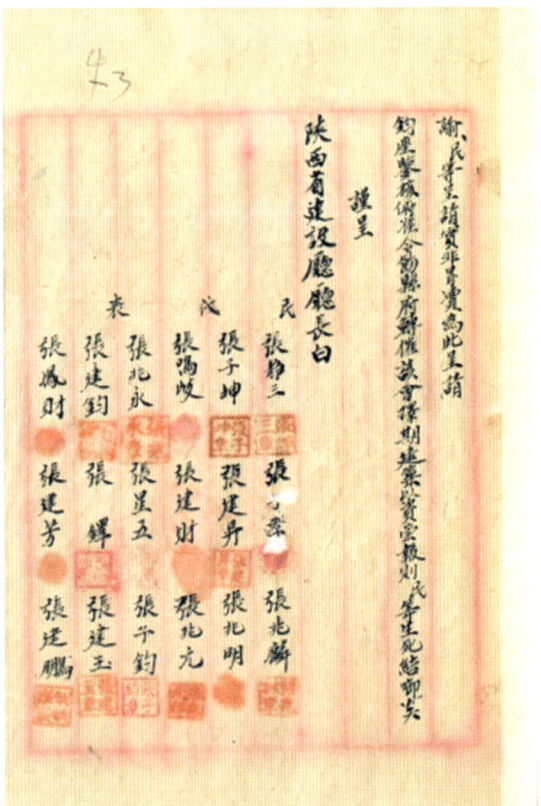

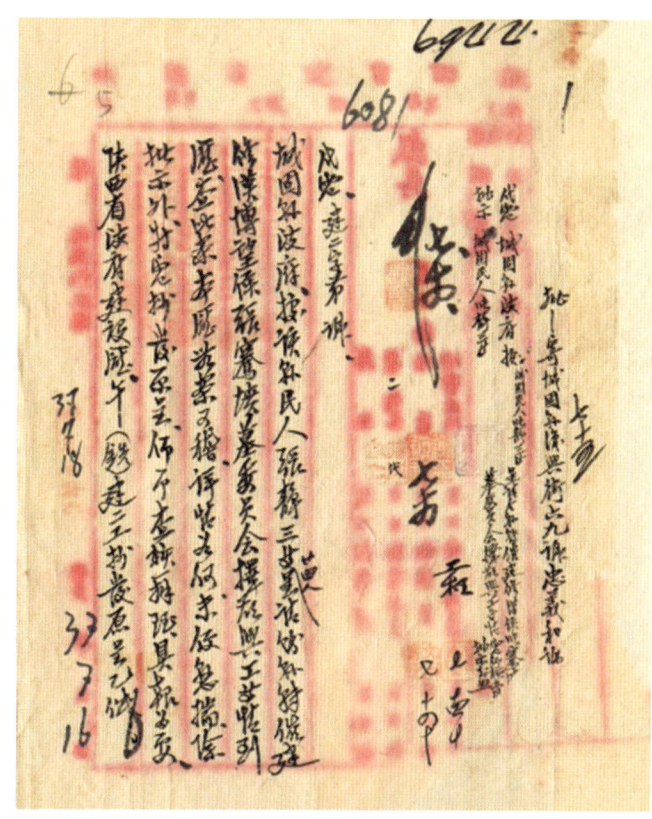

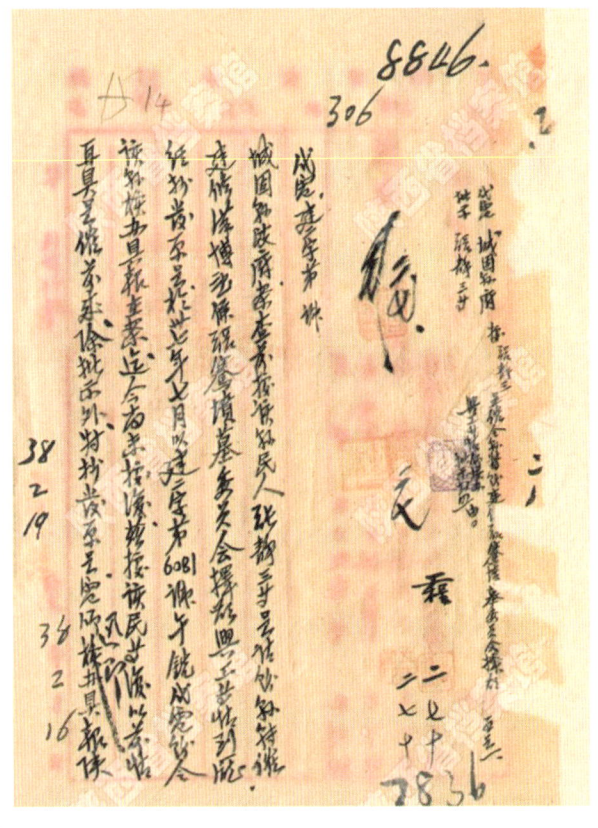
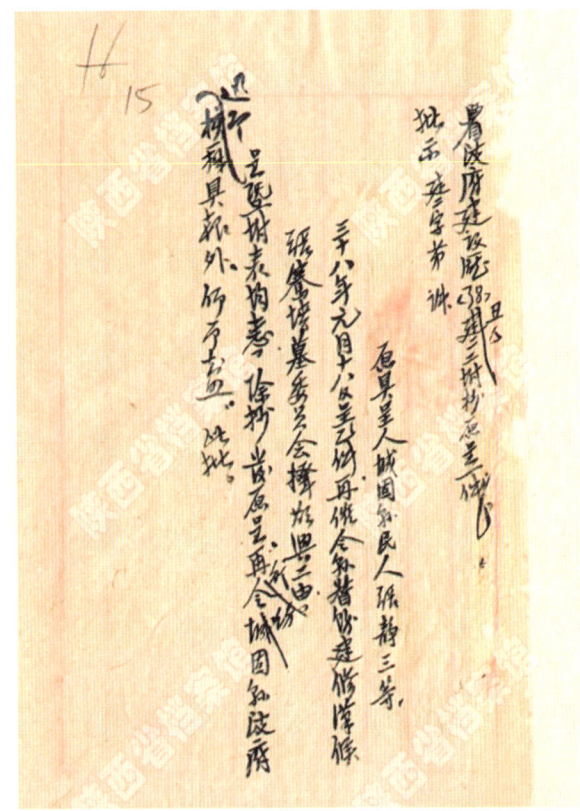

西北大学对张骞墓的考古调查、发掘、修缮、展示和祭扫，在当地引起了强烈的社会反响，激发了民众的爱国抗日热情，提高了公众的文化遗产保护意识。自1948年7月起，城固张骞后裔张静三等人多次呈请城固县政府，望其催促有关方面对张骞墓的整修能够尽快择期开工。文中言明张骞是我国的民族英雄，对疆土的开拓和文化的传播做出重要贡献，凡属国人莫不知悉。此前经国立西北联合大学考古调查发掘，确认张骞墓址所在，国立西北大学又设碑记墓前；1945年时任中央军事委员会汉中行营主任李宗仁莅临城固县，亲谒张骞墓，感其荒凉凋零，故令城固县政府购买墓周水田，以备修建墓园。

2.2.18 张骞墓现状

◀ 世界文化遗产碑

▲ 张骞墓正面

◀ 汉阙式门楼

◀ 献殿

2006年，张骞墓被国务院公布为第六批全国重点文物保护单位。2014年，张骞墓作为"丝绸之路：长安—天山廊道的路网"的遗址点构成，被列入世界遗产名录。

张骞墓今天已经得到妥善的保护和管理。墓葬覆斗形土冢保存完好，南北长35.6、东西宽20、高5米。墓前有3方石碑，正中为乾隆四十一年（1776）陕西巡抚毕沅所书"汉博望侯张公骞墓"，右侧为"增修汉博望侯张公骞墓碑记"碑，左侧为西北联大发掘张骞墓纪事碑。墓区还修建了门楼、献殿，苍松翠柏环绕，至今发挥着振兴民族精神、宣传对外开放的教育作用。

2.3 西大教育教学经历与贡献

2.3.1 西北大学电请黄文弼仍来讲学

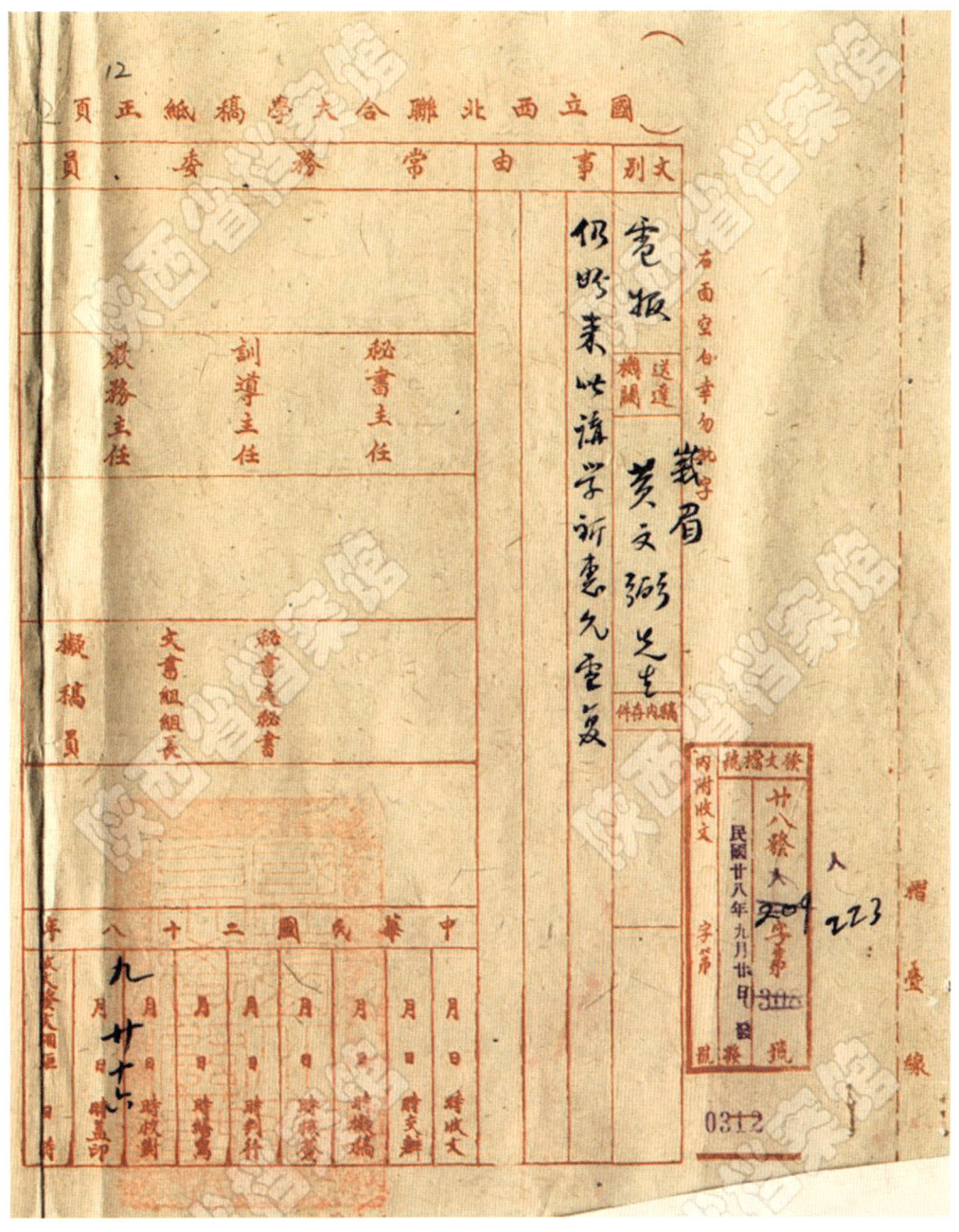

1939年起,时任西北大学教授的黄文弼又兼任国立四川大学历史系教授,时常奔波于陕、川两省。四川大学原位于成都市中心的皇城校区,抗战期间,为躲避日机轰炸以及地方军阀的干扰,于1939年迁址峨眉山。图为1939年9月26日,国立西北大学为仍盼前来讲学等事给时在峨眉的黄文弼的电报。

2.3.2 西北大学聘请黄文弼为历史系教授

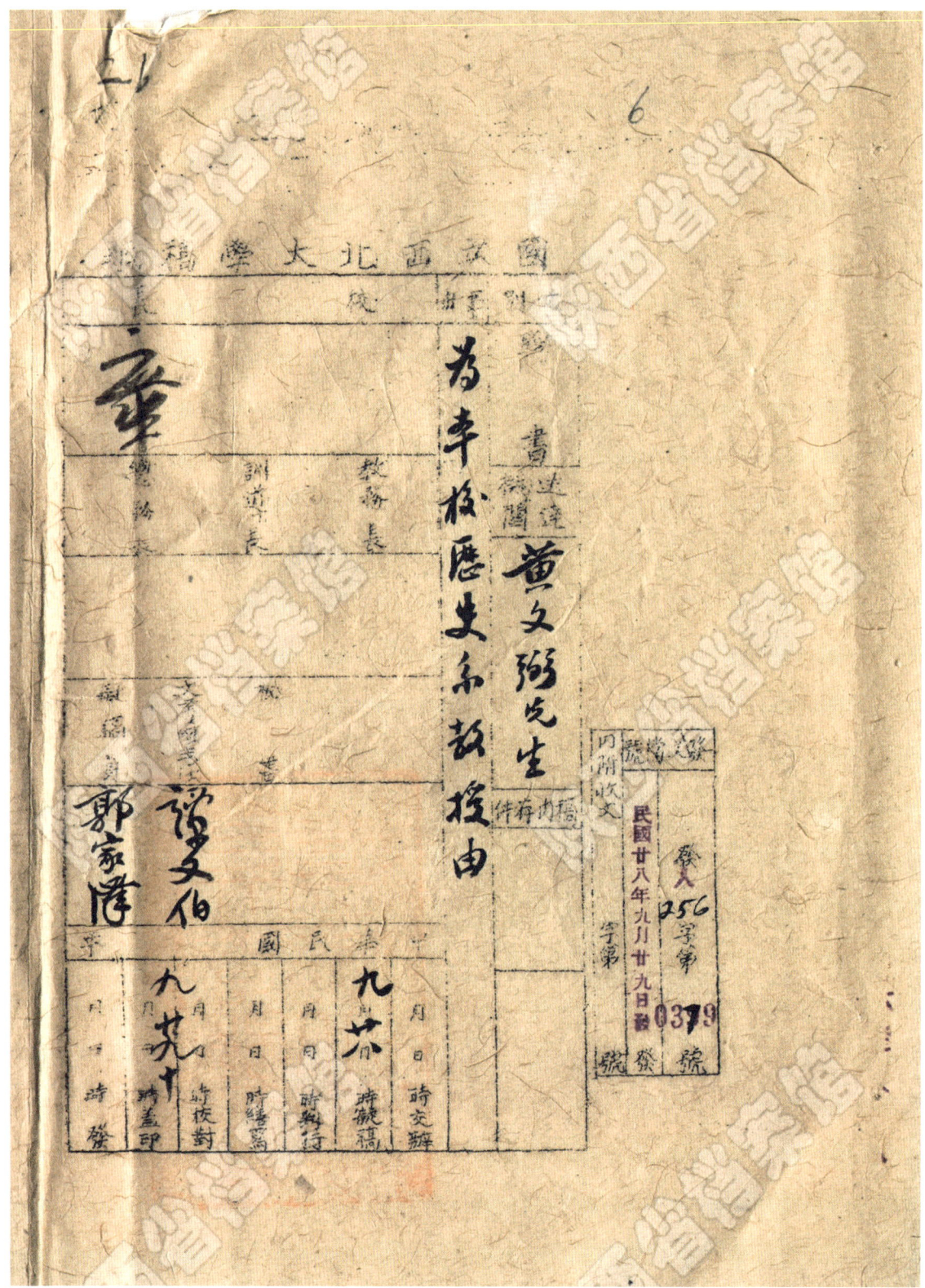

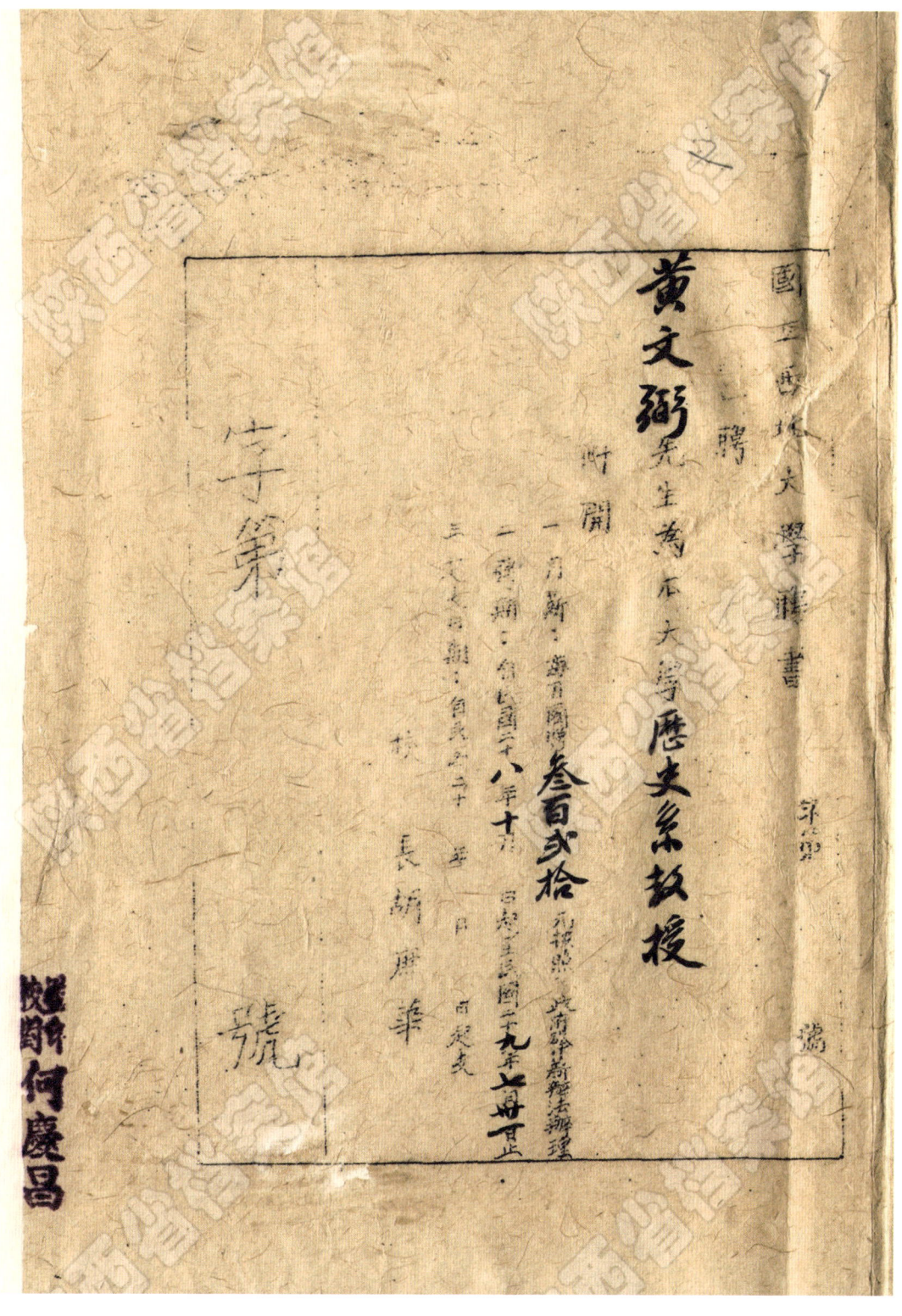

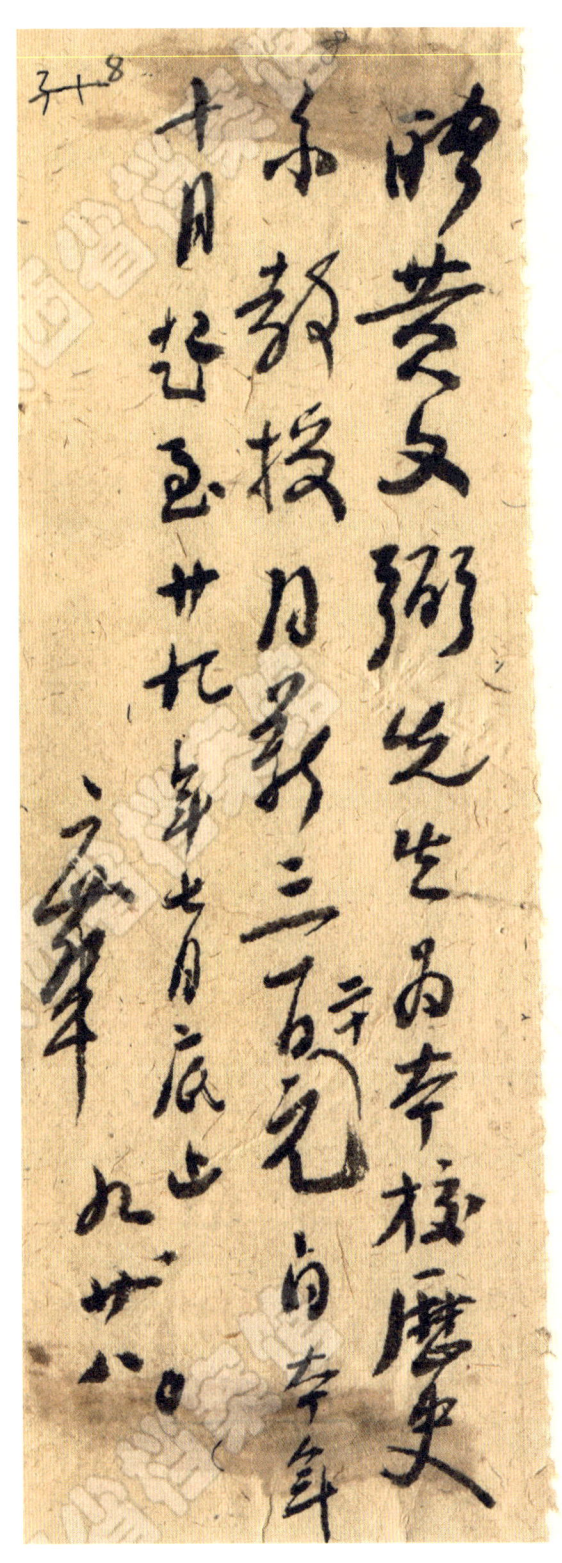

1939年9月29日，黄文弼被国立西北大学续聘为历史系教授，月薪320元，聘期自1939年10月至1940年7月31日。

2.3.3　西北大学聘请黄文弼为历史系考古室研究部主任

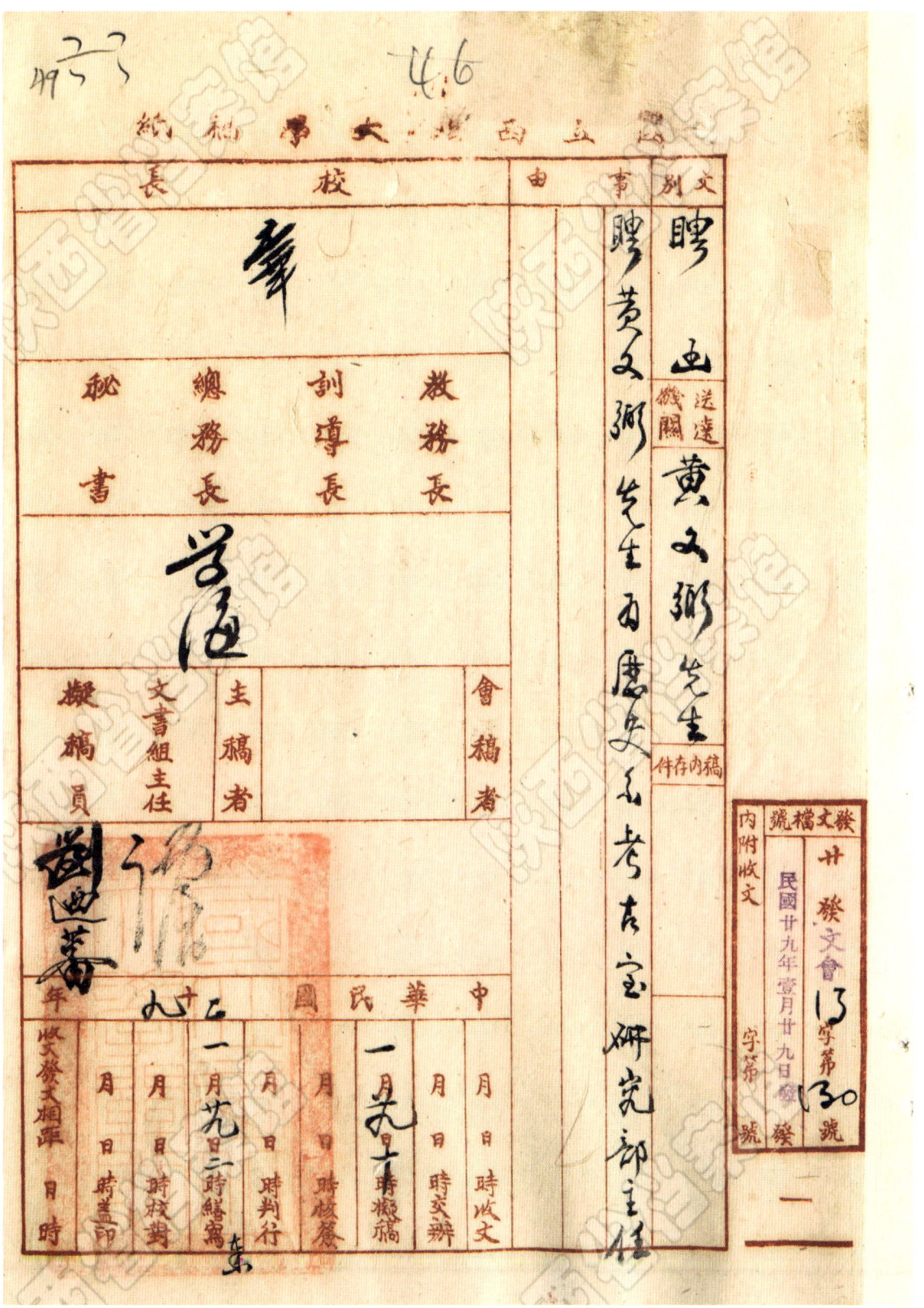

> 敬聘山
>
> 敬启者
>
> 兹由本校历史系考古室研究部主任
>
> 兹由连敦聘
>
> 专先担任可否
>
> 黄文弼先生
>
> 此致
>
> 校长胡 ○○

请补副页幸勿存空白窗字

1940年1月19日，黄文弼被聘为西北大学历史系考古室研究部主任。其时西北大学校长应为胡庶华。历史系考古室成立于1939年。

2.3.4 西北大学与黄文弼筹商组建史地研究所

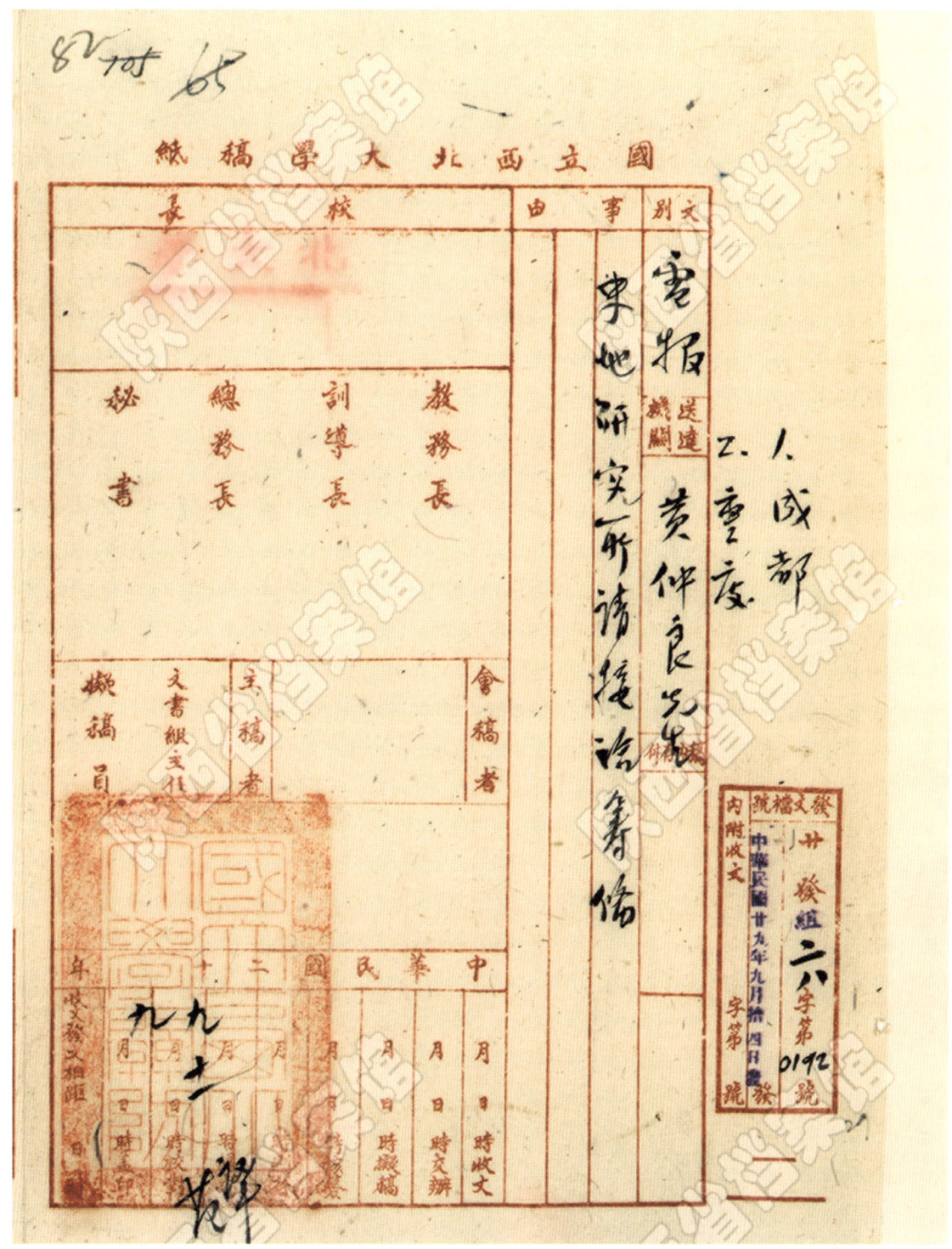

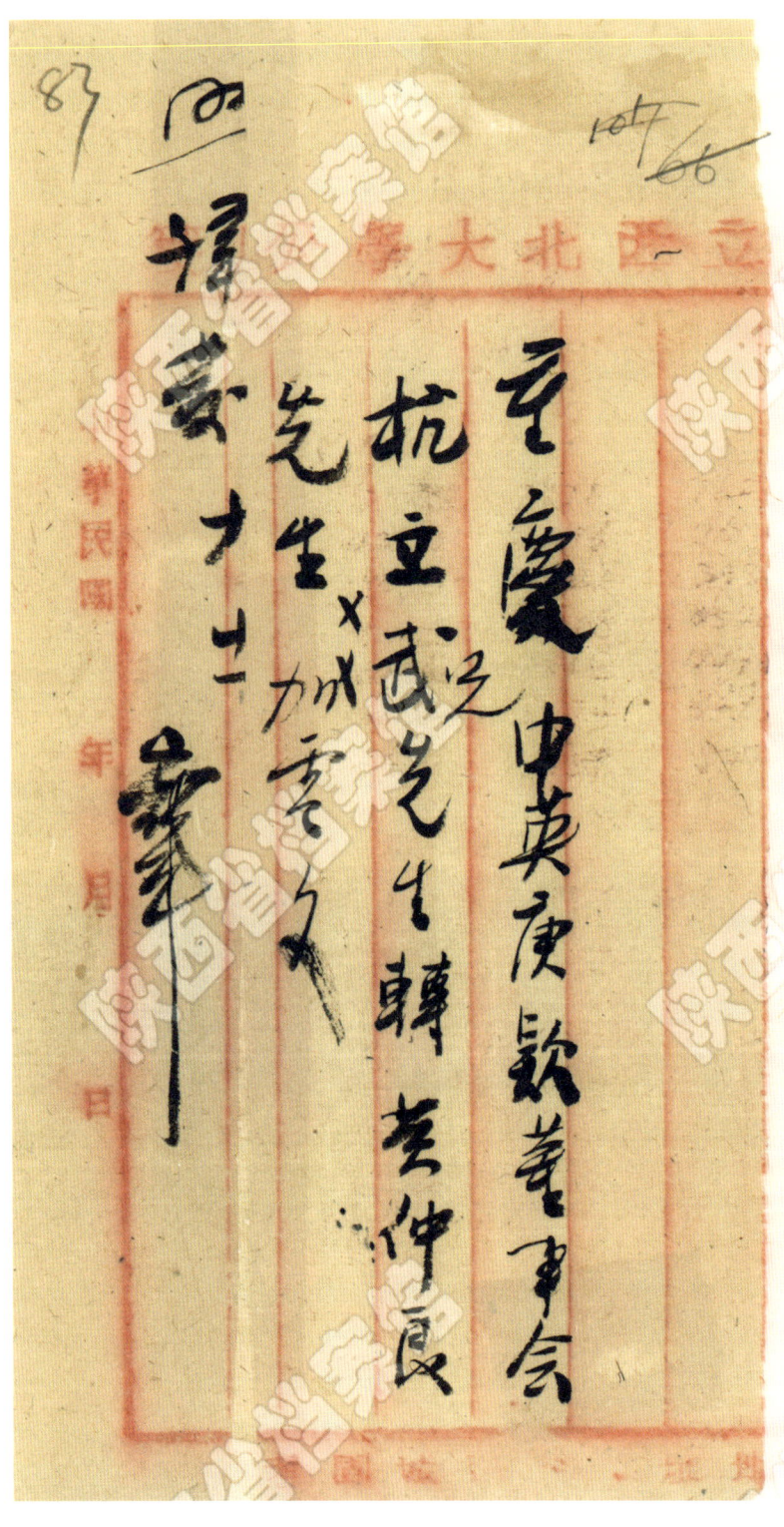

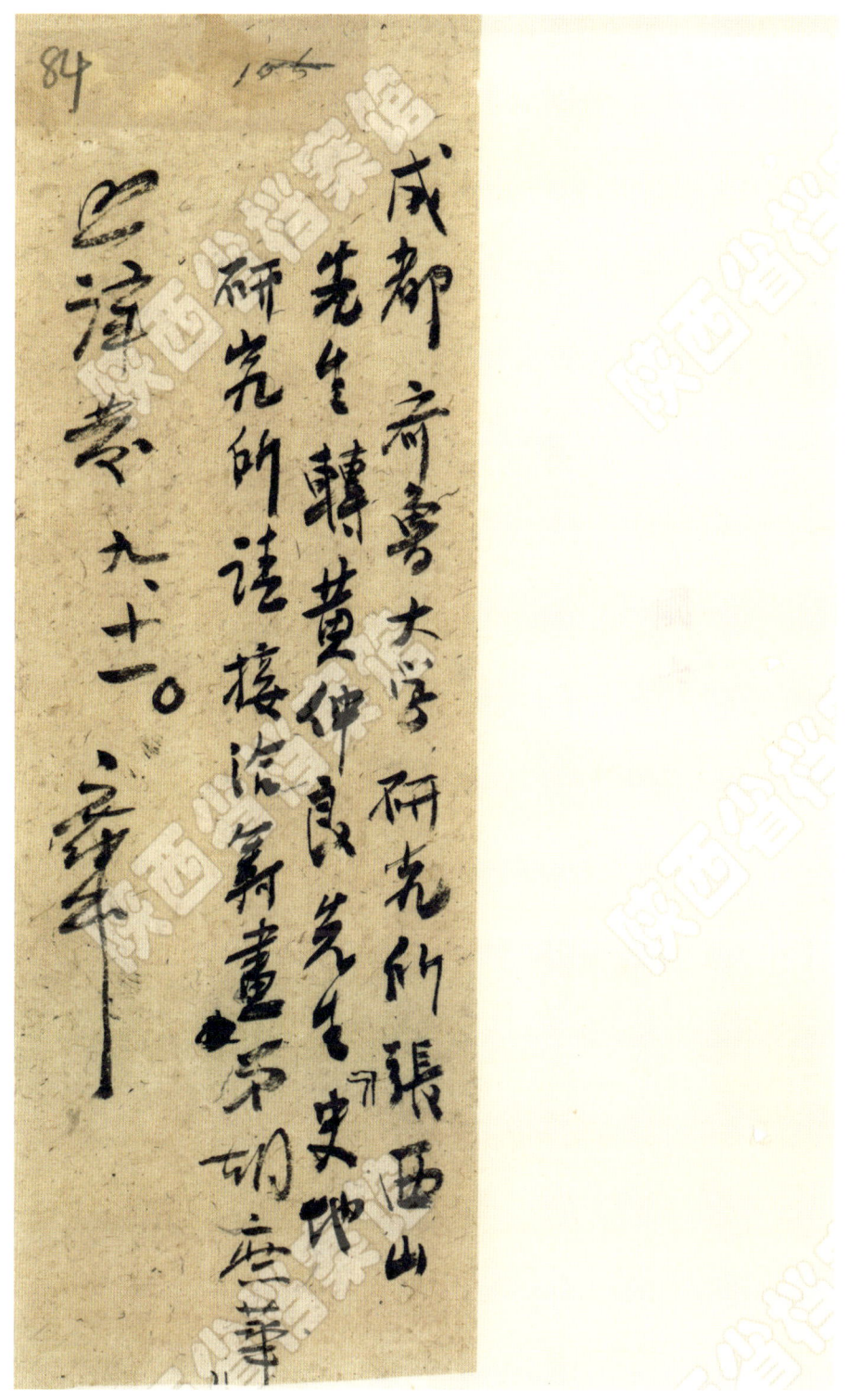

此电报发于1940年9月14日,报文提及国立西北大学为史地研究所筹备事,曾分别致电重庆管理中英庚款董事会(简称"中英庚款董事会")杭立武及齐鲁大学(国学)研究所张西山,请其转与黄文弼接洽。中英庚款董事会曾资助黄文弼写作第一、二次西北科学考察报告,又于1939年资助黄文弼讲演3个月。截至电报发出时黄文弼或仍与该会有工作上的联系。

2.3.5　西北大学续聘黄文弼为历史系教授

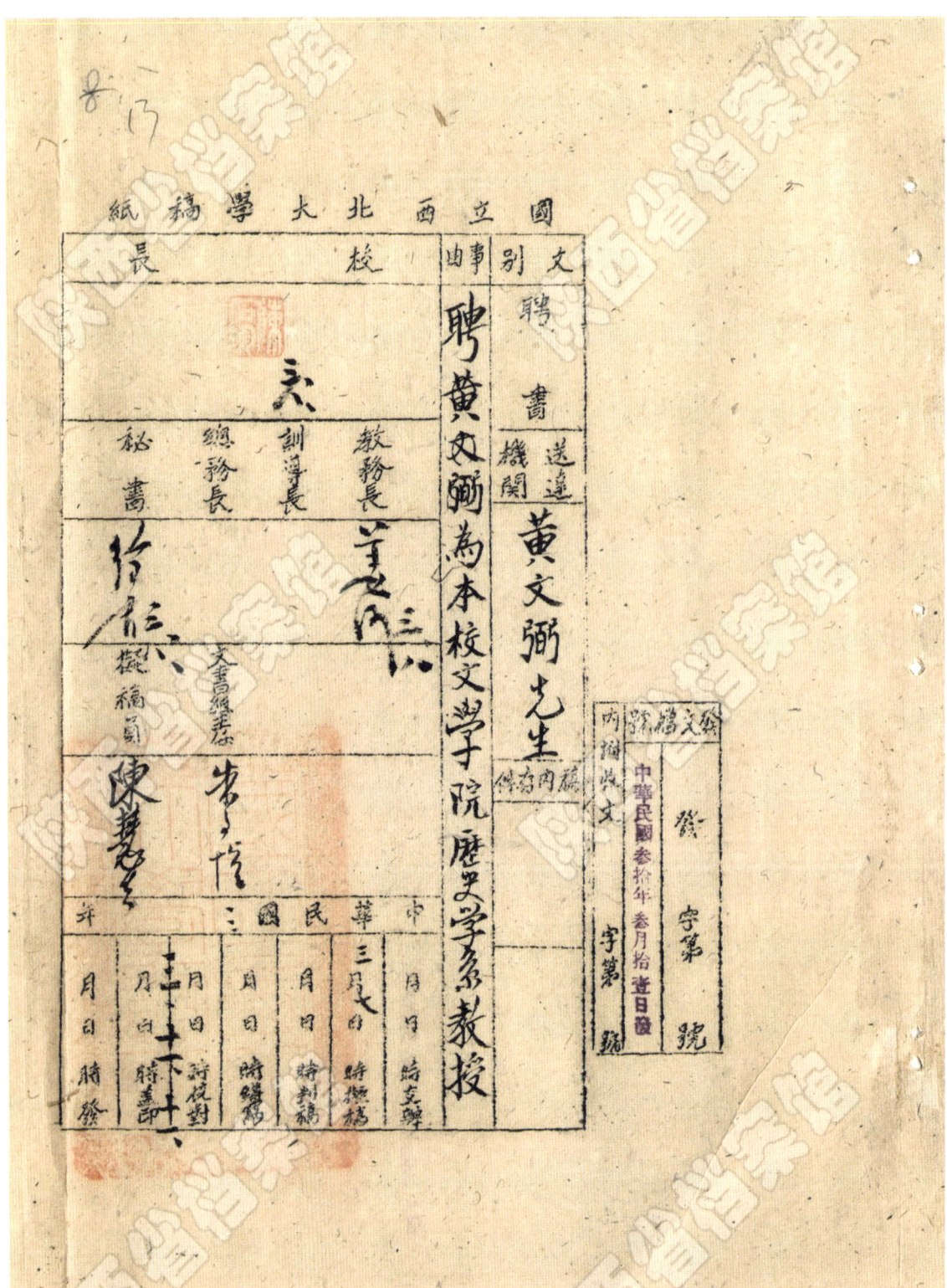

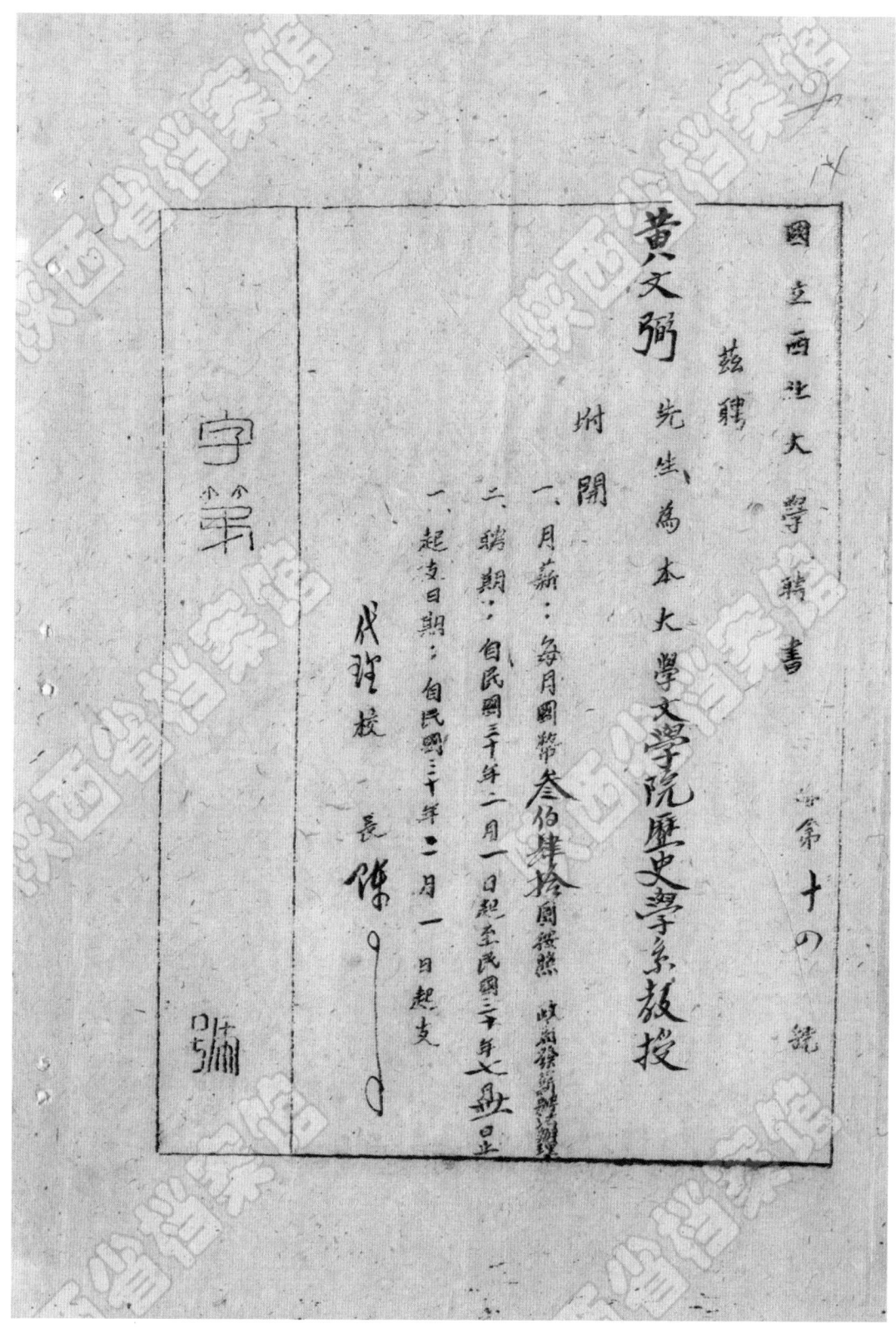

此聘书草拟于1941年3月11日，主要内容为国立西北大学聘请黄文弼为文学院历史学系教授，月薪国币340元，聘期自1941年2月1日至1941年7月31日。时任西大代理校长者应为陈石珍。

2.3.6 黄文弼任职西北大学证明书

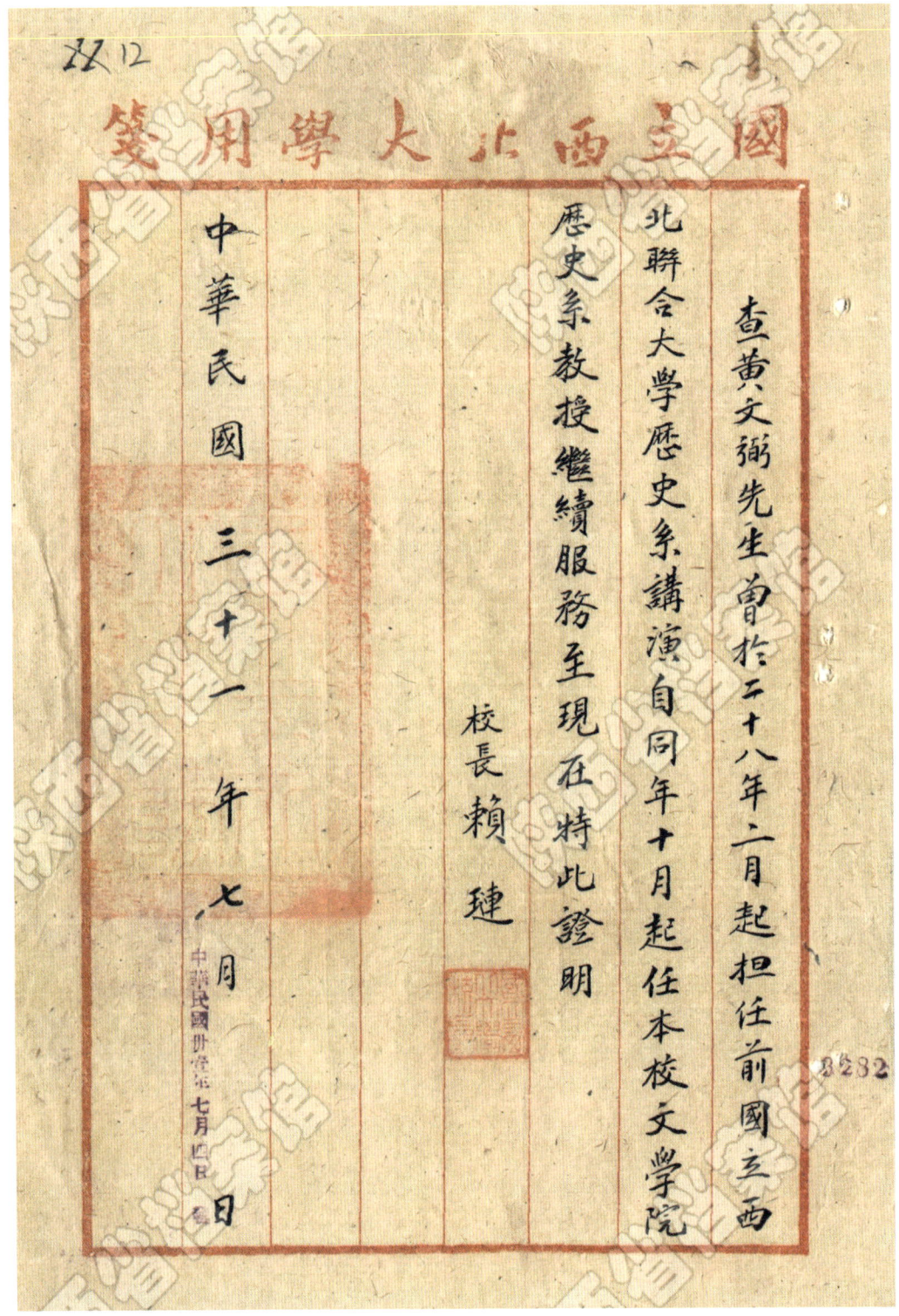

该证明书提及黄文弼于1939年2月起任教于国立西北联合大学历史系,自当年10月至文件起草的1942年7月一直担任西大文学院历史系教授。

2.3.7 西北大学聘请黄文弼为《西北学术》编辑委员

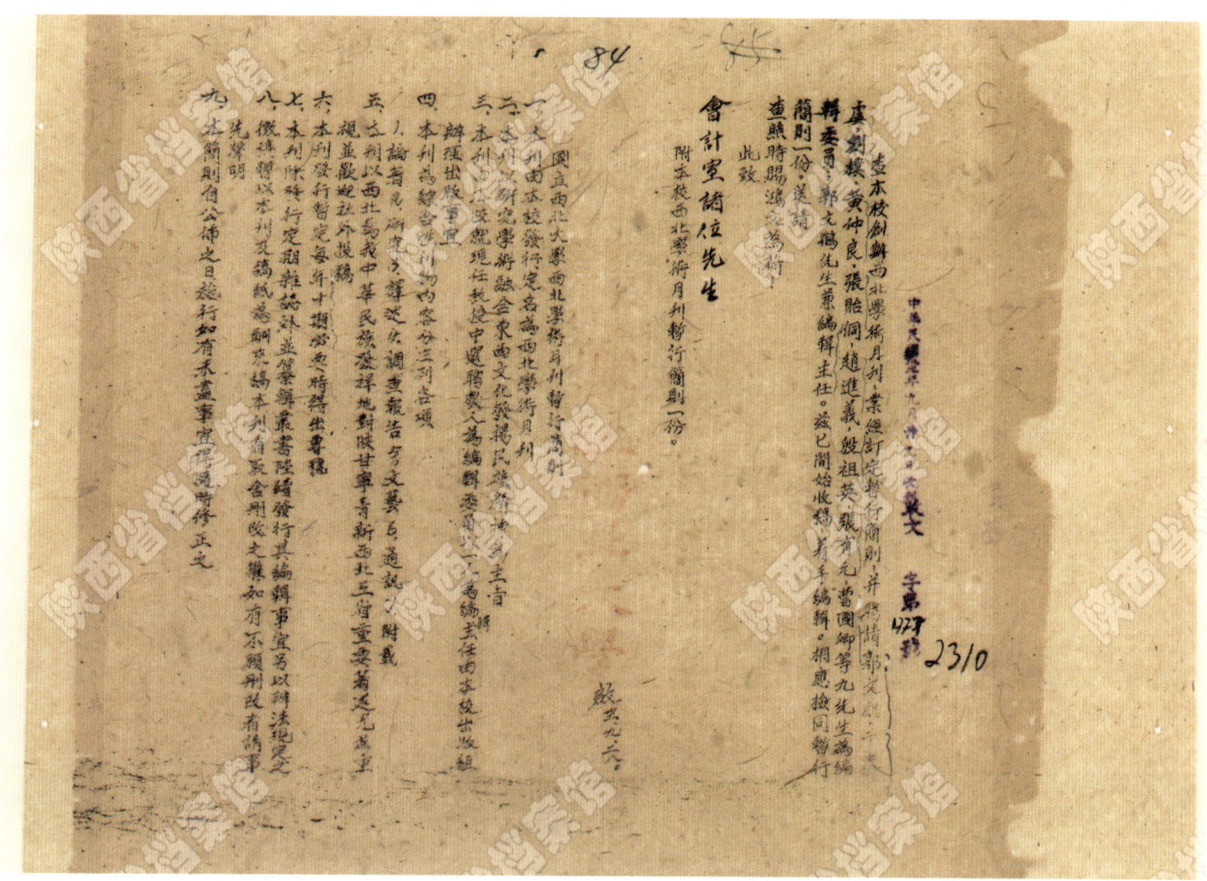

此函发于1943年9月，文中提及西北大学创办《西北学术》月刊，业已制定暂行简则，并已聘请郭文鹤、刘模、黄仲良、赵进义、殷祖英等九位先生任编辑委员，郭文鹤兼编辑主任。该刊已开始收稿并着手编辑。

《西北学术》为国立西北大学主办的文理综合性学术期刊，1943年11月创刊于陕西城固，和之前创办的《学丛》《西大学报》同为今日《西北大学学报》的前身。该刊旨在研讨学术、融合东西方文化、发扬民族精神，栏目有论著、研究、译述、调查报告、通讯及附载等，对西北问题研究做出了巨大贡献。因经费困难仅维持两年，于1944年2月15日第4期出版后停刊。

2.3.8　西北大学推荐黄文弼参评部聘教授

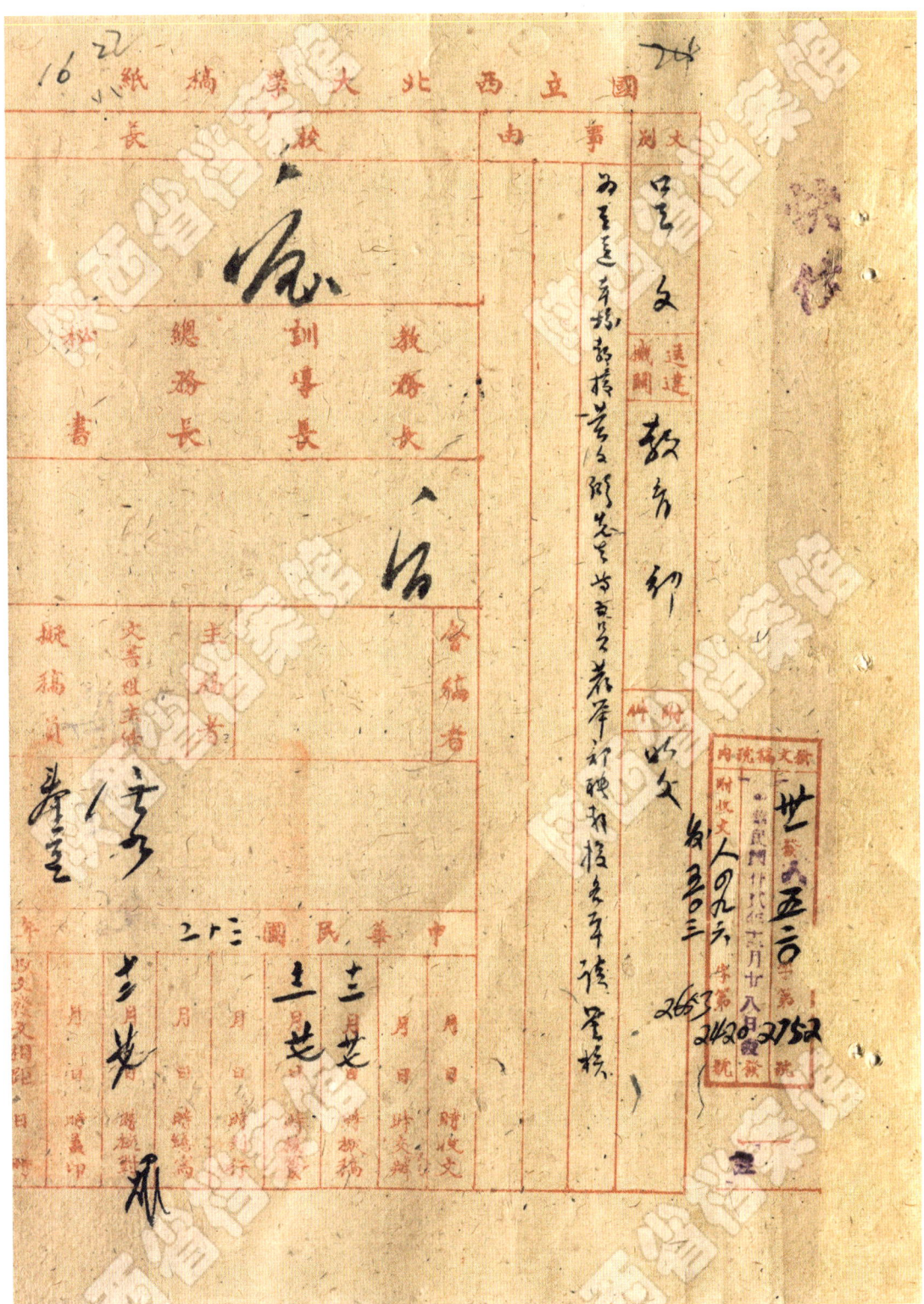

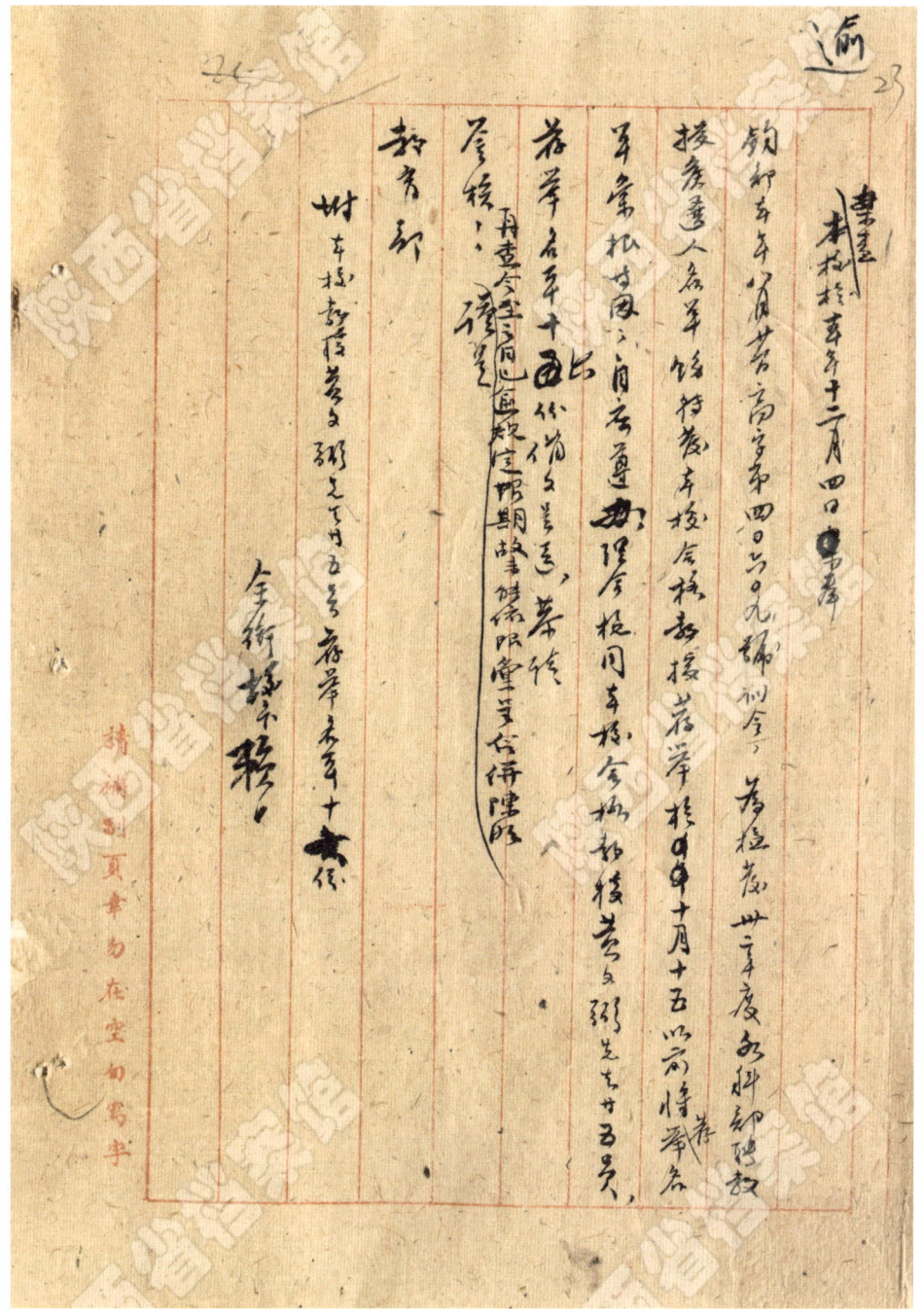

此函发于1943年11月28日，是国立西北大学向教育部荐举黄文弼等教师为部聘教授的呈文。部聘教授制度是国民政府为适应抗战建国、发展学术、培养人才的需要而采取的一项重要举措。1940年12月6日，教育部学术审议委员会第一次常委会通过了"设置部聘教授由部迳聘曾任教授职十五年以上对于学术文化有特殊贡献者担任以奖励学术文化之研究而予优良教授以保障"一案。随之，教育部提交了《规定部聘教授办法要点案》，1941年2月14—16日由学术审议委员会第二次大会审议讨论通过。

部聘教授是1948年首届中央研究院院士产生前中国学术界的最高荣誉职衔。

2.3.9 黄文弼与新疆考古整理编辑案

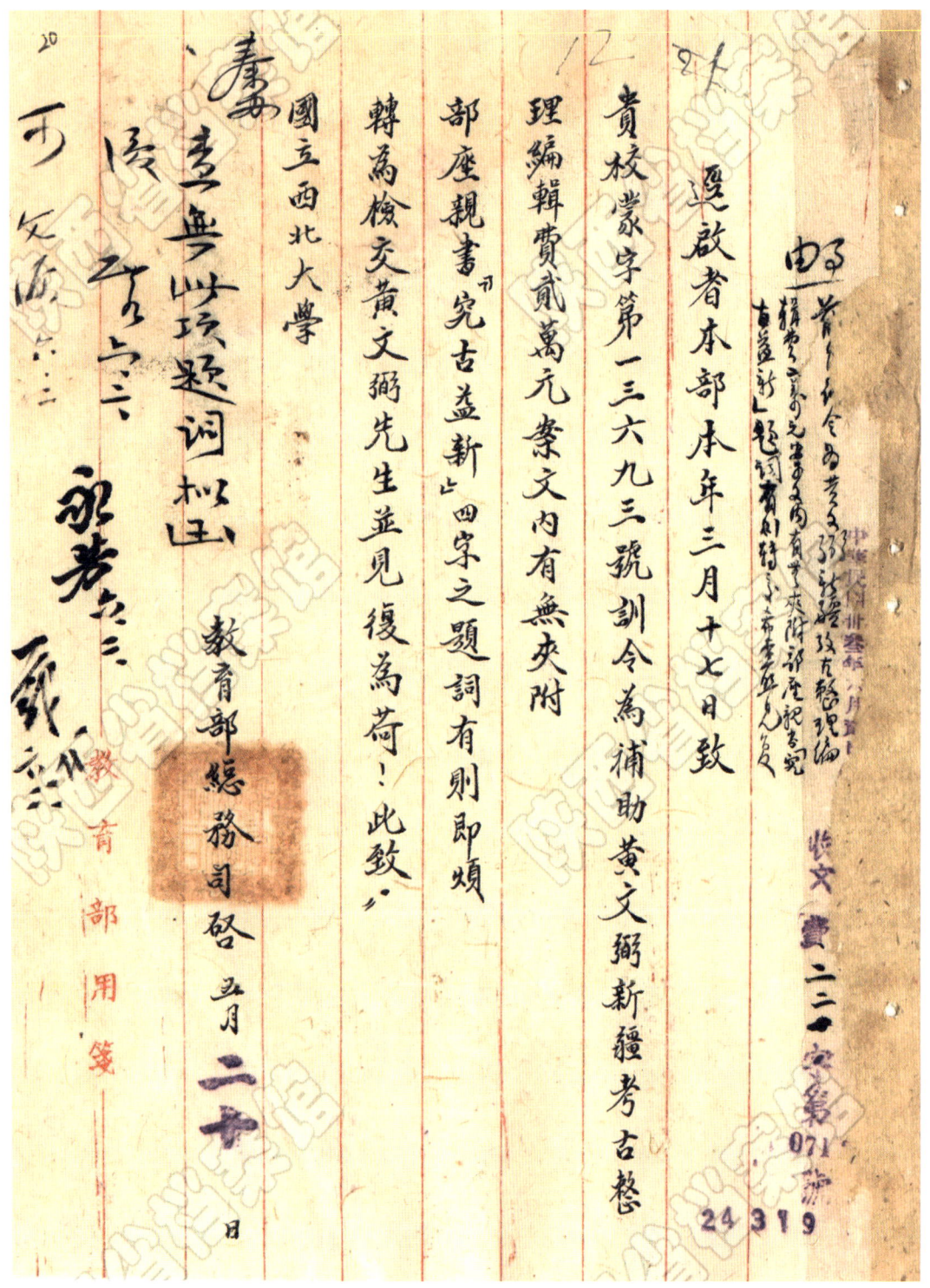

此函发于1944年5月20日，文中主要内容为向西北大学核实此前教育部为补助黄文弼新疆考古整理编辑费的文件里是否夹附了教育部长手书的"究古益新"题词。时任的教育部长应为陈立夫。

2.3.10 黄文弼与西北大学历史系师生合影

▲ 黄文弼与西北大学历史学系1944届毕业生合影

黄文弼长期担任西北大学历史学系教授，并一度出任历史学系系主任、历史学系考古室研究部主任，主要讲授秦汉史、魏晋南北朝史、美术史、蒙元史、西北边疆史、史学史等课程。图为1944年4月23日，黄文弼（前排左五）等教师与国立西北大学历史学系1944届毕业生合影。

2.3.11　黄文弼等赴天水考察的公函

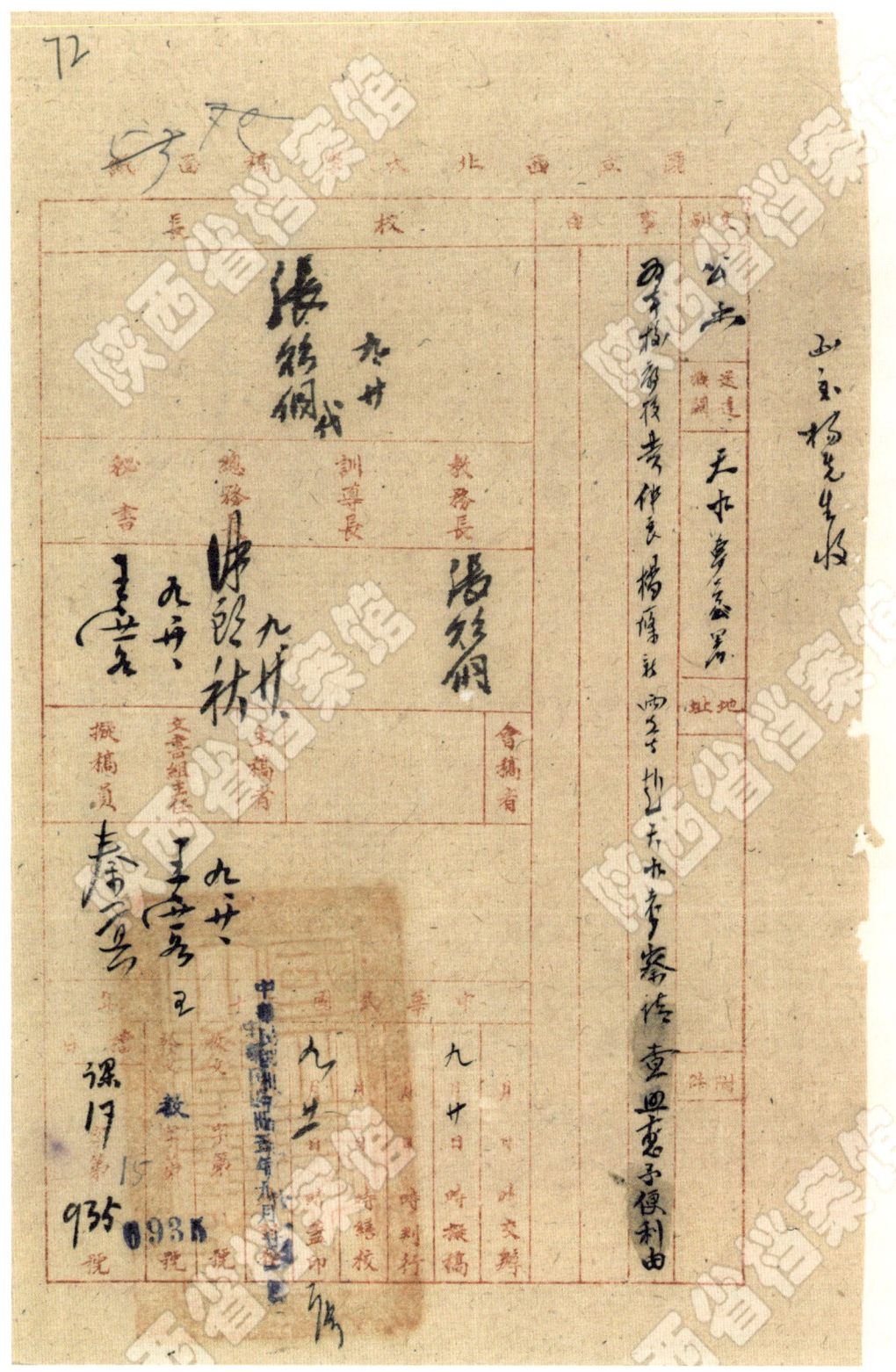

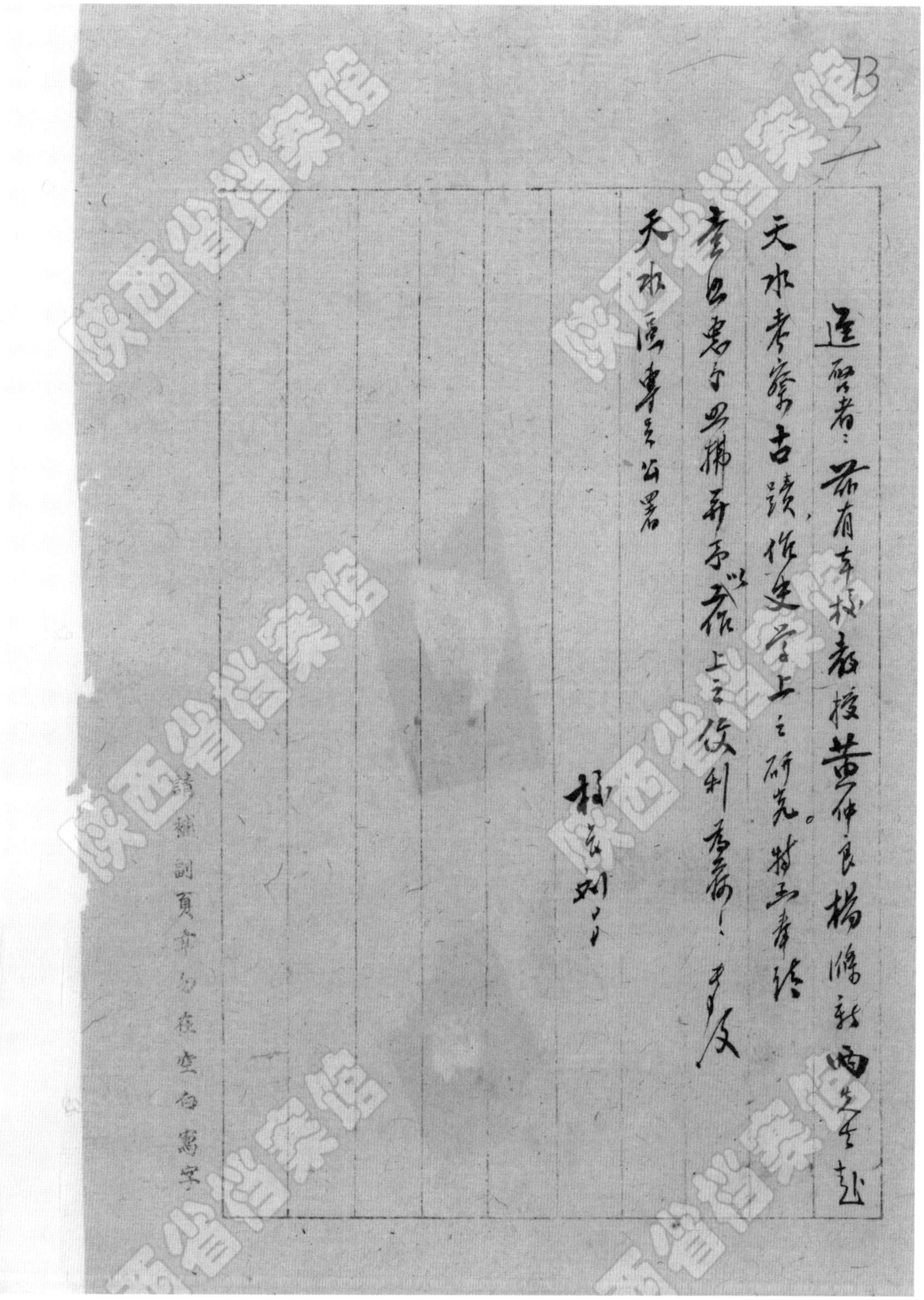

逕啓者：茲有本校教授黃仲良楊鍾健兩先生赴
天水考察古蹟作史學上之研究特函奉達
查照惠予協助并予以考上之便利為荷！此致
天水區專員公署
校長劉

請繕副頁亦勿在虛白處寫字

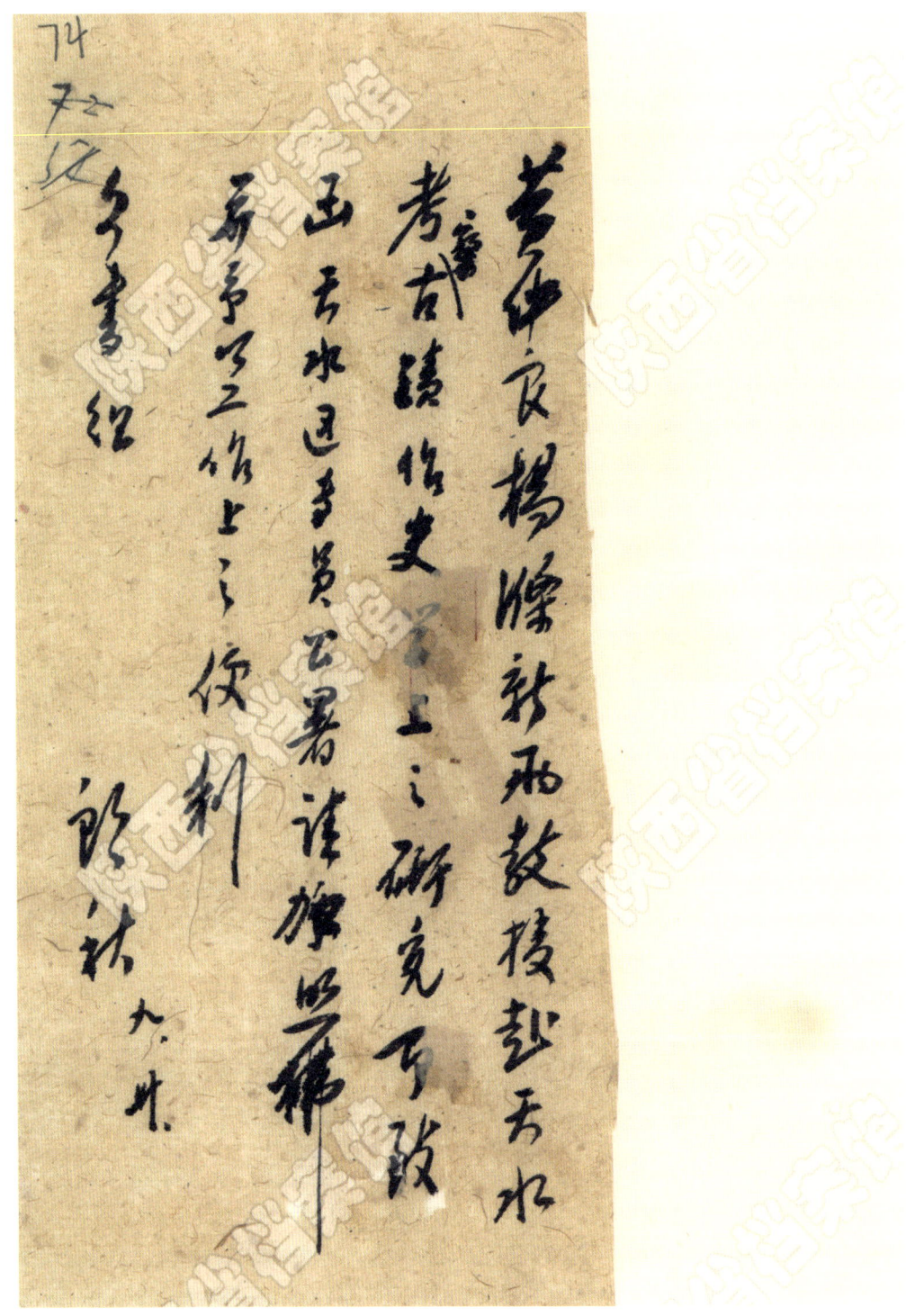

此函发于1946年9月21日，文中提及西北大学教授黄文弼、杨涤新拟赴天水考察古迹并开展史学研究，为工作便利计，特请天水区专员公署予以照拂。时任西北大学校长应为刘季洪。

此次调查历时两个半月，先后考察了天水、兰州、洮河、临夏等地的史前遗存和长城遗址。

2.3.12　国立西北大学为请兼代边政系系务事给黄文弼的笺函

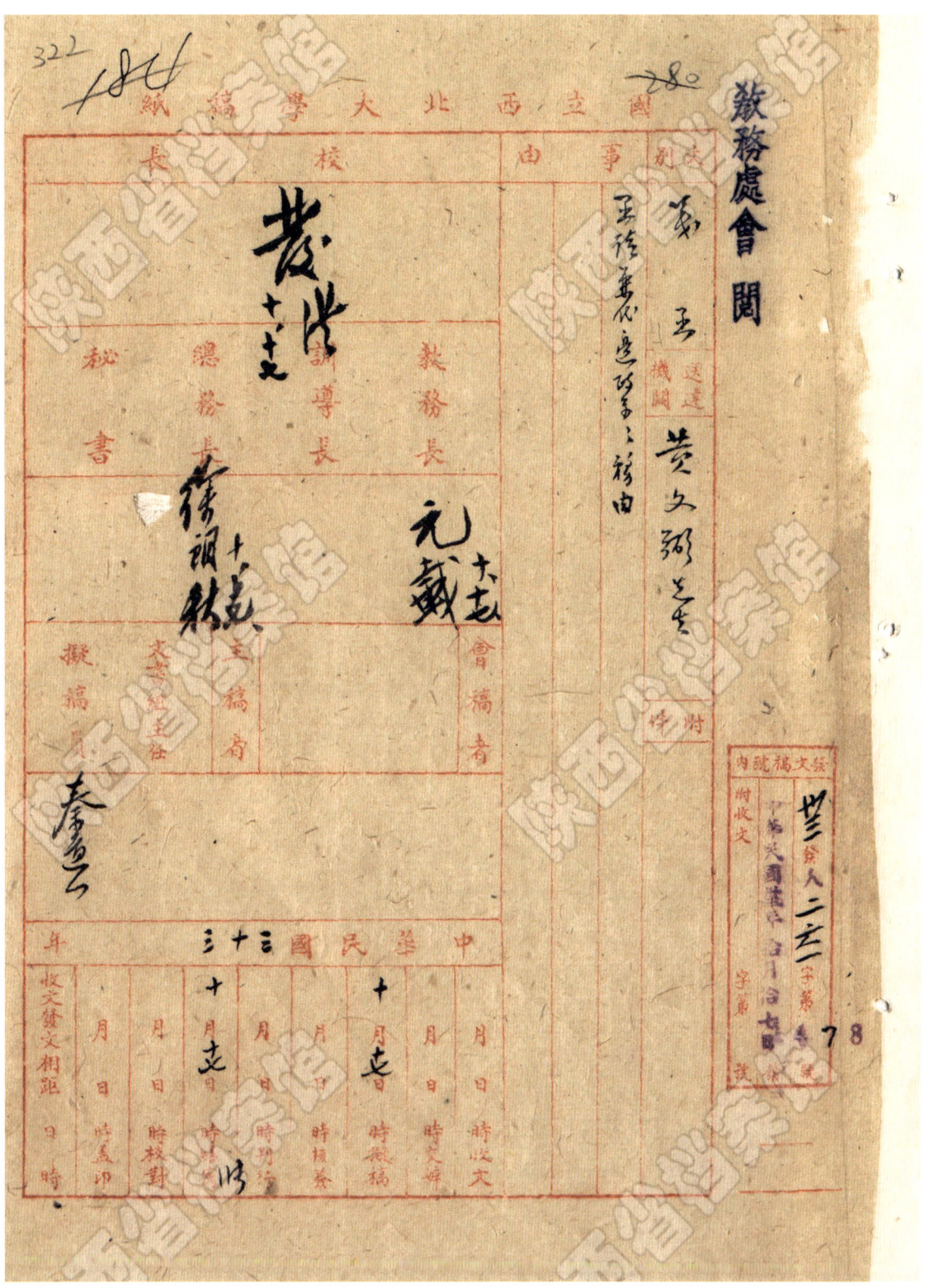

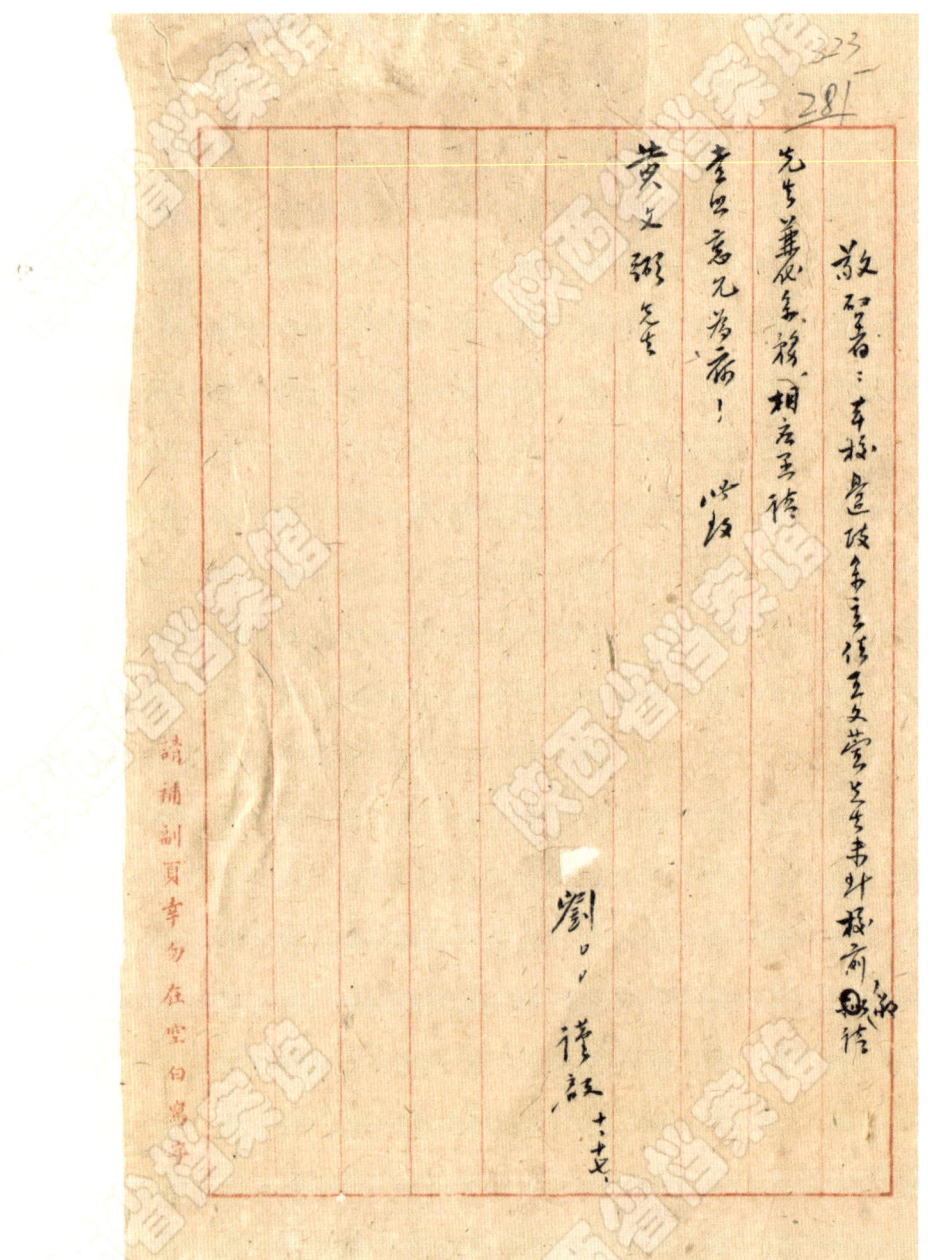

此函发于1944年10月17日，文中提及西北大学在边政系主任王文萱未到校前请黄文弼兼任主任。王文萱（1908—1983），浙江桐乡乌镇人，1944年受教育部令筹备国立西北大学边政学系，1944年夏至1946年初，担任国立西北大学边政学系首任系主任。

经过三次西北考察，黄文弼痛感我国边政研究的薄弱，导致帝国主义者反而有隙可乘，"挑拨我们民族感情，离间我们民族团结"。故而多次呼吁"设立边政学系"，"以期造就一些专门人才，去服务边疆，去巩固边疆，去繁荣边疆"。国民政府终于在1944年批准国立中央大学、国立西北大学设立边政学系。黄文弼是西大边政学系的重要奠基者，1947年黄文弼赴北平后，边政系系务一度由杨兆钧教授代行，1947年底，改由萧洛轩教授为系主任。

2.3.13 黄文弼参加战时文物损失调查团

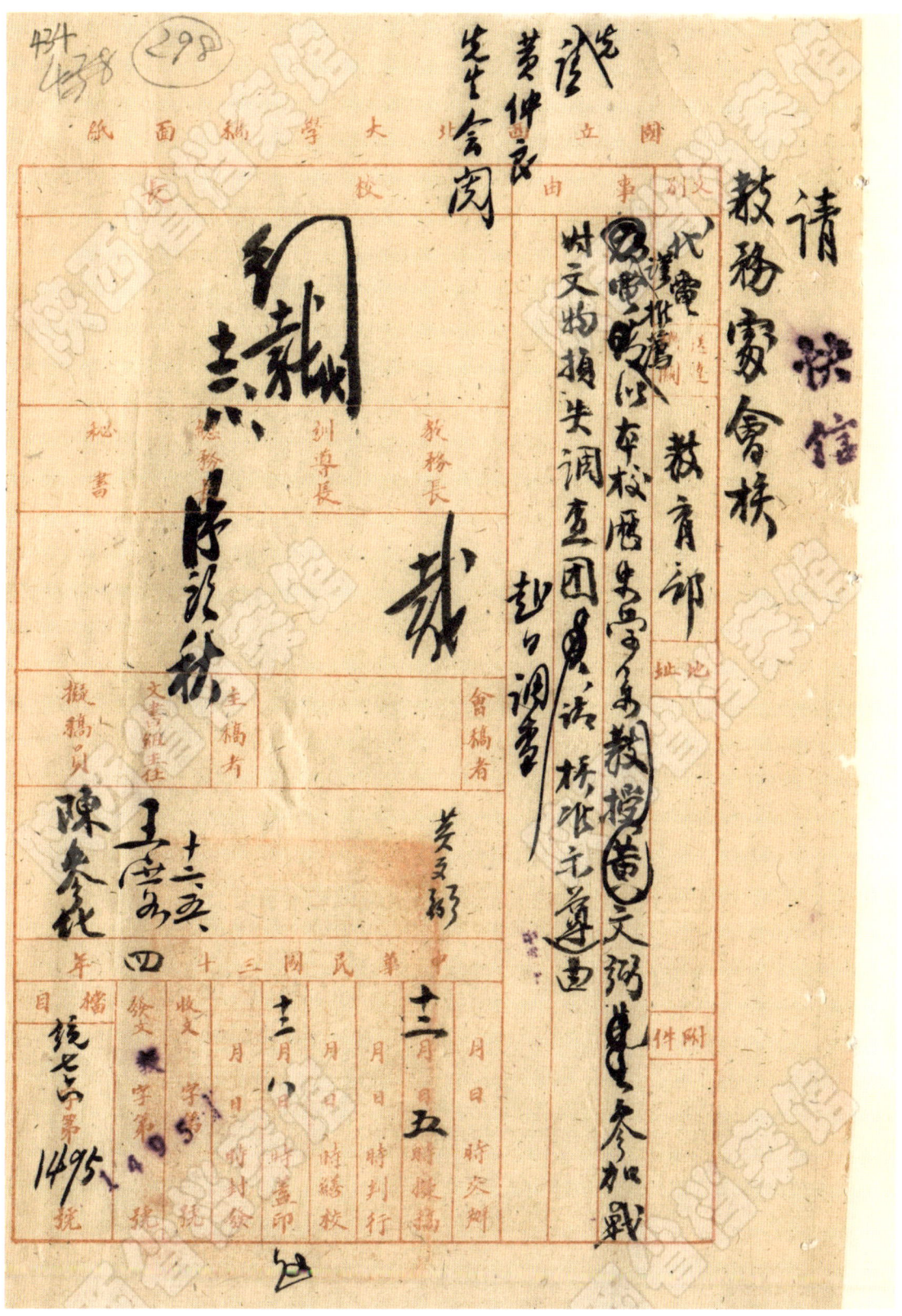

教育部钧鉴：顷阅钧部通设战时文物损失调查团趣旨工作，本校历史学系（教授黄文弼先生）现在西北作採集且文物，对於敌人掠夺文物情况多所调查，如蒙函聘黄教授参加即团员，以便函送调查情形，曾荐请检作参考，无任为祷。国立西北大学校长刘季洪谨呈

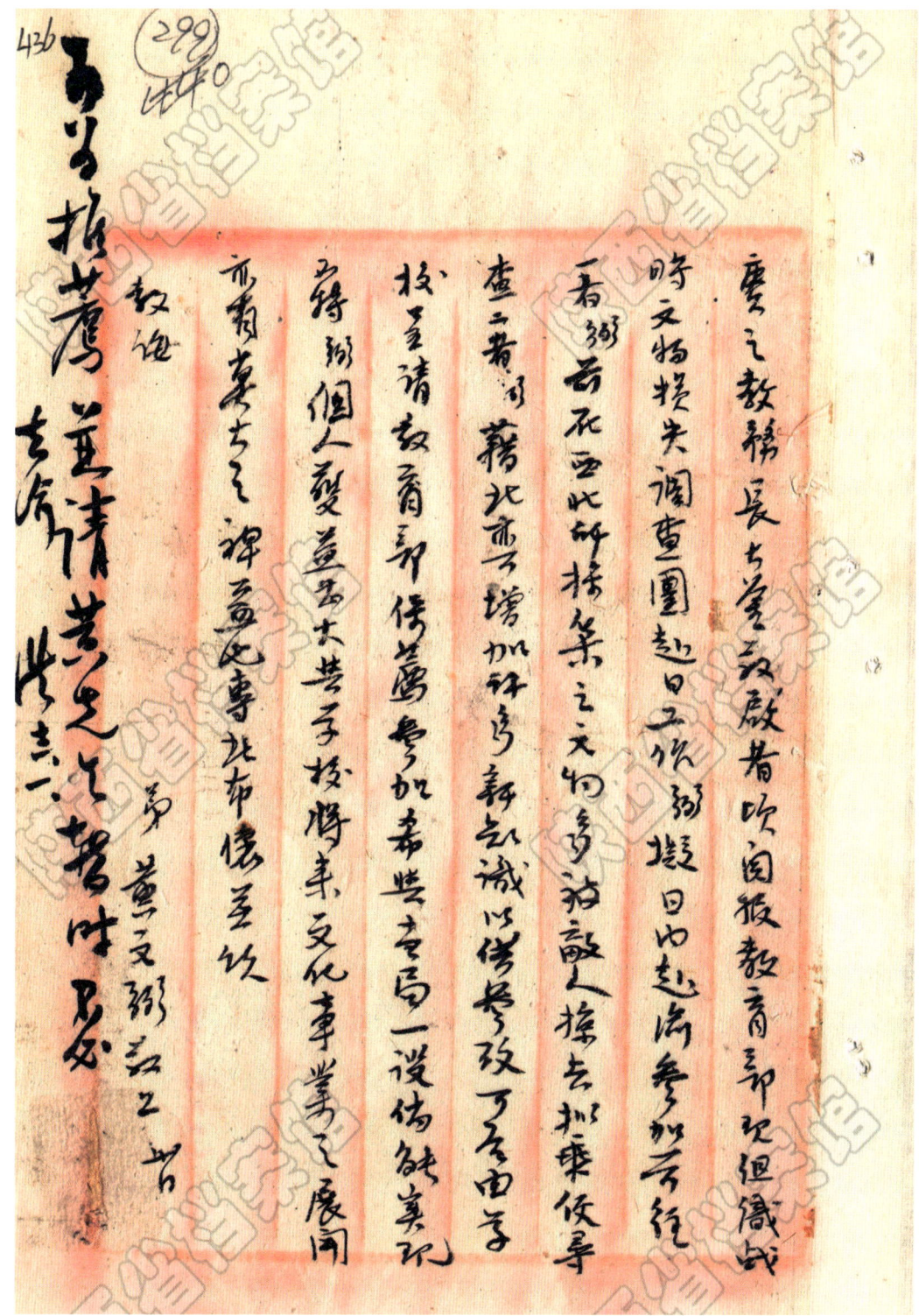

此电报发于1945年12月28日,文中提及国民政府教育部拟组织战时文物损失调查团赴日工作,黄文弼被西北大学推荐参加。黄文弼言明其参与此次活动的原因:一是此前在西北搜集的文物多被敌人掠去,拟乘机寻查;二是借此也可增加许多新知识,"以供参政"。从中可见黄文弼的学术信念和爱国情怀。遗憾的是,黄文弼最终似乎未能成行。

2.3.14 西北大学聘请黄文弼任边政系主任

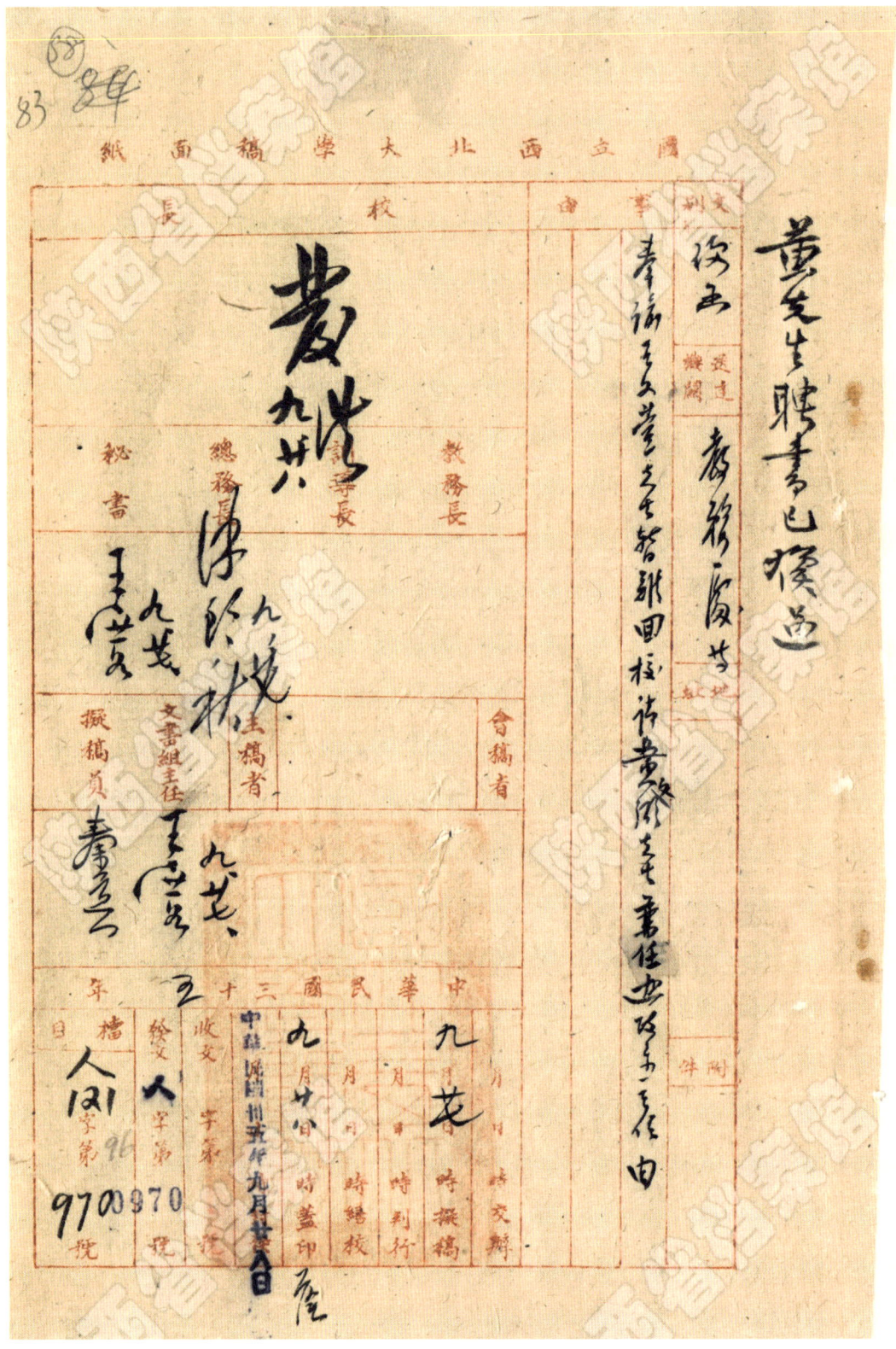

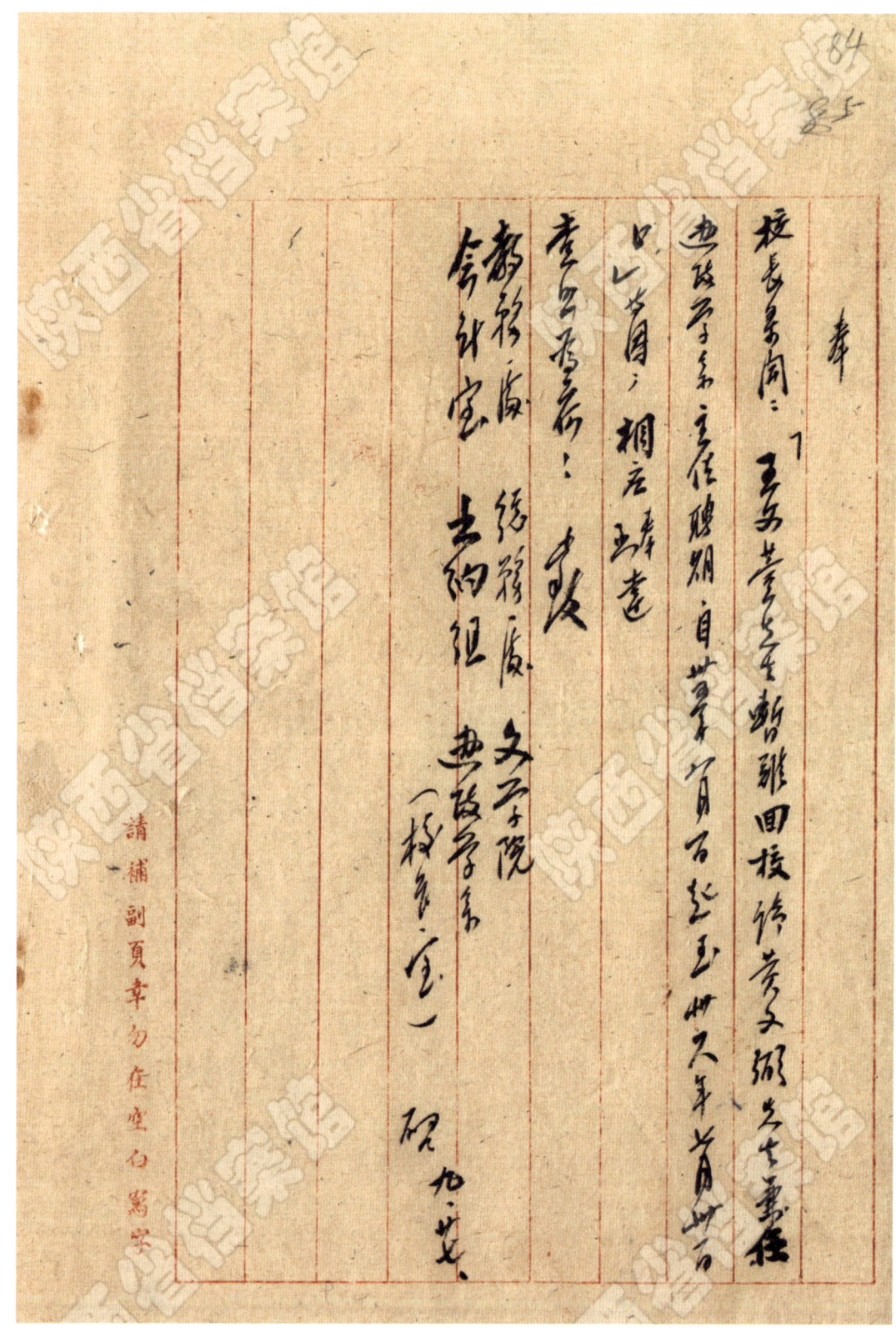

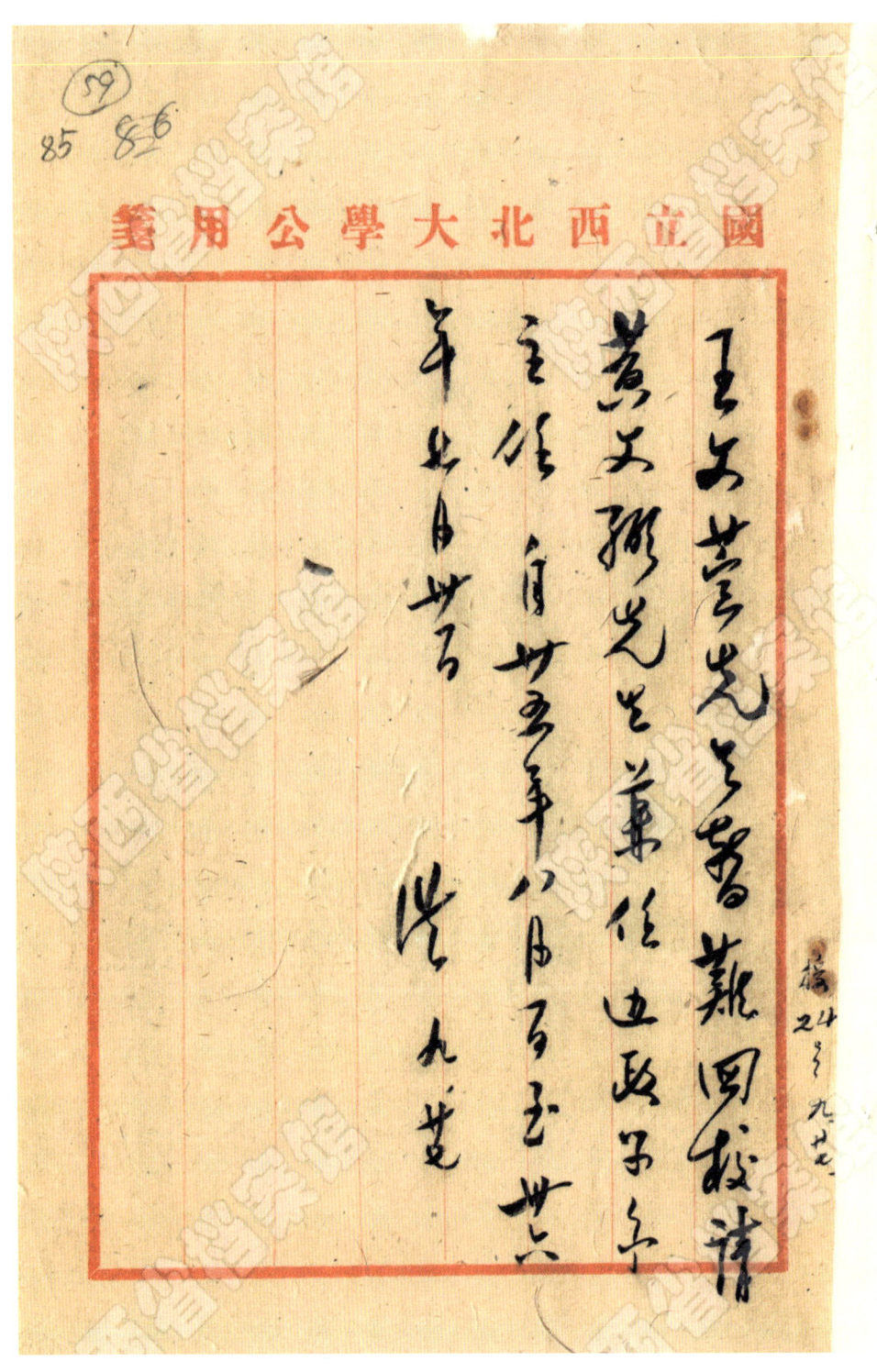

此函发于1946年9月28日，文中提及因王文萱暂难返校，拟聘黄文弼兼任边政系主任，聘期自1946年8月至1947年7月31日。

2.3.15　西北大学聘请马宏道为边政系教授

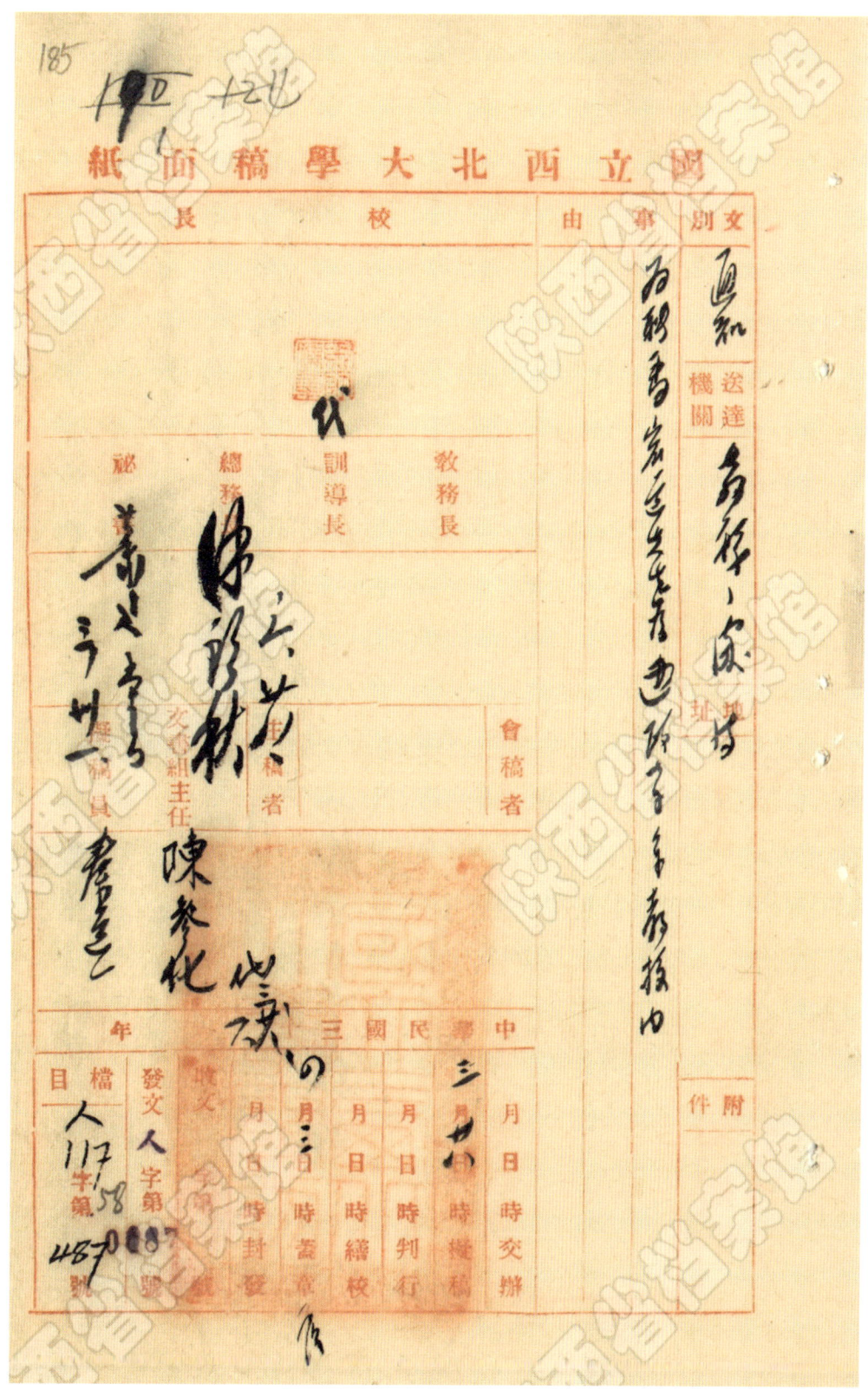

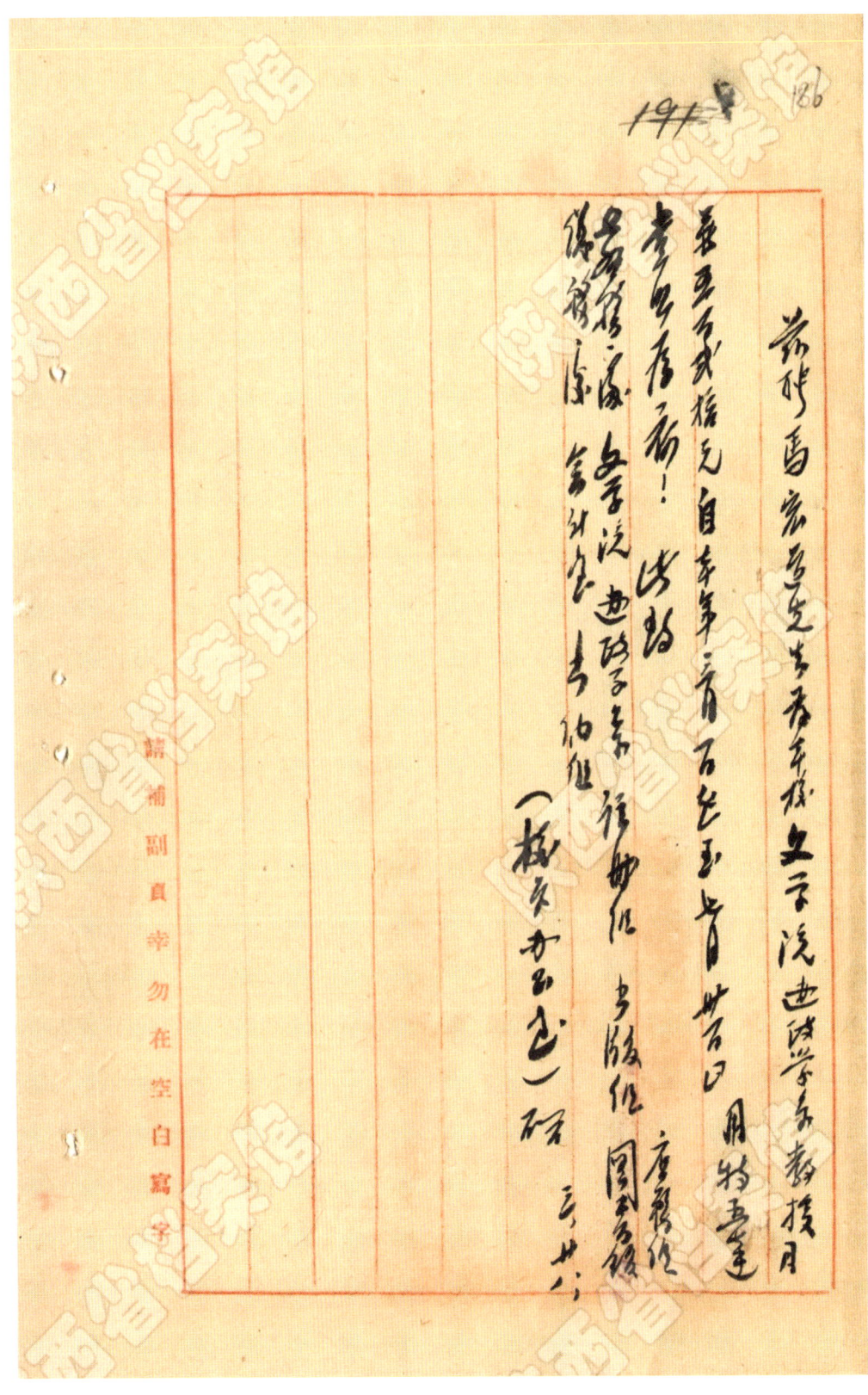

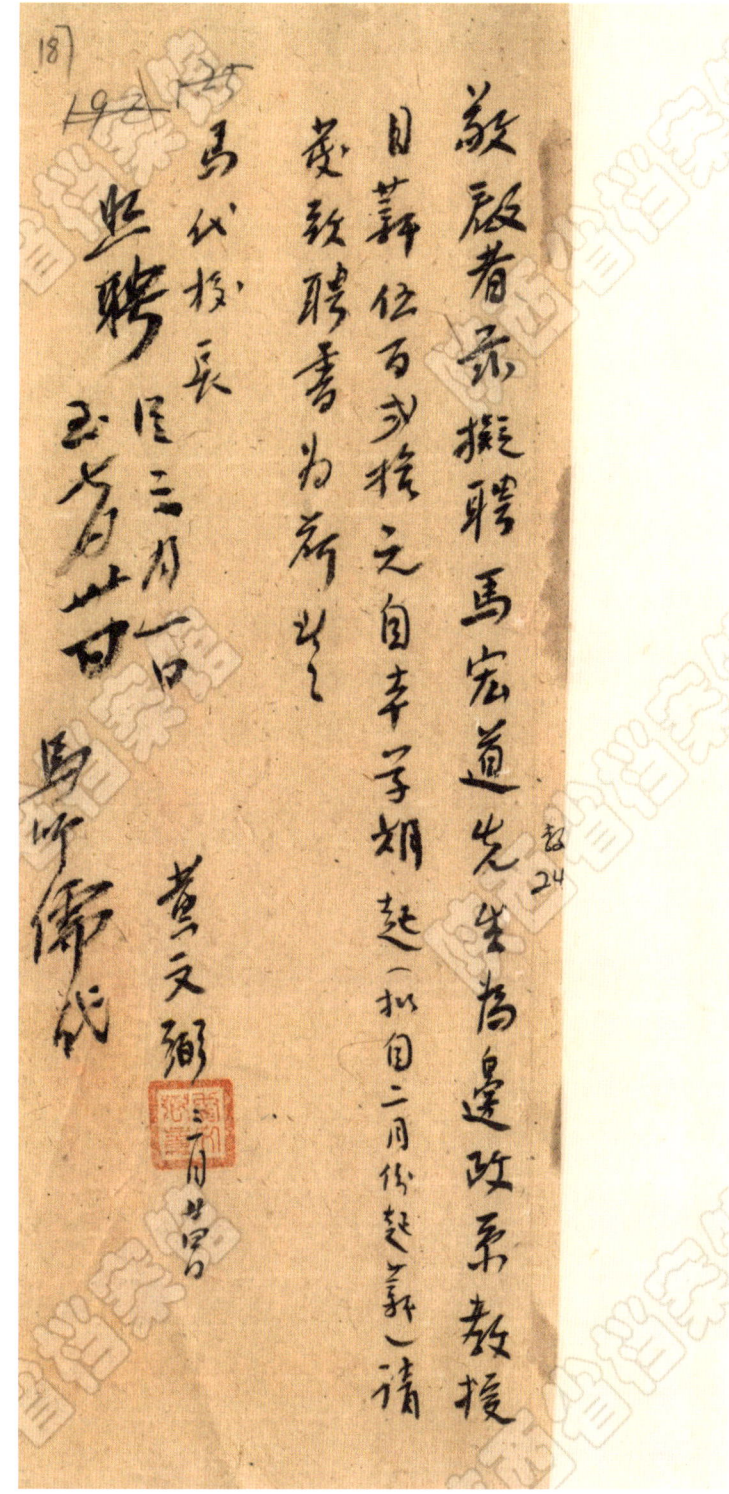

此函应发于1947年3月28日，文中提及国立西北大学聘请马宏道担任文学院边政学系教授，月薪520元（拟自二月起发薪）。后附边政系系主任黄文弼的签字。

马宏道（1899—1968），回族，1933年获土耳其伊斯坦布尔大学文学学士学位（一说获哲学硕士学位）。抗战期间曾遍访西北各省清真寺及道堂，宣传抗日救国。1948年任西北大学边政系教授。

2.3.16　西北大学边政系学生赴甘肃青海见习

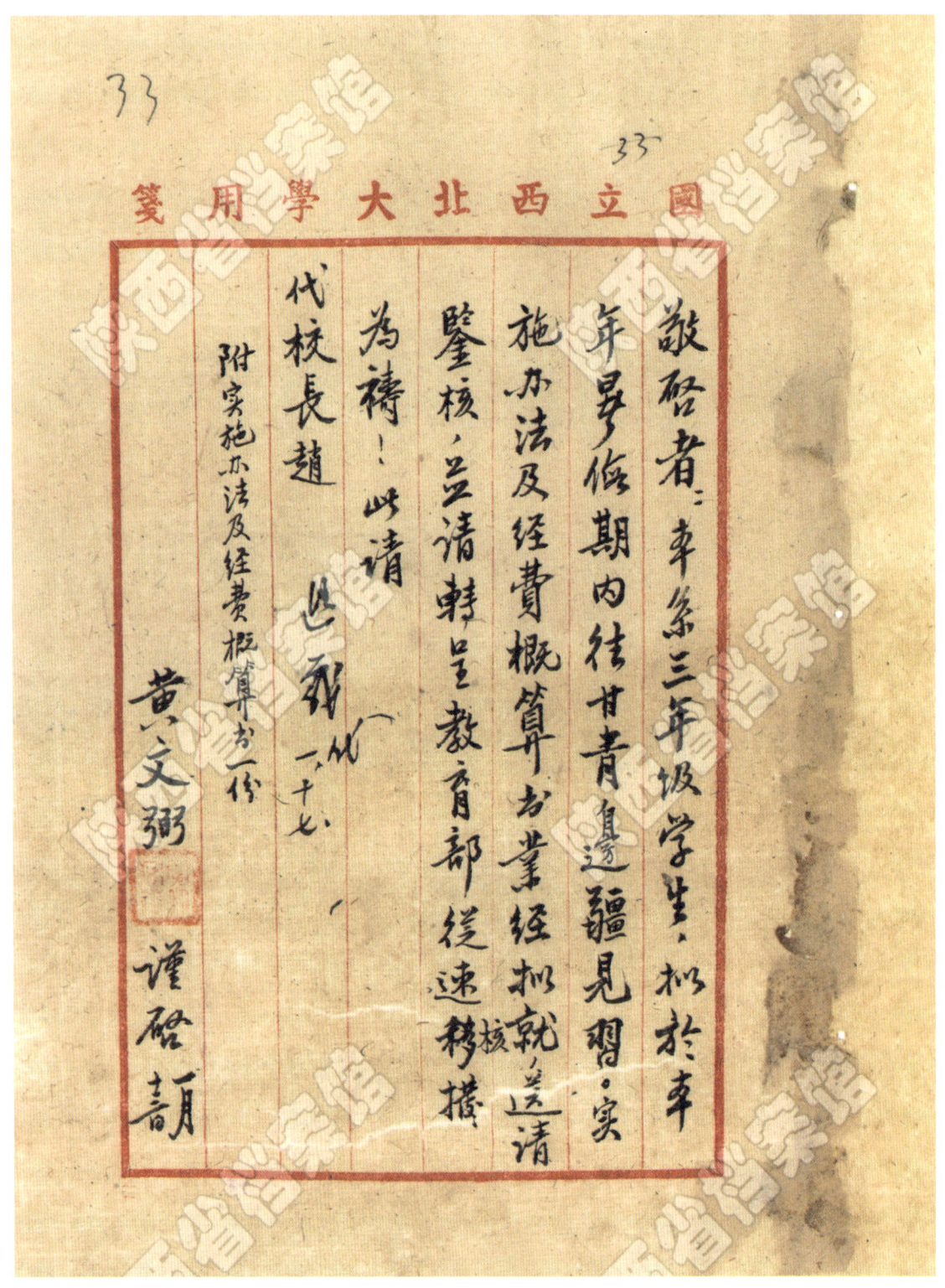

敬启者：本系三年级学生，拟于本年暑假期内往甘青边疆见习。实施办法及经费概算业经拟就，送请鉴核，並请转呈教育部从速核拨，为祷！此请

代校长赵

附实施办法及经费概算书各一份

黄文弼　谨启　七月十七

边政系三年级学生边疆见习实施计划及经费概算书

此件附卷
学生

三十六年六月 边政学系拟

甲、理由

缘查本系三年级学生，不一载瞬将毕业，服务边陲，将来在其工作方位，能否咸为健全之边政人才，担负艰钜，发扬中外知识及体魄志趣之培养，均未敢稍予忽视，兹拟校中央大学边政系前例，于本年暑假期内，率领三年级藏维两组学生诣甘青边境见习，则其教育功效，不惟可藉实际观察与课内教程相应证，复可锻炼体魄，磨励志气，撷取宝贵经验，竟其良深，是项工作曾经本系一再对酌，咸为理所应举，事无可逭，爰拟具实施办法及经费概算于后，以冀实现。

乙、实施办法

一、时期：本年暑假期内（六月十五日至八月底）

二、人数：
教师五人 系主任、民族学、语言学、藏文、维吾尔文教师各一
学生十三人 藏文组学生五人、维文组学生七人

三、路线：
西安—兰州—西宁—塔尔寺—循化—临夏—夏河—黑错—卓尼—岷县—临洮—甘谷—天水—西安
—塔尔寺 附注 以上为藏文组学生三作

四、见习地点及工作项目：列表说明如左

见习地点 工作项目
1. 练习藏语
2. 见习喇嘛教仪
3. 调查喇嘛教实况
4. 调查藏番社会组织

循化

1. 研究薩拉語語型
2. 練習維吾爾語
3. 見習伊斯蘭教儀
4. 調查伊斯蘭教實況
5. 調查薩拉屆社會組織
6. 調查邊緣人生活習俗

以上為維文組學生工作

7. 其他

夏河 同右

5. 調查蒙民社會組織
6. 調查邊緣人生活習俗

卓尼

1. 調查蒙藏番社會組織
2. 調查遊牧帳房生活
3. 實習卓尼設治局行政概況
4. 調查蒙藏番之生活習俗
5. 其他

臨夏 同右

岷縣

1. 見習邊疆地方行政司法
2. 見習邊疆地方行政
3. 考察邊緣人與番人之社會關係
4. 調查岷縣地理狀況
5. 其他

丙、經費概算

一、交通費：九六五萬元
1. 車費 四二五萬元（為抵達火車汽車費，每人計雅廿五万元）
2. 驢馬費 三四○萬元（實踐州地必須僱用驢，每人計雅廿元）
3. 旅宿費 二○○萬元（實踐州地不便至公廟借宿必須住居，若干日數不便至公廟借宿必須住居）

二、設備費：伍○○萬元
1. 工作用品費 三○○萬元
2. 裝備費 二○○萬元（買篷飽雨衣背包水壺其他必需物品）

三、交際禮品費 一五○萬元
4. 特別費：
1. 醫藥衛生費 一○○萬元
2. 交際禮品費 一五○萬元（途時主公立官時見禮為必要無，補助廿万元）

四、教師補助費：

上四項共計國幣壹仟捌佰陸拾伍萬元

附註：膳費一項：教師自貼，學生向學校領出公費之全部

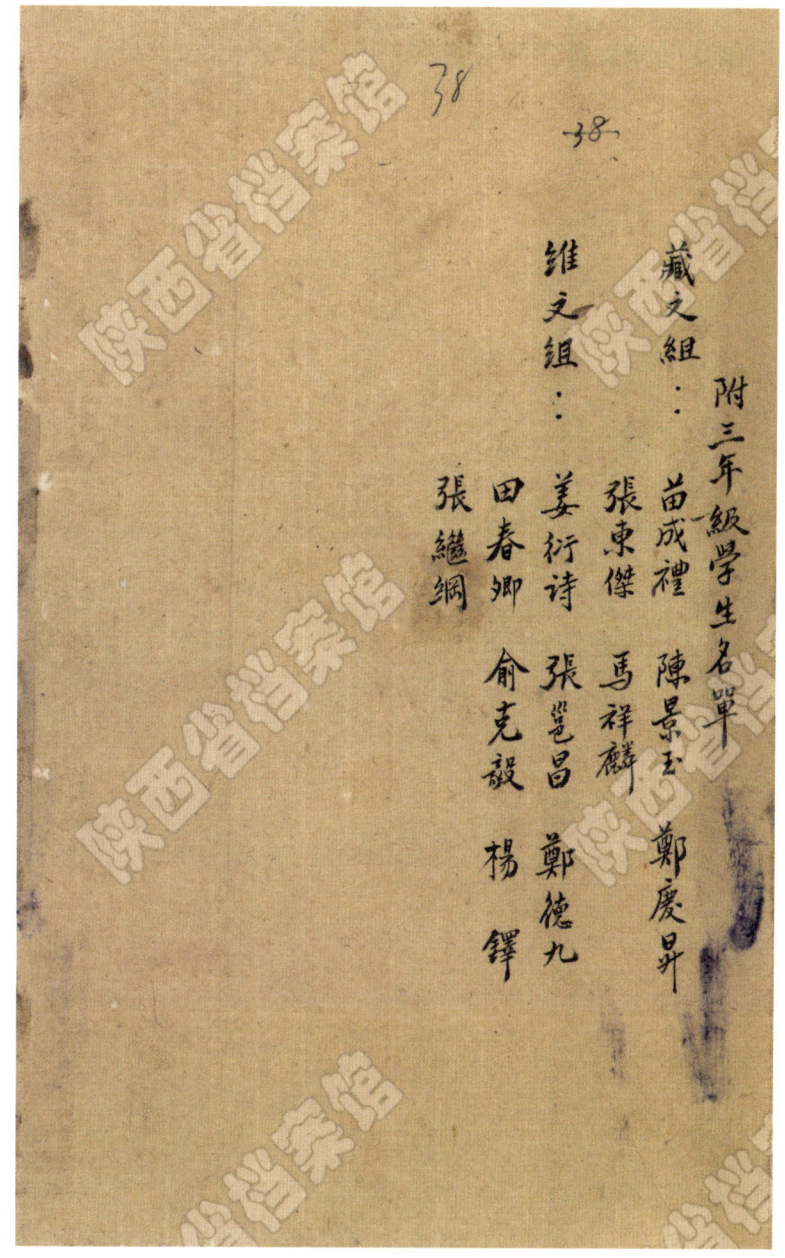

此呈文发于1947年1月13日，文中提及国立西北大学边政系三年级学生拟于1947年暑期前往甘青边疆考察实习，边政系系主任黄文弼为此向学校详细汇报了实习理由、实施办法、经费预算等。

西北大学边政系规定三年级学生需利用暑假前往边疆去实习。蒙、藏、维三组分别到蒙藏维三族集中的区域，做实际的调查研究，以求学以致用。1947年上半年，该系三年级学生提前结束功课，系方预先准备好旅费用具如车辆、服装、药品、照相机等，学生也于实地调查前搜集整理了相关文献材料，拟定了切实可行的调研方法。一切准备妥当后，于6月17日出发，赴甘青一带见习边疆政治、宗教、语言及风俗人情等，道经兰州，至西宁塔尔寺，南下循化，转河州而返，历时三个多月。10月返校后，师生携归的资料经从速整理，于校庆日举行初次公开展览。

2.3.17 黄文弼演讲《陕西在中国文化史上之地位》

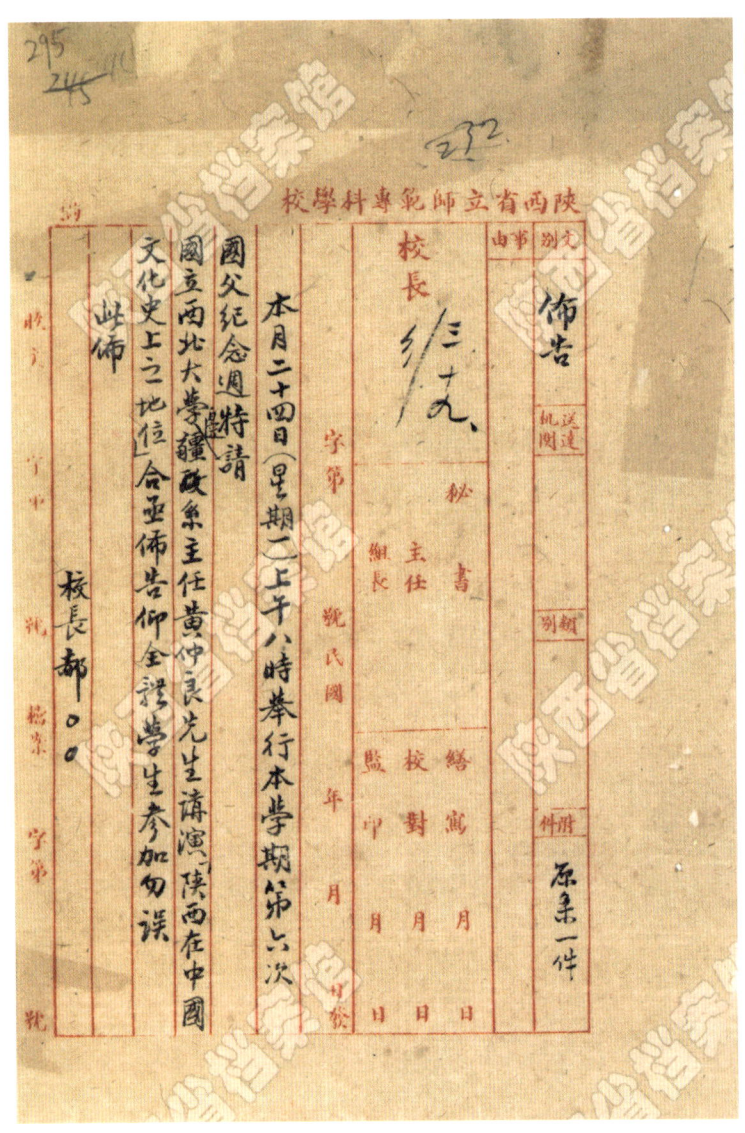
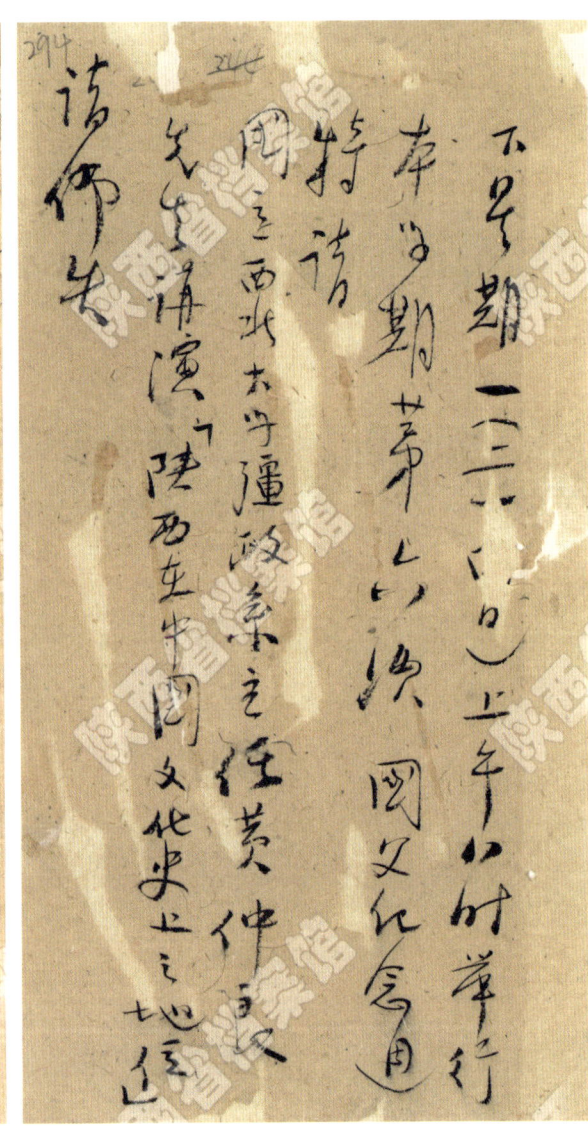

此布告发于 1947 年 3 月 19 日，宣布陕西省立师范专科学校（今陕西师范大学前身）拟于 1947 年 3 月 24 日（周一）上午八时举行学期内第六次国父纪念周活动，特请国立西北大学边疆（政）系主任黄文弼讲演，讲演主题为"陕西在中国文化上之地位"。

2.3.18 《西北大学的边政系》

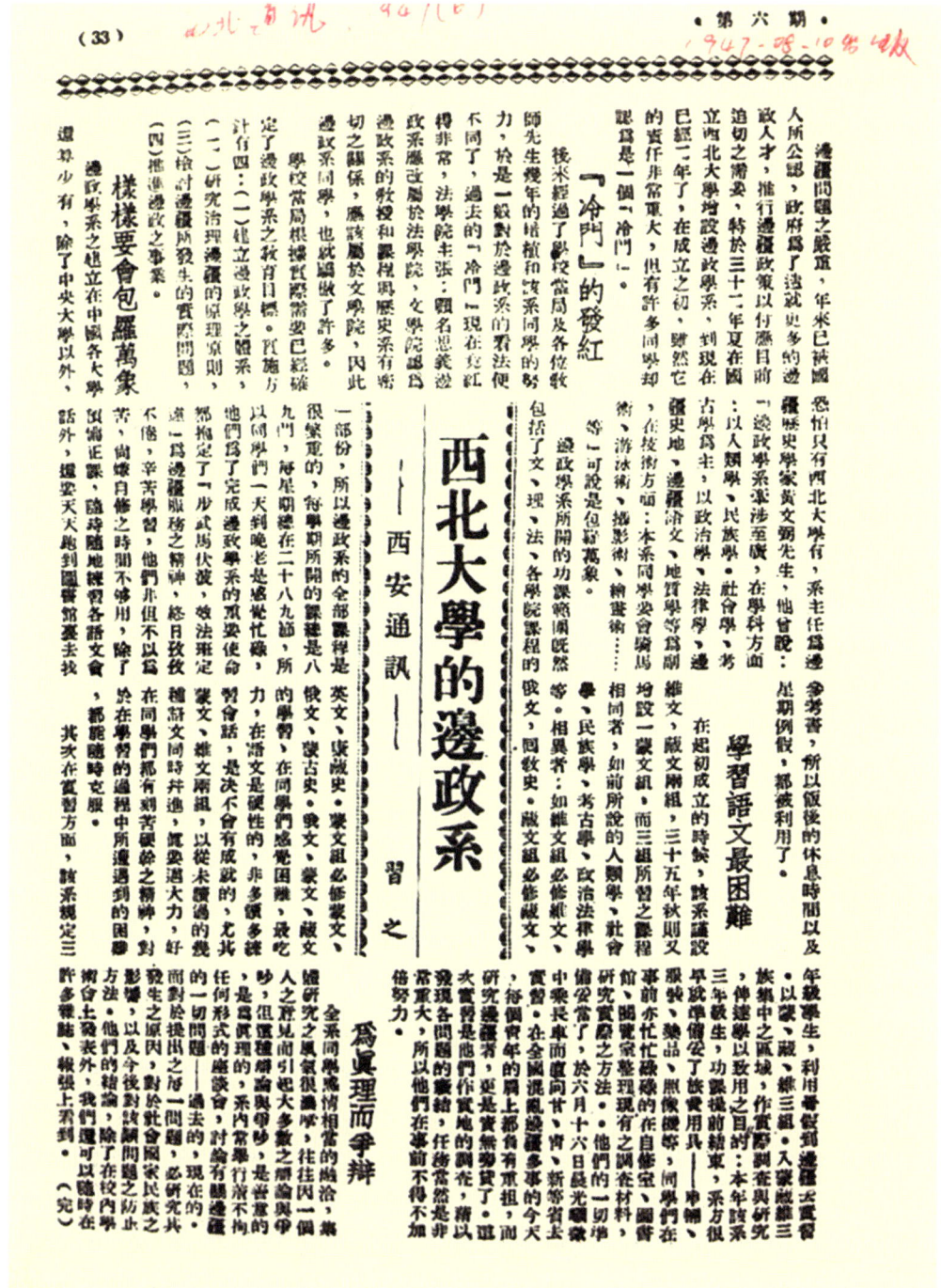

此文刊于《西北通讯》第6期，1947年，第33页，作者是习之。

文中梳理了国立西北大学边政学系设立以来的发展历程。指出学校当局为边政学系确立的教育目标有四：一为建立边政学系之体系，二为研究治理边疆的原理原则，三为检讨边疆所发生的实际问题，四为推进边政之事业。至于该系的学习内容则"样样要会，包罗万象"。从中可见西大边政学系创设既早，起点亦高。

2.3.19 《西北大学边政系素描》

此文刊于《西北文化月刊》第1卷第3期,1947年,第30—31页。作者是陈克。

文中开篇指出"号称地大物博的中华民国,边疆地区就占去了三分之二",昔为"文化摇篮"的西北自从"东南日开"后则逐渐受到国人的漠视,这无疑助长了帝国主义分化中华民族的野心。西北大学等高校设立边政学系的目的恰恰在于服务、巩固、繁荣边疆。文中详细介绍了西大边政学系在语文、实习方面的规定,对其风貌亦有所揭示,指出该系同学间互称同志、亲如一家,"像大哥哥和小弟弟一般,彬彬有礼"。

2.3.20 国立西北大学教员履历表（黄文弼）

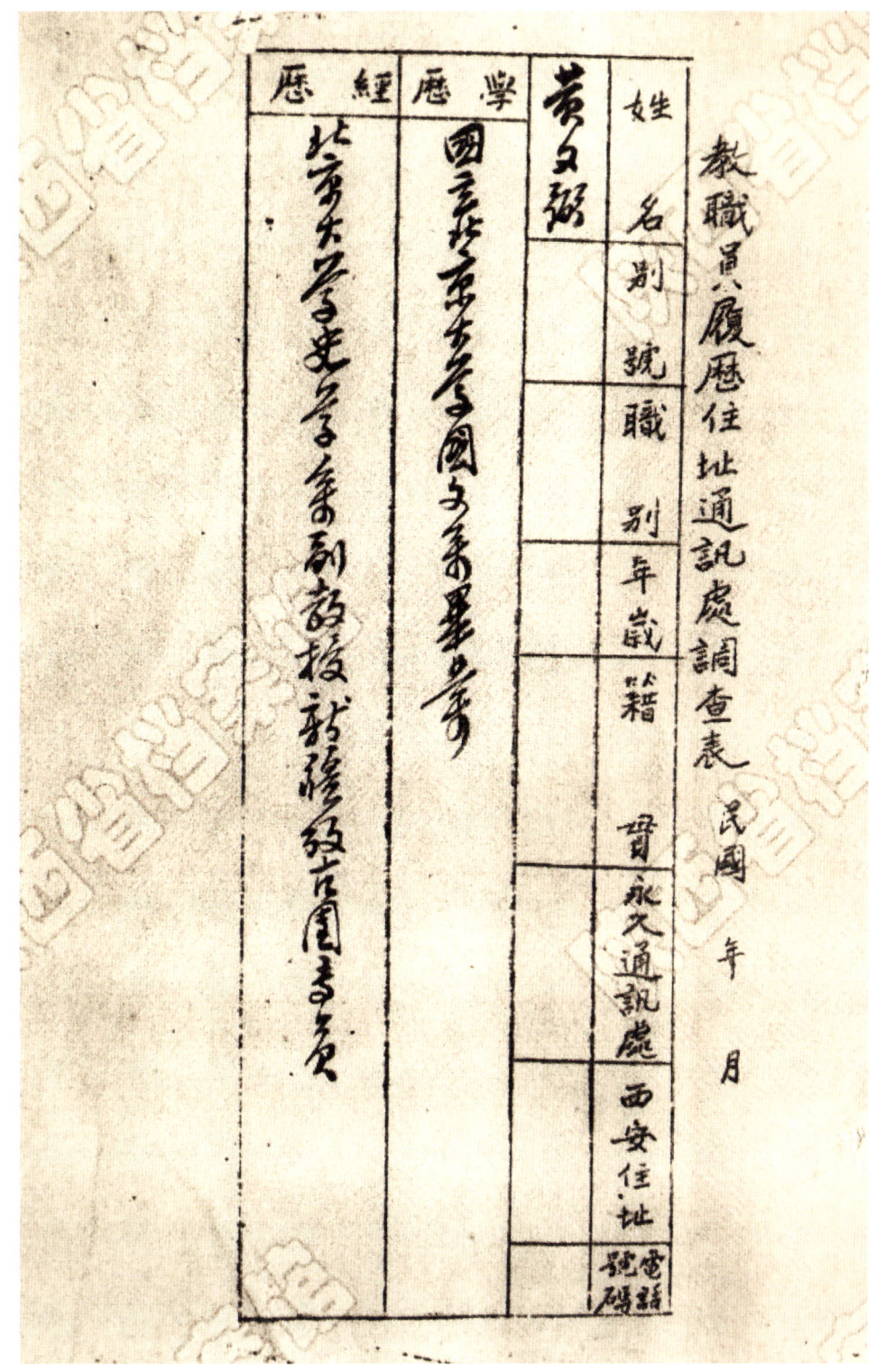

图为国立西北大学黄文弼履历住址通讯处调查表。其中提到黄文弼先生毕业于国立北京大学国文系，曾任北京大学史学系副教授、新疆考古团专员。

2.3.21 西北大学考古学会成立

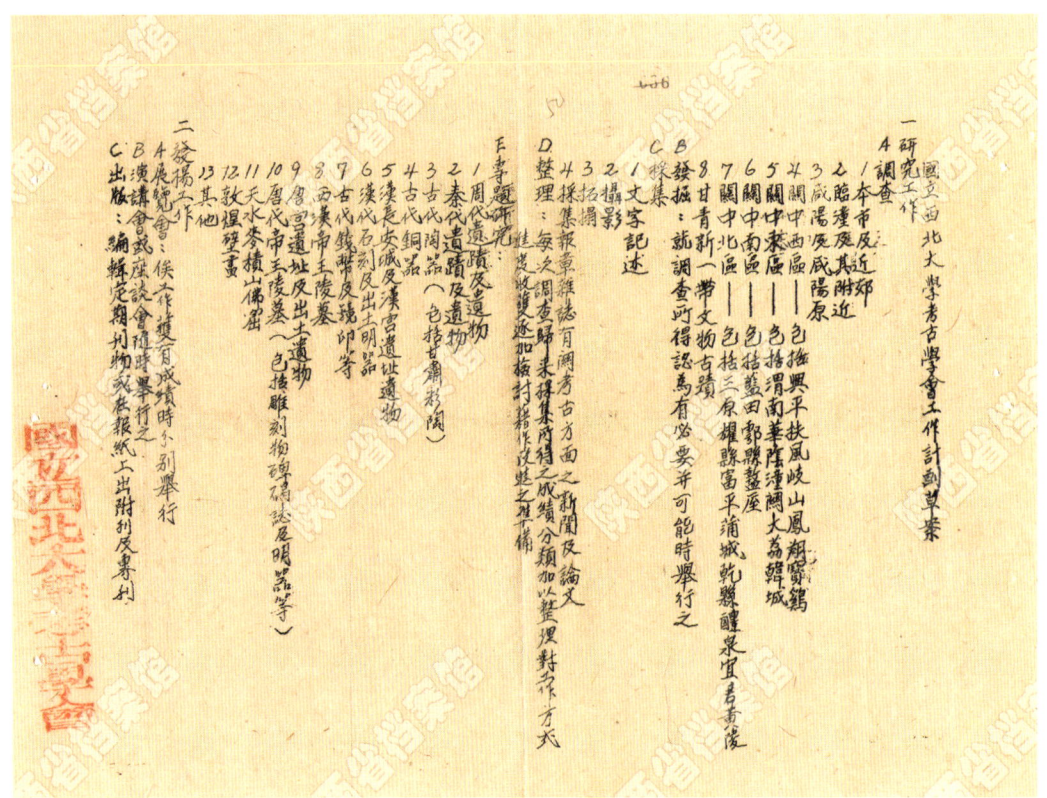

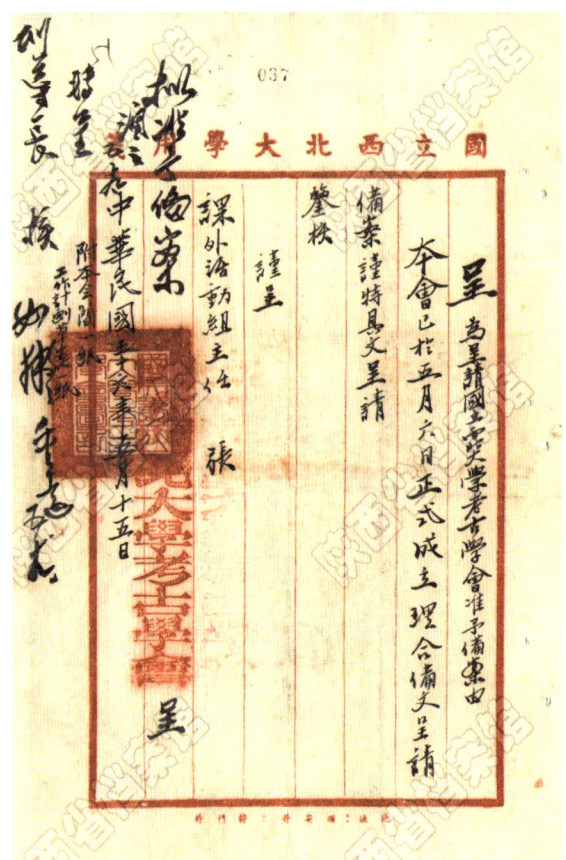

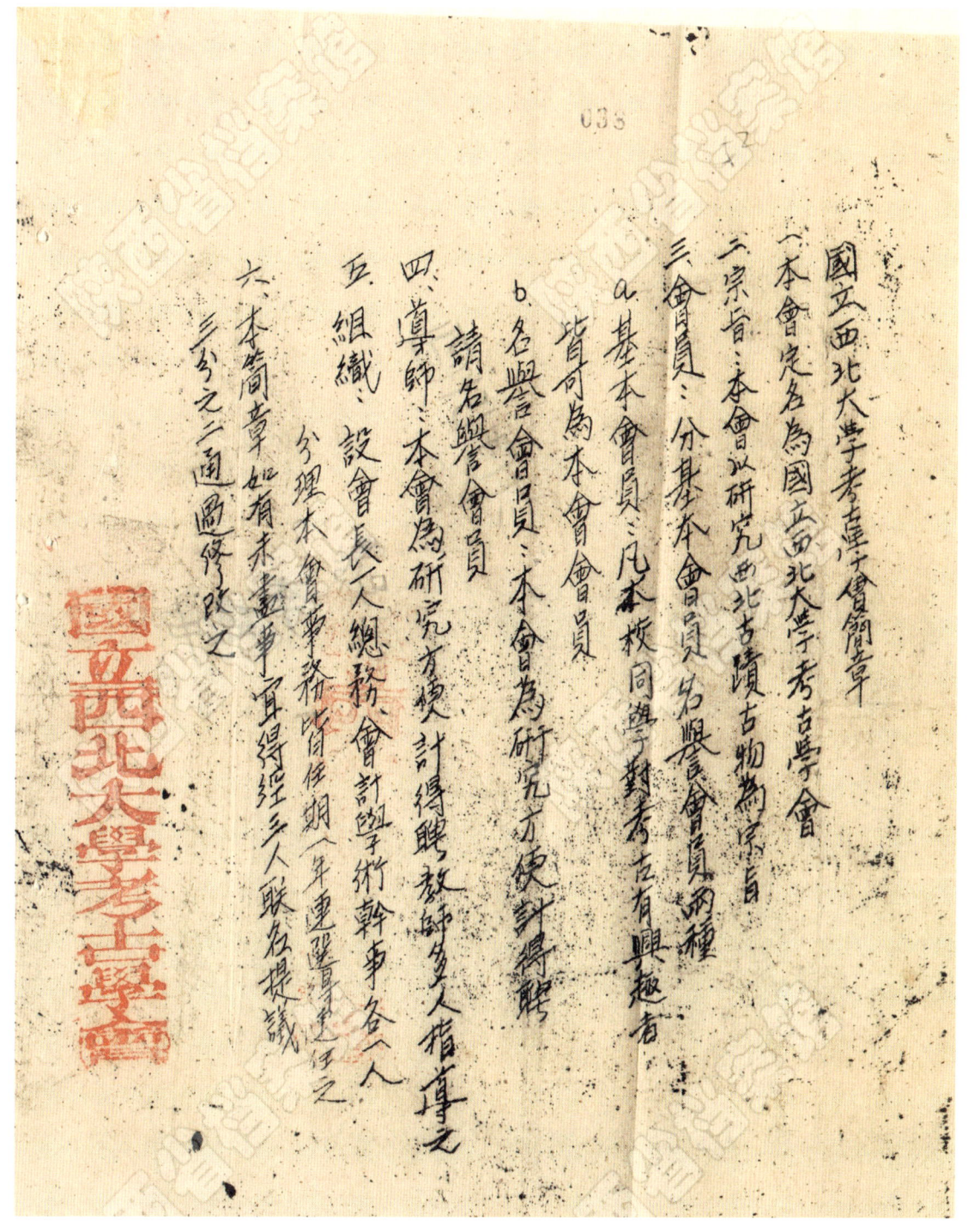

出于利用节假日开展考古调查等目的，1947年5月，西北大学以历史、边政两系学生为主体发起成立了西北大学考古学会。《学会工作计划草案》显示该会的考古调查范围重点自关中远及甘青新一带；核心工作为发掘、采集、整理，亦兼及展览、演讲、出版，学会细致确定了13个研究专题。《学会简章》指出该会以研究西北古迹古物为宗旨，会员分为基本会员和荣誉会员两种。又声明为研究方便计，聘教师多人指导，黄文弼为该学会导师之一。

2.4 第三次西北考察与西大时期的学术成就

2.4.1 黄文弼等参加西北考察的电文

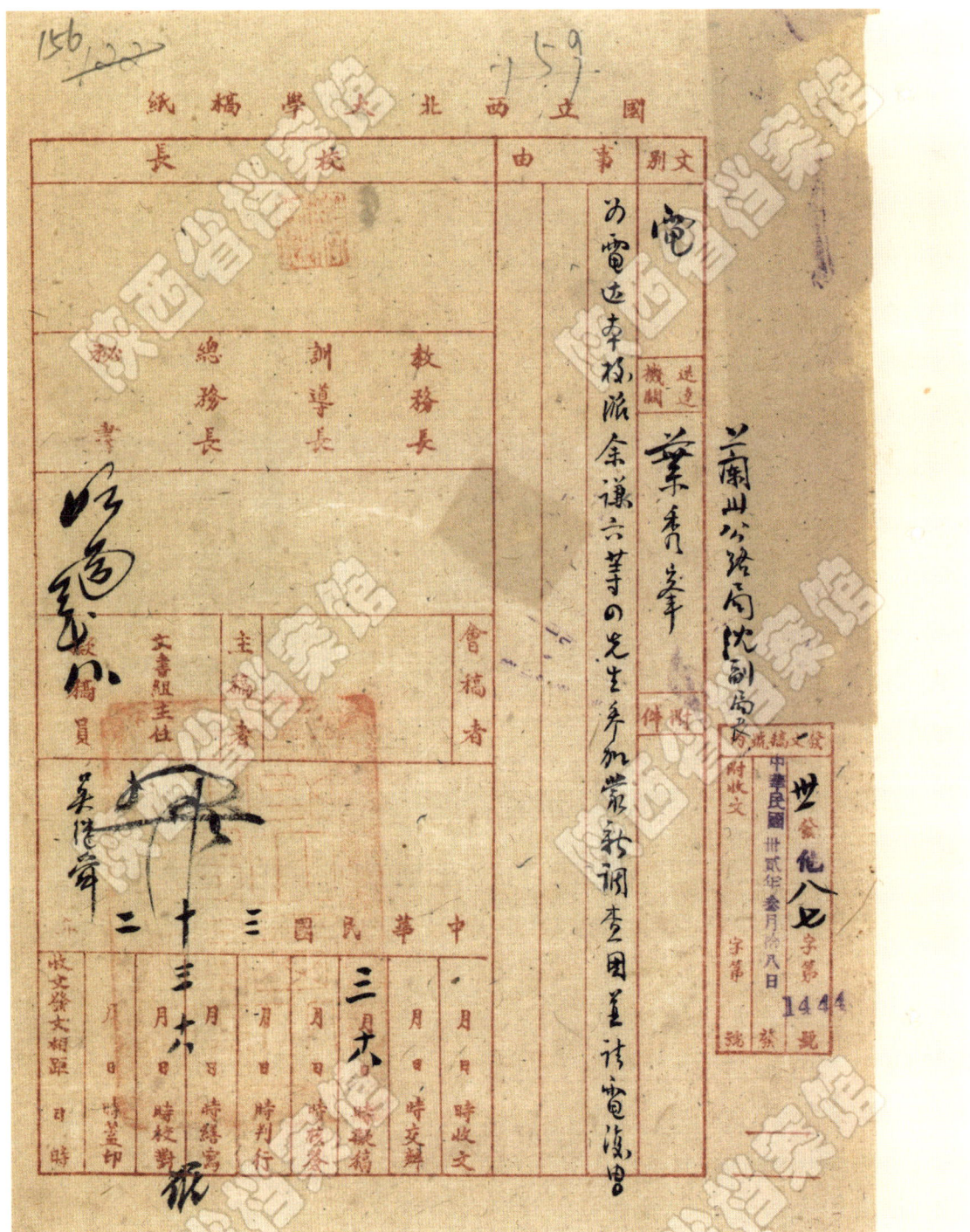

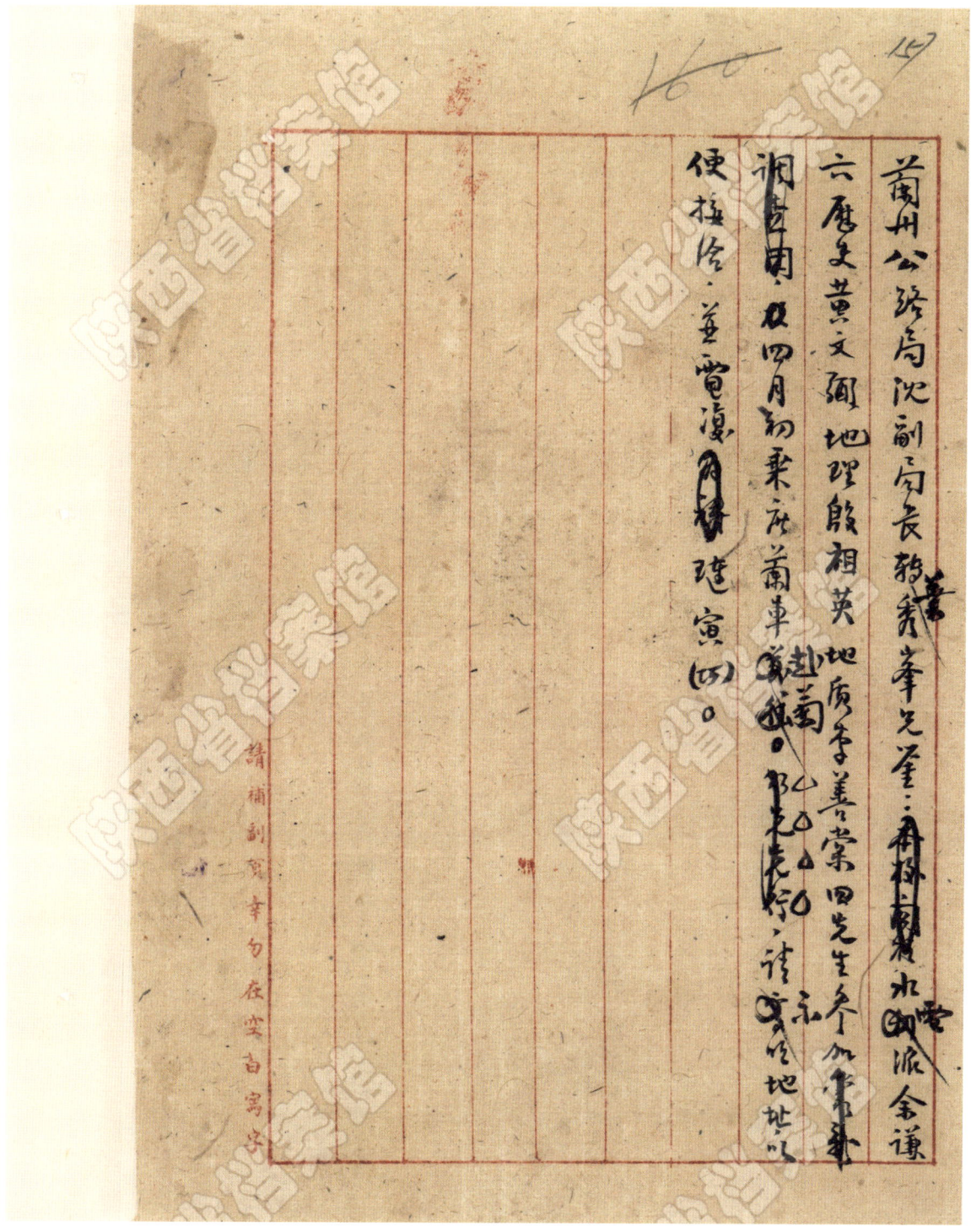

此函发于1943年3月18日，文中提及国立西北大学派遣余谦六、黄文弼、殷祖英、李善棠四位教授参加国父实业计划考察团，呈请兰州公路局沈副局长转国父实业计划研究会总干事叶秀峰予以接洽。

国父实业计划考察团是为实现孙中山先生1921年出版的《建国方略·实业计划》中规划的全国道路建设计划而组织的西北地区多学科综合考察，黄文弼参与的此项活动即为他的第三次西北考察。

2.4.2 第三次西北考察所历艰险

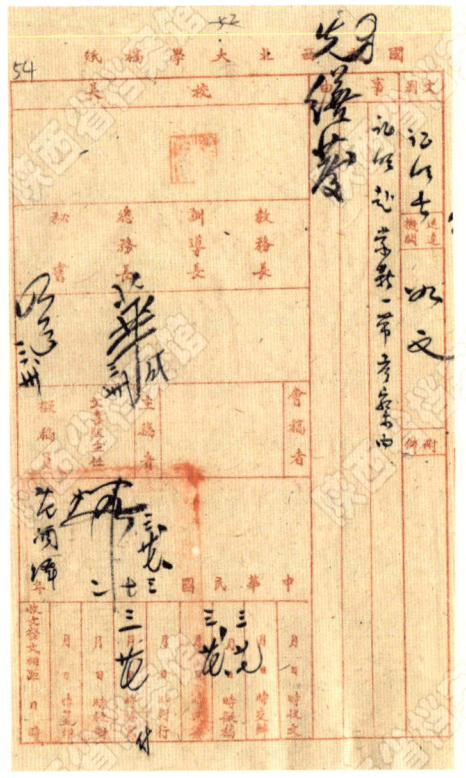

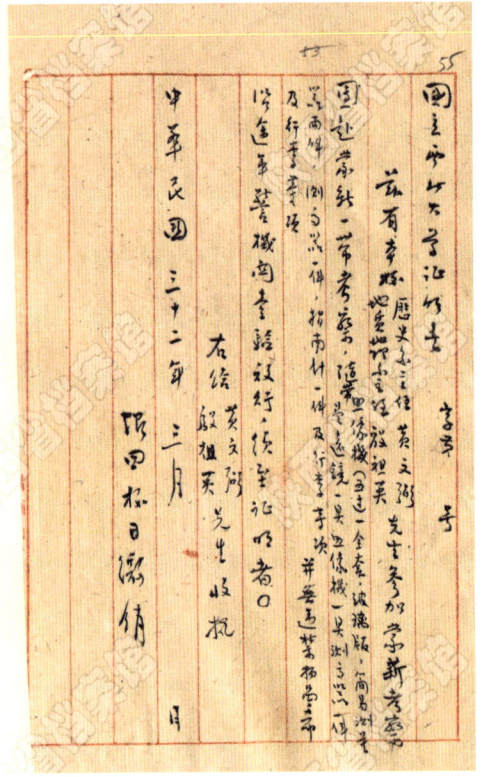

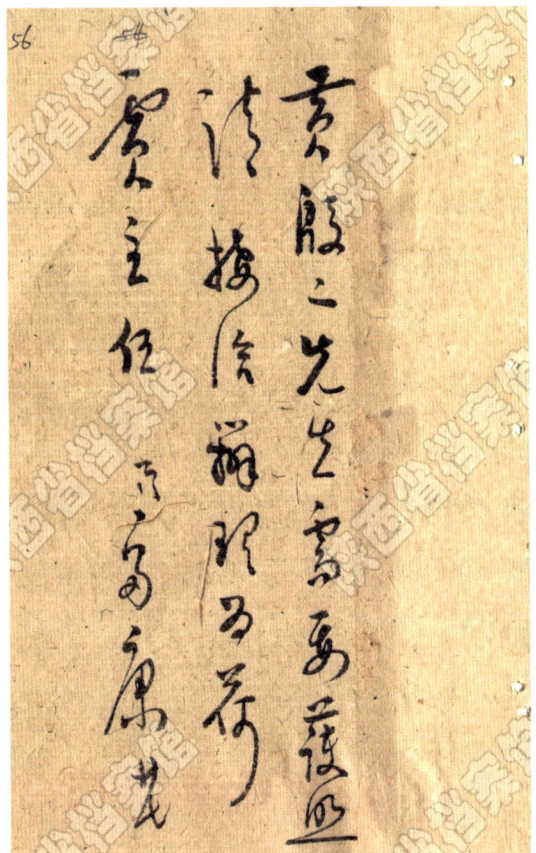

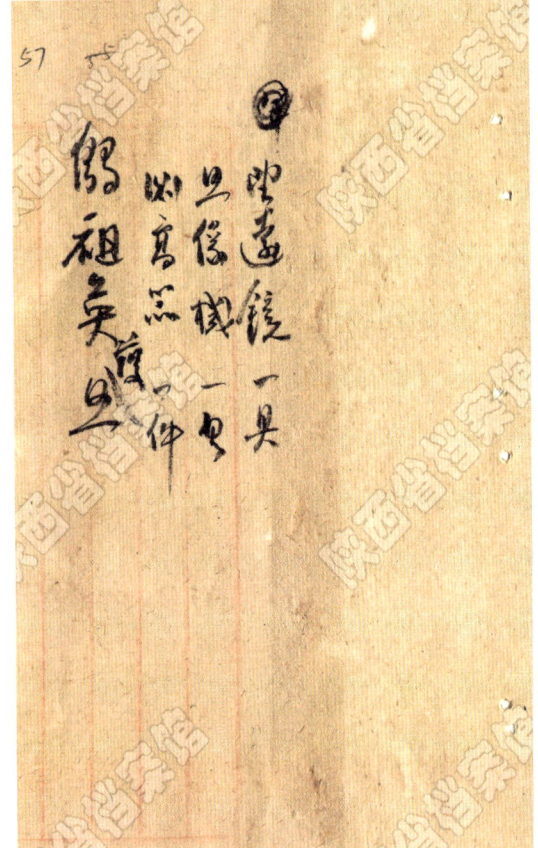

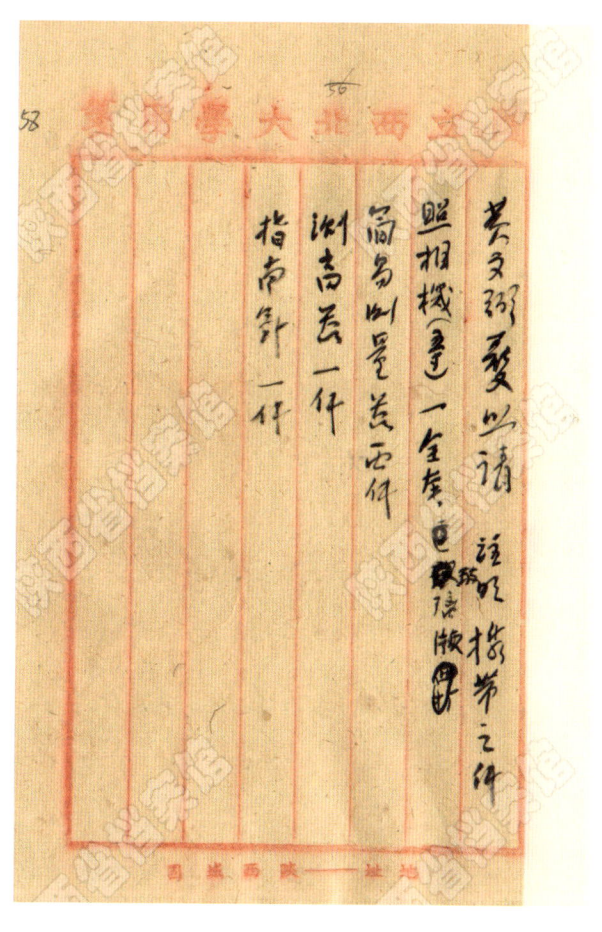
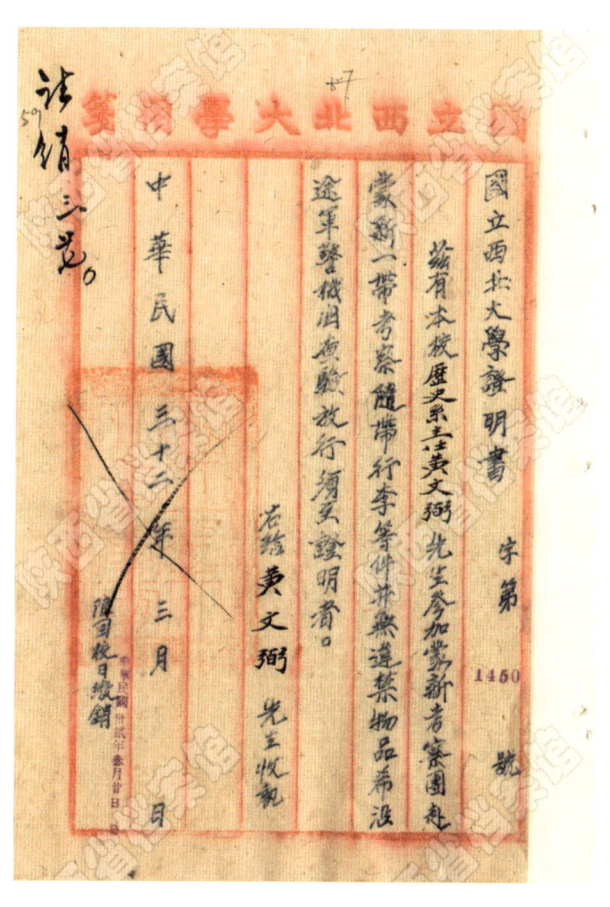

此证明书日期为1943年3月27日，文中提及黄文弼、殷祖英赴蒙新一带考察，随带行李并无违禁品，请予放行。又二氏需要护照，请地方军警予以接洽办理等事宜。从文中可见黄文弼所携行李主要有五寸照相机1套、简易测量器2件、测声器1件、指南针1件等。

其时西北地区央地之间、地方势力之间矛盾丛脞。1942年后，新疆军阀盛世才公开反共反苏，1943年，陈潭秋、毛泽民等大批共产党员被新疆当局杀害，盛世才借反共为名实行白色恐怖，甘、蒙等地也处于军阀割据、商旅不安的局面。可见黄文弼此行十分凶险，没有献身西北的执着与勇气不可能成行。

2.4.3 黄文弼在考察现场留影

黄文弼在西北大学时期野外工作照，可能摄于第三次西北考察期间。左为黄文弼。图中可见正值盛年的黄文弼双手叉腰，精神焕发。

黄文弼的第三次西北考察历时8个月。1943年4月自河西走廊到哈密，向北翻越东天山到巴里坤，首次调查了木垒、奇台、吉木萨尔、阜康、昌吉、呼图壁、玛纳斯、乌苏、精河、伊宁、博乐、额敏、塔城、布尔津、阿勒泰等北疆各地。8月到达乌鲁木齐后，又于9月底转向南疆，考察托克逊、库车、沙雅、阿克苏、阿瓦提、乌什、库尔勒等地，最终在11月经吐鲁番、哈密返回西北大学。

2.4.4 亦都护高昌王世勋碑（拓片）

1943年黄文弼第三次西北考察期间，于武威县文教馆拓得《亦都护高昌王世勋碑》碑文。

该碑于1911年发现于武威县北15千米的石碑沟，现存武威文庙。青石质，碑残，蟠螭首，残高1.3、宽1.9、厚0.52米。碑身残高1.82、宽1.73、厚0.47米。碑阳汉文楷书36行，行残41字；碑阴为回鹘文。内容详细记载从巴而术阿而忒的斤到太平奴八代回鹘亦都护高昌王世系，事迹涉及回鹘起源、流派及西迁等。翰林学士承旨奎章阁大学士赵世炎篆额，元代著名学者虞集撰文，大书法家、礼部尚书巙巙奉敕书丹，由高昌王帖木儿补花于元统二年（1334）立于其父纽林的斤墓前。碑文内容对研究唐代以后回鹘历史具有重要的史料价值。

2.4.5 虞集《道园学古录·高昌王世勋碑》黄文弼批注

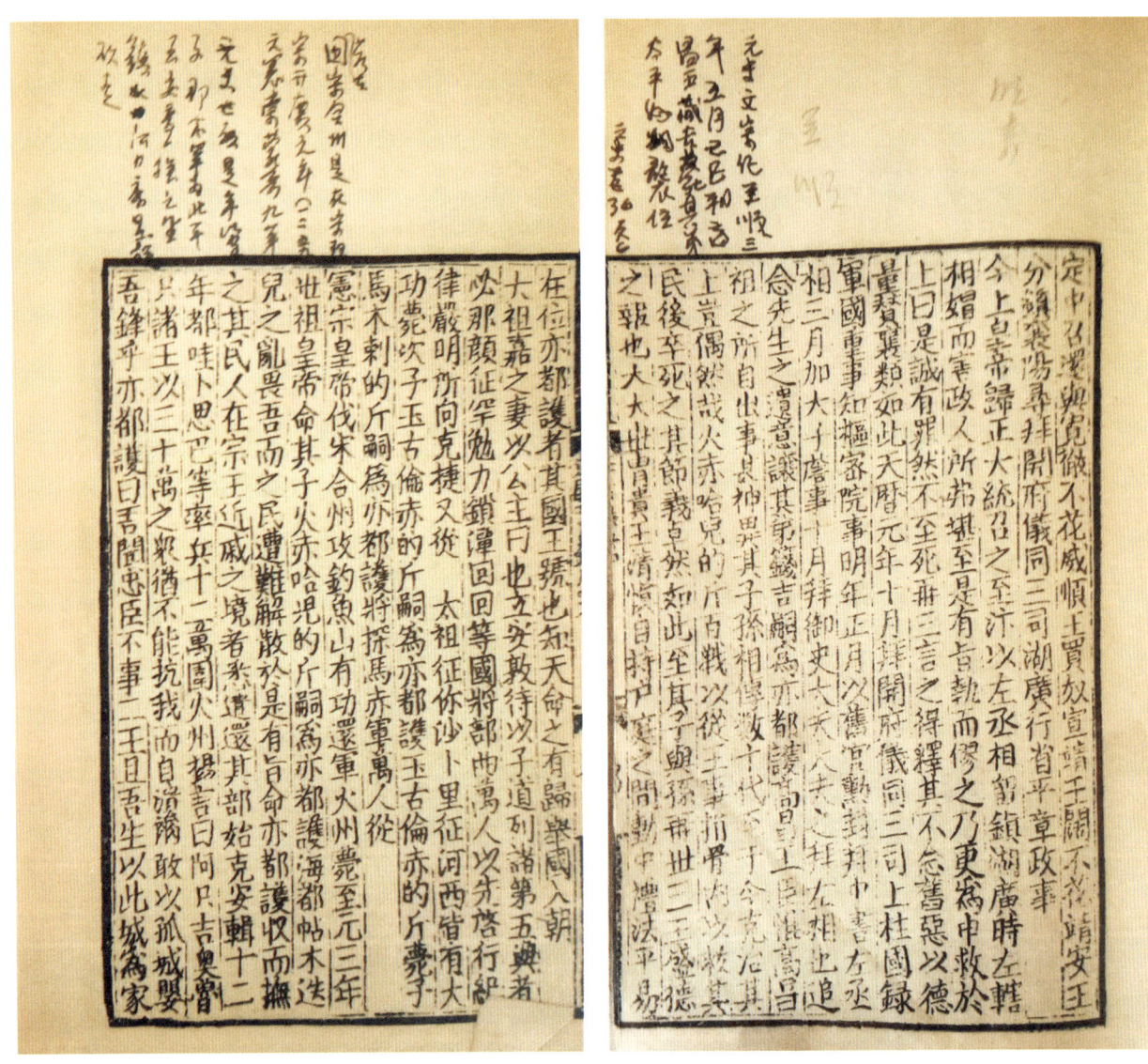

黄文弼结合虞集《道园学古录》及《元史·巴而术阿而忒的斤传》对《亦都护高昌王世勋碑》碑文的汉文部分做了复原和校注，发表《亦都护高昌王世勋碑复原并校记》，是对此碑最早的基础研究。

2.4.6 《三次考察新疆之观感》

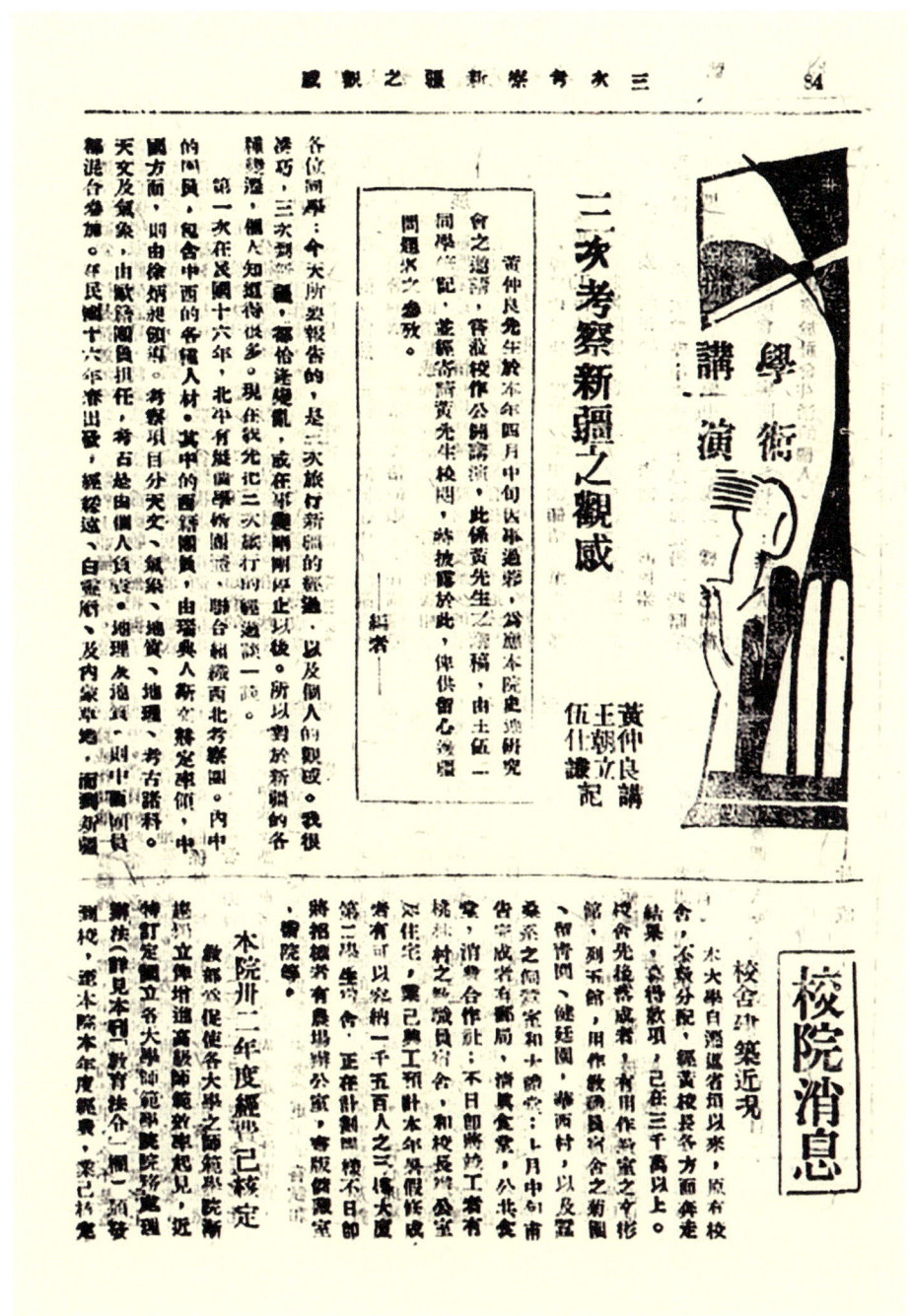

1944年4月，黄文弼先生在国立四川大学师范学院的讲演稿《三次考察新疆之观感》刊登于《国立四川大学师范学院院刊》1944年第1期。文章简述了三次考察路线，并根据考察结果，把从古代到现在新疆的一切情形按历史、地理、民族、政治及文化分类介绍，认为中国将来的国防问题，不在东南，而在西北，西北的国防问题就是民族问题及文化问题，要保卫大西北首先就要注重西北文化，要西北的文化发展同于内地。

2.4.7 《两汉通西域路线之变迁》(附图)

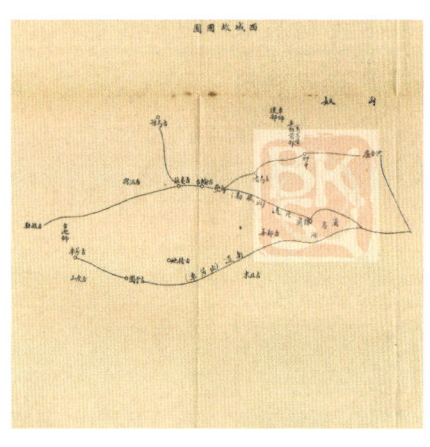

黄文弼根据自己的实地考察结合文献研究,撰写了《两汉通西域路线之变迁》,刊于《西北史地》第1卷第1期,1938年,第32—35页。该文指出西汉通西域之路线与后汉通西域路线有所差异,《魏略》中记有从敦煌玉门关入西域有南道、中道和新道三道,西汉通西域只有南、中两道,东汉通西域之路只有南、北两道,北道即《魏略》之新道,中道在后汉渐趋衰微。这种变化与匈奴在当时形势有关,西汉初为保障与西域通道安全,非取得楼兰为军事与运输据点,不得不择此险道;东汉时转而选择地理条件优越、交通安全的北路据点伊吾,而经龙堆至楼兰之径道不复为汉人注意。

2.4.8 《古代于阗国都之研究》

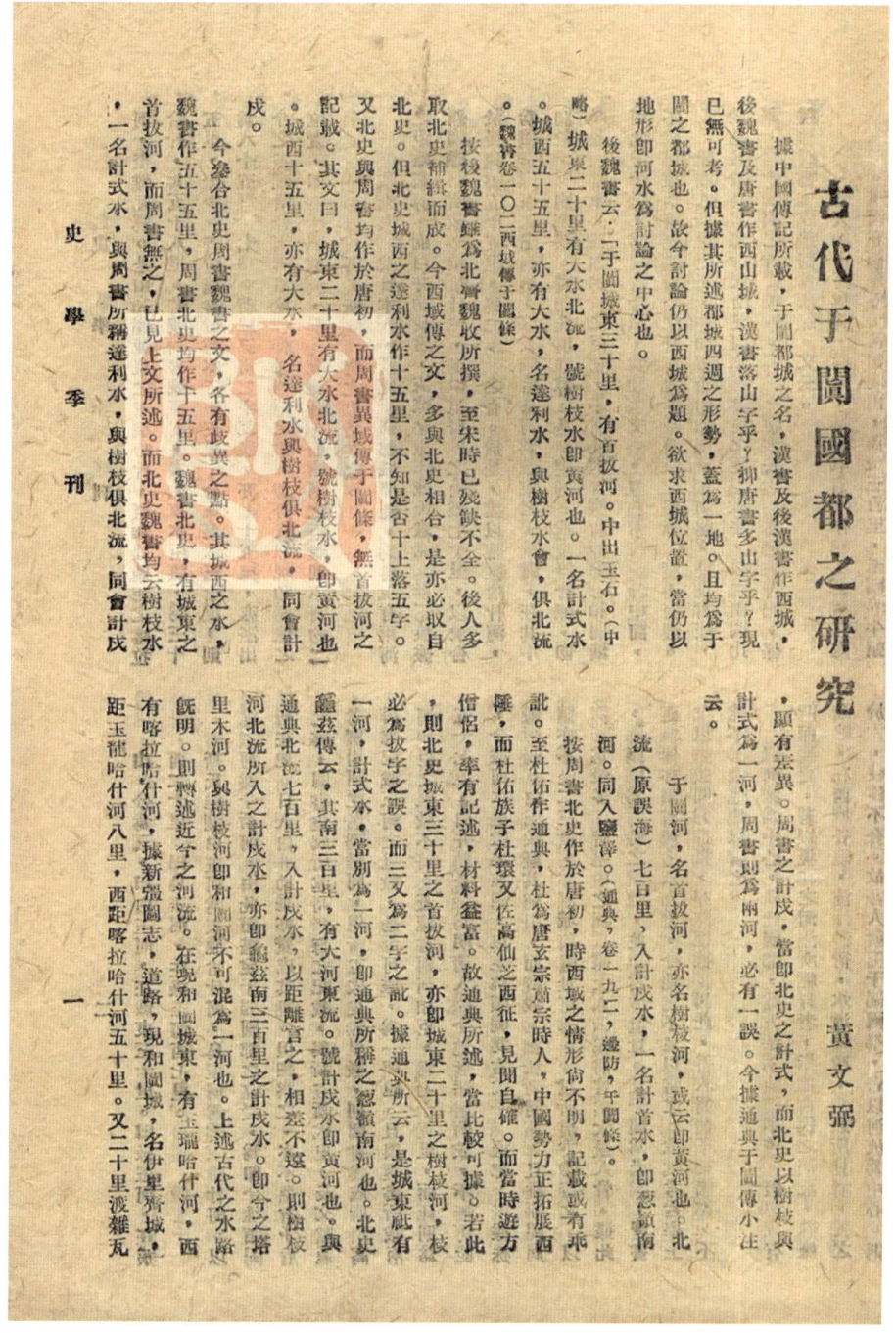

黄文弼《古代于阗国都之研究》一文刊于《史学季刊》第1卷第1期，1940年，第4—10页。该文否认了斯坦因指姚头冈为于阗王城的说法，认为阿克斯比尔为北魏与唐时于阗古都西城或西山城，而库马提之乾河即古时之树枝水，喀拉哈什河即古时达利水。并且根据本地人水流辨方位之说，推测此地以河流而非指南针定方位，河阴为北，河阳为南，因此以南为东，以东为北，以北为西，以西为南，因此古传记中所记方位与今地方位有所不合。

2.4.9 《高昌官制表》

> 高昌官制表　　　　　　　　　　　　　　　　黄文弼
>
> 高昌官制北史及周书虽略有记述而遗漏甚多余於民国十九年春赴吐鲁番即高昌之故址考古发现墓砖一百二十余方每方均书有高昌年号及死者官职除按推平号作高昌纪年外复以死者之官职及参合近出土之碑志按其升迁以别等第。第一表为高昌内府之官制第二表为高昌各城之官制第三表乃叙勋爵及领兵将官仓猝创编容有未当尚希大雅教正。

黄文弼有感于《北史》《周书》对高昌官制的记载简略，乃以1930年春中国西北科学考查团在吐鲁番高昌故址发现的墓砖文字为主要材料撰写了《高昌官制表》，刊于《华西学报》第6、7合期，1941年，第79—85页。文中对高昌内府、各城、勋爵及领兵将官等做了较多增补。

2.4.10 《学术论著：考古学与金石学》

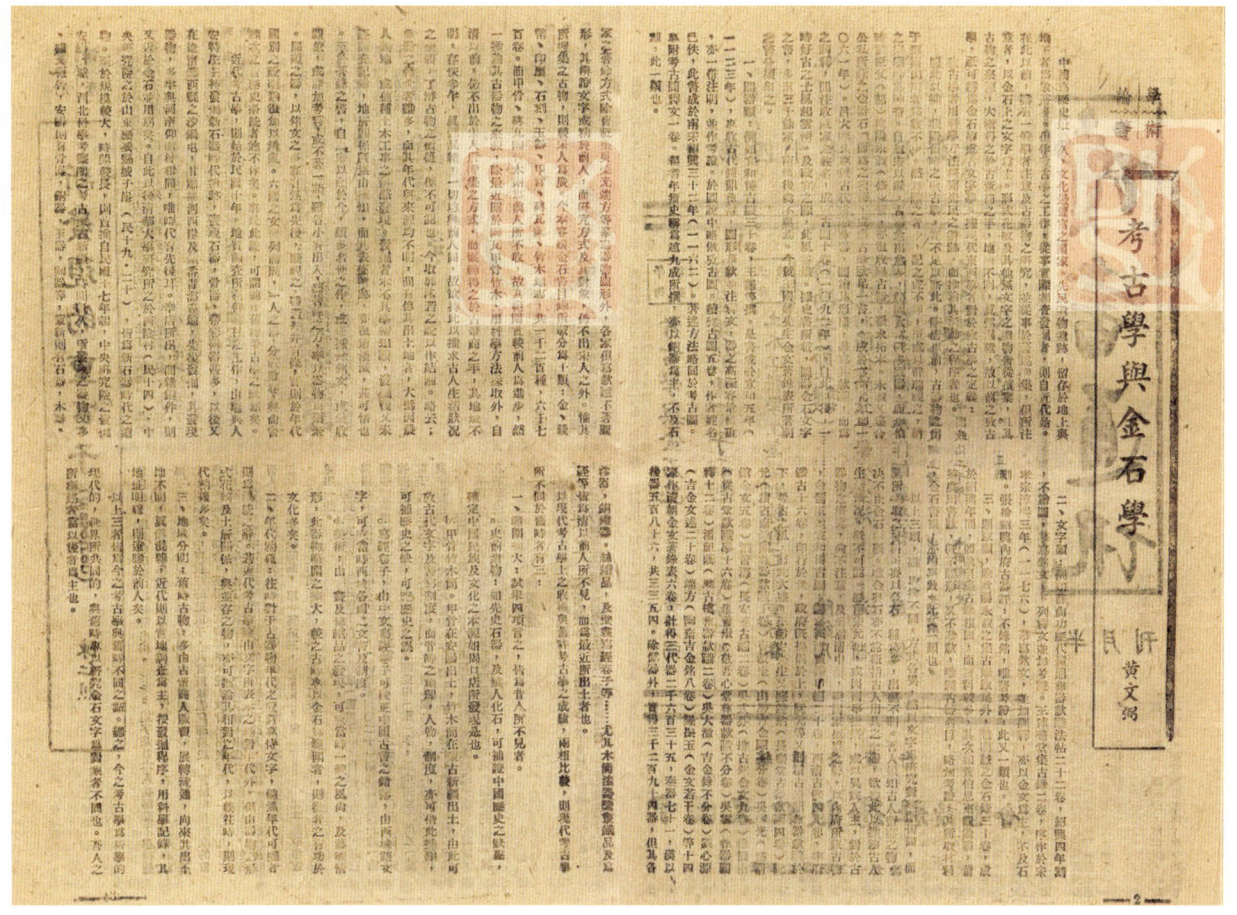

黄文弼《学术论著：考古学与金石学》，刊于《读书通讯》第47期，1942年，第1—2页。文中指出以现代考古学之收获与旧时考古学（金石学）之成绩相较，前者范围扩大、年代精确、地域分明。进而断言"今日之考古学为科学的、现代的、世界所共同的，与旧时专以研究金石文字为对象者不同也"，精准地道出了考古学与金石学的区别。

2.4.11 《河源探察略述》

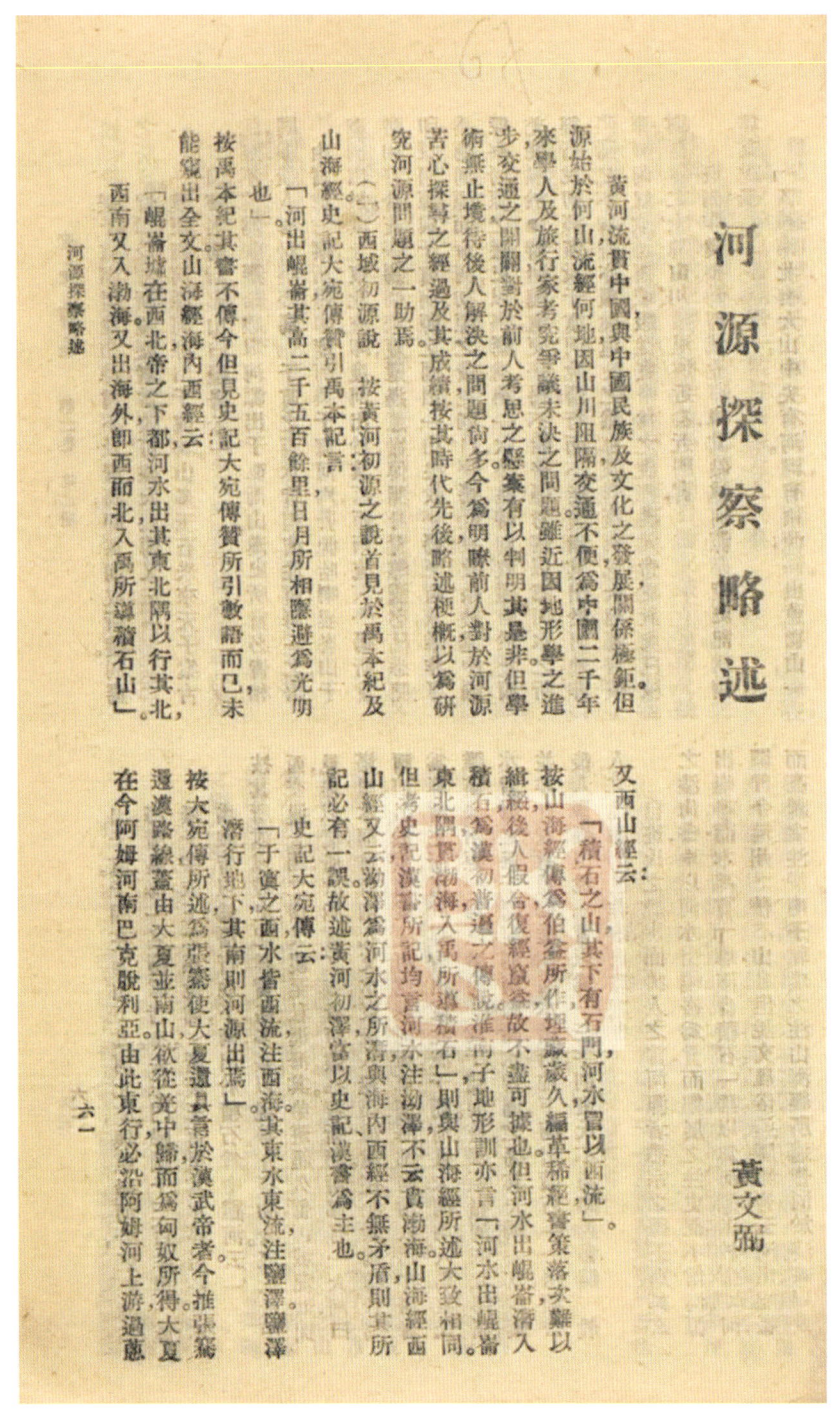

黄文弼《河源探察略述》，刊于《文史杂志》第 2 卷第 2 期，1942 年，第 61—67 页。文中首先按照时间先后梳理了前人探寻黄河河源之经过及其成绩，对西域初源和青海河源两种说法进行对比，认为清儒调和二说的做法较为合理地解释了罗布淖尔水潜行入青海之踪迹。还提出以沙碛伏流看河流潜行之迹的方法，以实地考察资料补文献记载之不足。

2.4.12 《学术讲座：考古学与其他科学之关系》

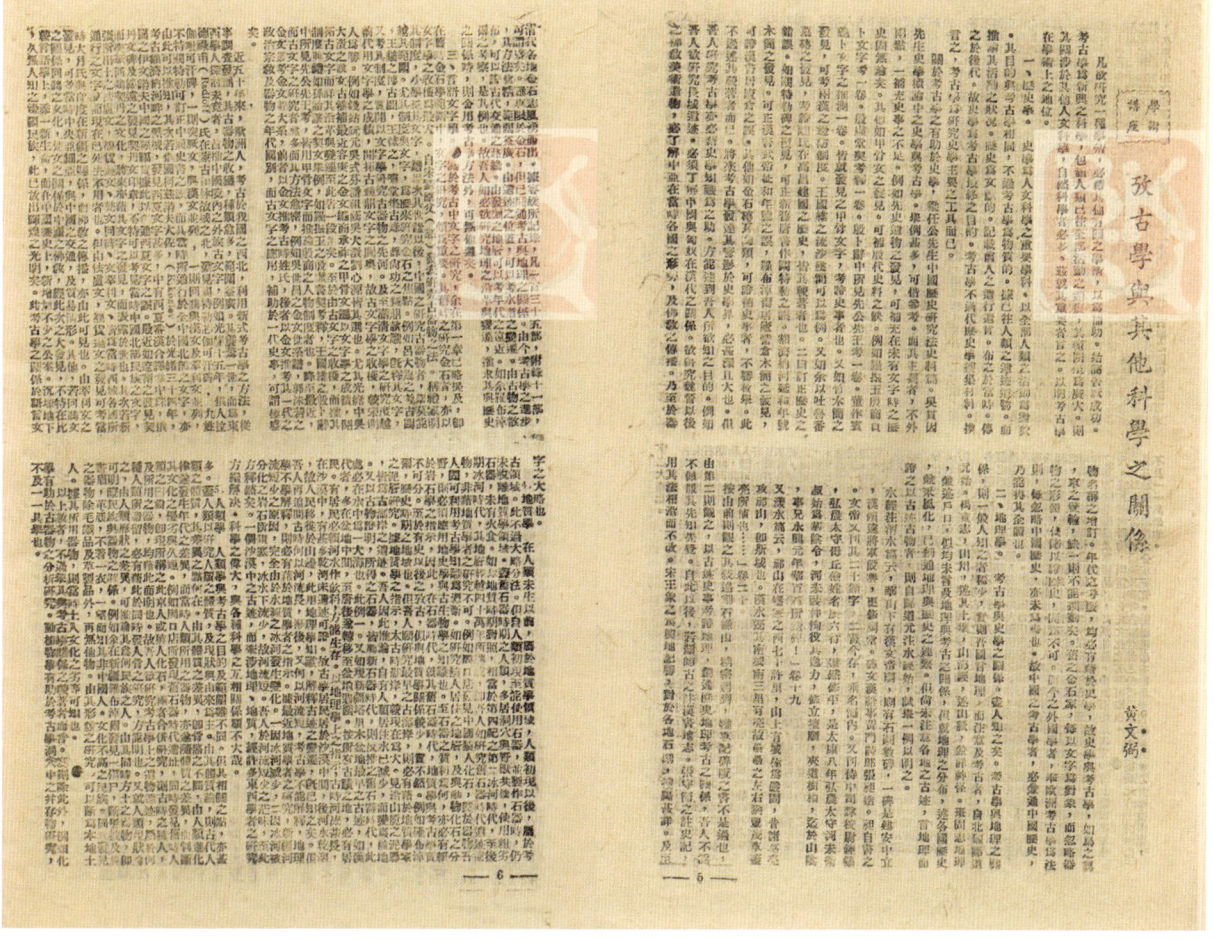

黄文弼《学术讲座：考古学与其他科学之关系》，刊于《读书通讯》第78期，1943年，第4—5页。文中详尽陈述了考古学与历史学、地理学、语言文字学、地质学、人类学的关系，并指出除此之外，化学、动植物学对考古学也有自己独特的贡献，即使以今天的眼光看仍不过时。从中可见黄文弼先生广博的治学眼光和不以学科畛域自限的学术格局。

2.4.13 《新疆地形概述》

黄文弼《新疆地形概述》，刊于《边政公论》第 1 卷第 11、12 合期，1942 年，第 21—25 页。文章分山系（帕米尔高原、昆仑山脉、天山山脉、库鲁克山脉、阿尔泰山脉），水系（塔里木河、伊犁河、额尔齐斯河、巴尔库勒淖尔）两大部分，结合实地考察和史料记载，详尽记述了新疆的地形地貌。

2.4.14 《波斯古史及与中国文化之关系》

黄文弼《波斯古史及与中国文化之关系》，刊于《说文月刊》第3卷第10期，1943年，第172页。该文认为隋唐以前的中国文化，尤其是艺术方面受波斯文化的影响较诸希腊文化更为明显。这是中国较早研究境外考古学文化以及丝路文化交流的著作之一。

2.4.15 《古代匈奴民族之研究》

黄文弼《古代匈奴民族之研究》，刊于《边政公论》第2卷第3、4、5合期，1943年，第38—42页。该文认为匈奴与殷、商时荤粥、猃狁非一族，战国时匈奴族在内地者为林胡、楼烦、义渠，并综合语言及形貌之论证，推断匈奴为蒙古人种，同时兼有东胡人及汉人之血缘。

2.4.16 《汉西域诸国之分布》

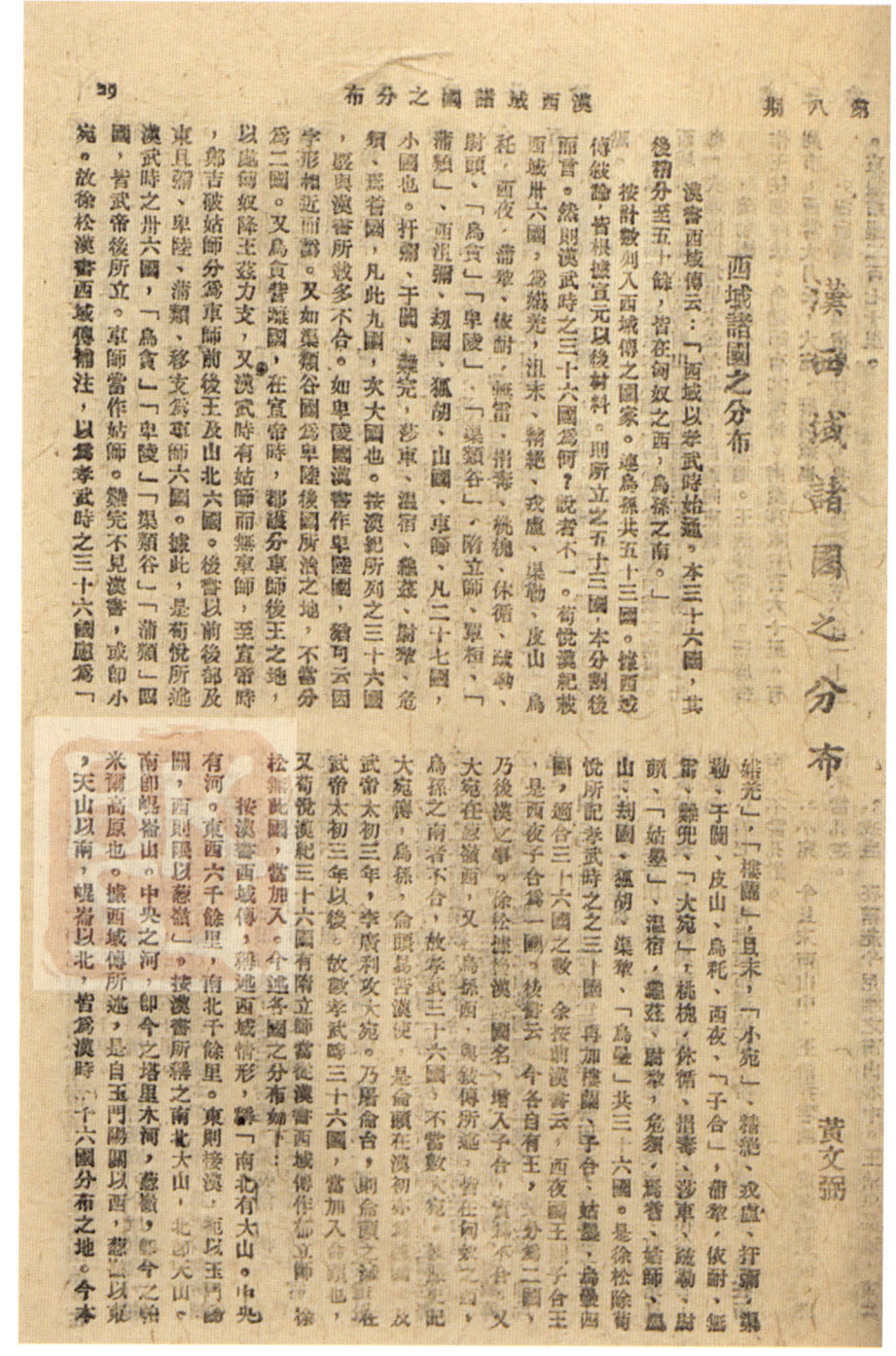

黄文弼《汉西域诸国之分布》，刊于《边政公论》第3卷第8期，1944年，第31—34页。该文按照区域将西域诸国划分为塔里木盆地组、昆仑山谷组、葱岭山谷组、天山山谷组、葱岭以西组。后将未发表书稿《西域诸国之种族问题》与上文编排合为一文，认为西域为各民族交凑之地，古代即有汉人、羌藏人、突厥人、蒙古人、阿利安人、印度人迭居其地，并对各种人群在西域大致的地理分布做了考述。

2.4.17 《史记源流及其体例》

黄文弼《史记源流及其体例》,刊于《说文月刊》第4卷,1944年,第412—422页。对《史记》名称、源流(记述起讫、成书年代等)、体例(本纪、表、书、世家、列传)、注释及版本、史记会注参考本等分别做了论述。

2.4.18 《班超》

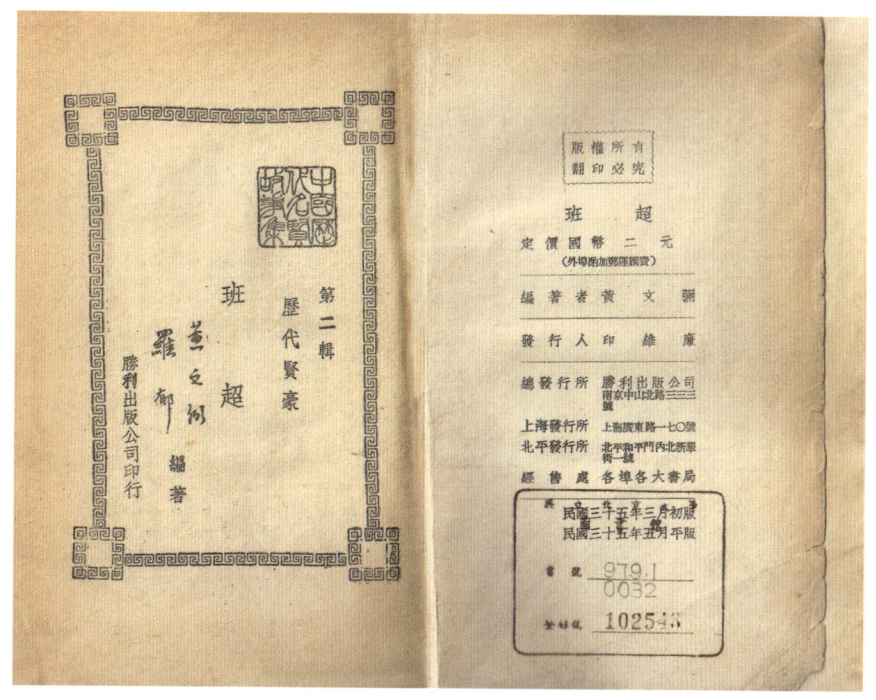

黄文弼与西北大学历史系助教罗郁合著的《班超》，1946年由南京胜利出版公司发行。分为六章：第一至三章对班超、汉代西域及前汉在西域的情况做了说明，为后面论述交代背景；第四至五章为正论，介绍班超出使西域的全过程及途中成就与结果，系统论述班超狱伐匈奴、收抚鄯善、攻降于阗、留居疏勒、平定莎车、却走月氏、击败焉耆的经历，认为其勇敢刚毅之精神，灵敏活泼之手腕，简易宏博之襟怀，实值得世人效法；第六章为结论，对班超出使西域进行了评价及分析成功的原因。

2.4.19 《讲词摘要：洮河流域考察之观感》

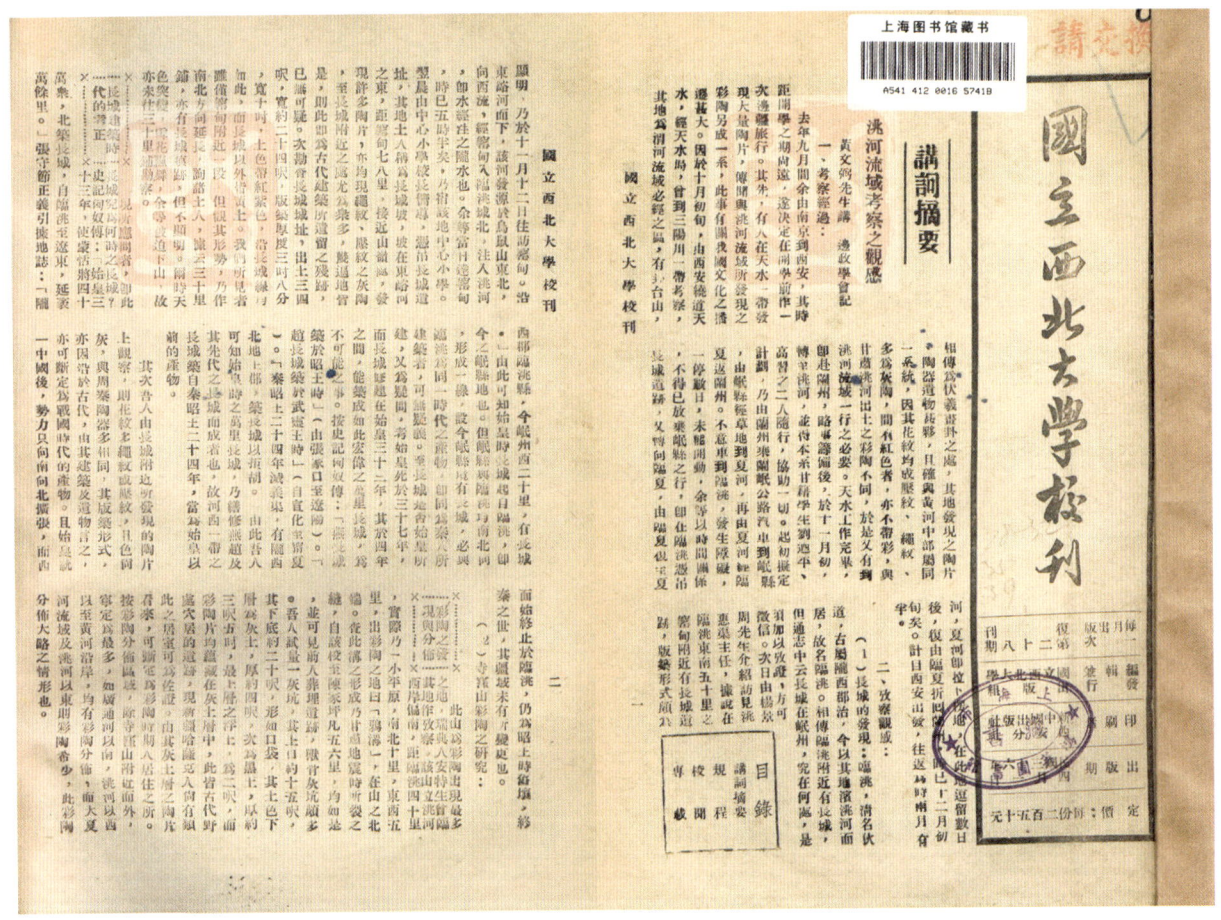

《讲词摘要：洮河流域考察之观感》为黄文弼的讲座记录，刊于《国立西北大学校刊》，复刊第28期，1947年，第1—2页。史书中对秦长城西至的说法不一，黄文弼曾听临洮当地洮惠渠主任言及"临洮东南五十里之窑甸附近有长城遗迹"，遂产生强烈兴趣，于1946年11月12日沿东峪河往访。在距窑甸七八里、接近山岭处、东峪河之东、当地人称"长城坡"的地方发现了长城遗迹，并"发现许多陶片，亦均现绳纹，压纹之灰陶，至长城附近之处尤为众多，几遍地皆是，则此即为古代建筑所遗留之残迹，已无可疑"；"次勘察长城遗址，出土三四尺，宽约二十四尺，版筑厚度三寸八分，宽十寸，土色带红紫色，沿长城线均如此，而长城以外皆黄土"；"观其形势，乃作南北方向延长"。黄文弼此行还考察洮河流域彩陶文化，判断其为羌人文化遗存。

2.4.20 《罗布淖尔考古记》

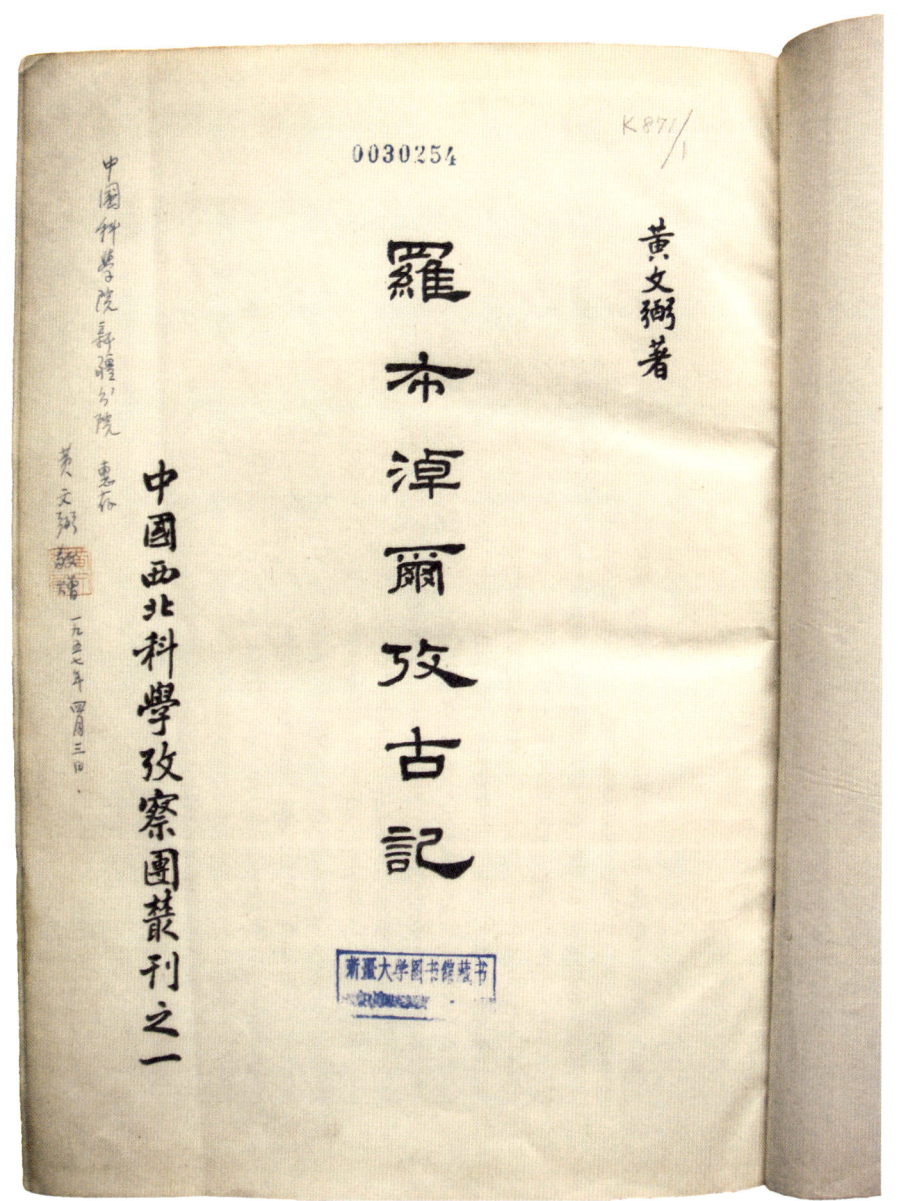

黄文弼"三记两集"之一的《罗布淖尔考古记》也是他在碑林、西北大学和四川大学工作期间于1940年整理完成的，历尽曲折，直至1948年方始付梓。

该书介绍了罗布淖尔水道变迁及楼兰国的历史文化，以及他两次赴罗布淖尔考察的工作概况、各类器物、汉简考释并附大量插图。其中最重要的内容是土垠遗址及其汉简的发现研究和孔雀河北岸古道及各类遗址的发现研究。对研究汉王朝对西域的经略，以及孔雀河道、楼兰城址变迁，都具有十分重要的意义。

第三章

壮心不已

——晚年经历和第四次西北考察

1949年中华人民共和国成立后，黄文弼由北平研究院史学研究所转入中国科学院考古研究所（中国社会科学院考古研究所前身）任研究员，与夏鼐、苏秉琦、徐炳昶（旭生）等中国考古学的奠基者们共事，成为学术史上的一段佳话。

新中国一扫旧社会的沉沉黑暗和百年屈辱，各行各业蓬勃发展，考古学也摆脱了诸多掣肘，踏上了飞速发展的崭新征程。受到鼓舞的黄文弼焕发精神，至1957年整理完成了自己之前历次考察的收获和认识，先后出版了《高昌砖集（增订本）》《吐鲁番考古记》《塔里木盆地考古记》等专著，至此，奠定中国丝绸之路考古研究基础的"三记两集"全部问世。

当时，中国西部地区的考古事业百废待兴，面临基础薄弱、人才匮乏的窘境。1957年9月，64岁高龄的黄文弼不辞劳苦，主动请缨，为了丝路考古事业，再次踏上了魂牵梦绕的中国西北大地。此次考察集中在新疆地区，至1958年8月，用了整整一年时间，黄文弼带领考古队足迹遍布焉耆、库车、哈密、伊犁等5个专区、2个自治州的24个县和2个市，调查、发掘了各类遗存127处，无论是隐藏在东天山两麓的史前时期的聚落遗址与墓地，散布在伊犁草原的游牧人坟冢、石人与岩画，还是点缀于古丝绸之路沿线的汉唐古城、烽燧、佛寺、石窟，乃至沿用至今的明清古镇与寺庙，都成为黄文弼驻足考察与研究的对象。

第四次西北考察可以说是黄文弼历次考察中条件最充裕、设备最齐全、行程最顺利的一次，弥补了之前的诸多缺憾。黄文弼收获了大批珍贵资料，融会贯通了对新疆古代文化面貌和丝绸之路文明演进脉络的总体认识，为自己学术生涯增添了浓墨重彩的华章，也奠定了当代新疆文物考古工作的基础和格局。

参与本次考察的考古队成员除了中国科学院考古研究所的业务人员外，还包括新疆维吾尔自治区文化厅、中国科学院新疆分院派遣的六名干部，其中包括五名少数民族干部。经过这番磨砺，他们成长为新疆考古事业的第一批基层骨干力量。在考察期间，黄文弼满怀学术报国的热忱，在乌鲁木齐发表主题为"汉唐新疆"的演讲，以实物和文献资料证明新疆自古以来就是祖国不可分割的一部分，维护了祖国统一和民族团结，驳斥了分裂反动分子的谬论。

1958年之后，健康状况已经不允许黄文弼再次远行。然而他依旧笔耕不辍，最新考察和研究成果层出不穷。在不断取得学术突破的同时，他还热心服务国家与社会，于1965年被任命为中国人民政治协商会议全国委员会委员。令人无比惋惜的是，1966年12月18日，正在勇攀丝路研究新高峰的黄文弼先生与世长辞，享年73岁。

在黄文弼先生身后，其哲嗣黄烈先生和继承黄文弼先生事业的孟凡人等学者完成他的遗愿，将他生前论文、日记、记录等重要论述整理编辑，先后出版了《西北史地论丛》《黄文弼历史考古论集》《新疆考古发掘报告（1957—1958）》《黄文弼蒙新考察日记（1927—1930）》等著作，部分黄文弼先生的论著还被译作外文出版，形成了世界性的影响。

黄文弼先生虽然离我们远去，然而他所开创的西北考古和丝绸之路学术事业，必然永垂青史，彪炳千秋！他炽烈的家国情怀、坚韧的理想信念、严谨的学术品格也当永远被追忆、继承和弘扬！

3.1 任职中国科学院考古研究所

3.1.1 中国科学院工作经历

◀ 黄文弼晚年肖像

▲ 1957年5月，黄文弼与中国科学院同事合影，左起分别为苏秉琦、徐炳昶、黄文弼、夏鼐、许道龄、陈梦家。

▲ 黄文弼任职中国科学院时与同事在北海公园合影。左一为黄文弼。

3.1.2 黄文弼晚年考察工具和生活用品

◀ 相机

　　1部。由相机、相机盒及底片夹组成。相机尺寸23.5厘米×16厘米×11厘米，品牌为蔡司。型号为1938年开始生产的"ZEISS IKON Compur IDEALA"。相机盒尺寸11.5厘米×9.5厘米×19厘米、相机盒挂带长88厘米。底片夹尺寸18.5厘米×10厘米，配合相机使用。现藏于新疆师范大学黄文弼特藏馆。

◀ 相机

　　1部。由相机和配套的相机盒组成。相机尺寸11厘米×15厘米×12厘米，品牌为柯达，型号为1934—1939年生产的"Kodak Vollenda 620"。相机盒尺寸10厘米×5.5厘米×16.5厘米，相机盒挂带长109厘米。现藏于新疆师范大学黄文弼特藏馆。

第三章 壮心不已——晚年经历和第四次西北考察 | 211

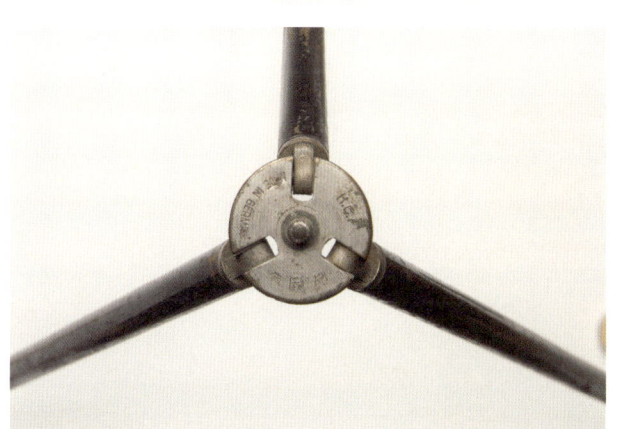 

▲ 三脚架

1组。左侧三脚架高39.5厘米（折叠），德国造，刻有"H.C."。中间三脚架高30厘米（折叠），平台处有字母"E（B）DLA PFPOSE"。右侧为三脚架盒子，尺寸34.5厘米×5.5厘米，应为中间三脚架的盒子。现藏于新疆师范大学黄文弼特藏馆。

◀ 钢笔

2支。左下方钢笔长13.5厘米，金质笔帽，品牌为"SKYLINE"，产于美国，笔尖处刻有"EVERSHARP""14K""Golden"等字样；右上方钢笔长14厘米，品牌为"金星"，该品牌创建于1932年，1952年由上海迁到北京。现藏于新疆师范大学黄文弼特藏馆。

◀ 水平仪

1件。为考古绘图工具，用于校准基线的水平位置。尺寸23.5厘米×11.7厘米（高）。现藏于新疆师范大学黄文弼特藏馆。

第三章 壮心不已——晚年经历和第四次西北考察 | 213

罗盘 ▶

　　1件。在考古调查和发掘中用于测定磁北方向，磁方位角和地面坡度的倾斜角。尺寸17厘米×17厘米。现藏于新疆师范大学黄文弼特藏馆。

皮卷尺 ▶

　　2件。左边卷尺直径15厘米，表面有"10m"的字样，应该是10米长卷尺；右侧卷尺直径10厘米，表面有英文"DURABLE MEASURING TAPE, No.270"，意为"耐用测量卷尺""No.270"应为生产型号。现藏于新疆师范大学黄文弼特藏馆。

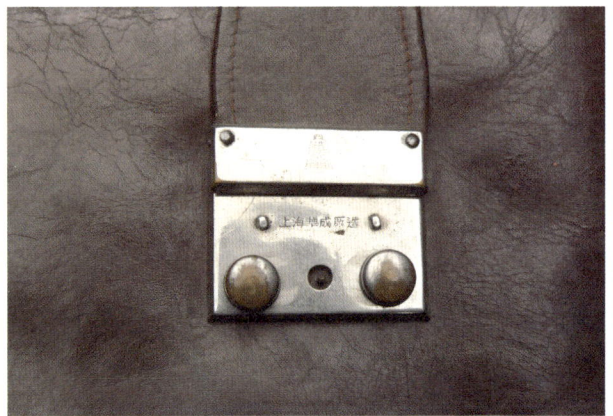

▲ 公文包

1件。皮质，包扣五金上有"上海华成厂造"字样。尺寸37厘米×29厘米×4.5厘米。现藏于新疆师范大学黄文弼特藏馆。

第三章 壮心不已——晚年经历和第四次西北考察 215

眼镜 ▶

1组。由眼镜和眼镜盒组成。眼镜尺寸13厘米×12.5厘米,眼镜盒尺寸15.5厘米×6厘米。现藏于新疆师范大学黄文弼特藏馆。

烟嘴 ▶

1件。长8.7厘米。现藏于新疆师范大学黄文弼特藏馆。

3.2 第四次西北考察

3.2.1 哈密焉不拉（克）村古城遗址及墓葬（青铜—早期铁器时代）

今名"焉不拉克遗址"及"焉不拉克墓地"，位于哈密市柳树泉农场焉不拉克村。1958年，黄文弼带领考古队首次调查发现，并分别发掘了古城遗址局部和14座墓葬，发现土坯房屋和采用屈肢葬的竖穴墓，出土陶器、骨器、金属器、料珠、兽骨等，时代判断为金石并用时期。

1986年，新疆维吾尔自治区文化厅委托新疆大学历史系开办的文博干部专修班又发掘了焉不拉克墓地的76座墓葬，认定其时代集中在公元前15—前5世纪，并由此提出了著名的"焉不拉克文化"。2001年，焉不拉克古墓群被公布为第五批全国重点文物保护单位。

◀ 黄文弼拍摄的焉不拉（克）古城外景

◀ 焉不拉克遗址及墓地现状

◀ 焉不拉克村墓葬出土单耳陶罐

　　1件。陶质。1958年焉不拉克村墓葬M1出土。夹砂灰陶，手制。直口，平底，小耳著于口沿及肩部。外表有刮削痕迹，口部及内部均不平整。可能是饮食用具。口径13.3、高7.5厘米。现藏于新疆维吾尔自治区博物馆。

焉不拉克村墓葬出土铜镜 ▶

　　3件。铜质。1958年焉不拉克村墓葬M12出土。圆形，背有纽，镜面稍隆起，无纹饰，满披绿锈。可能用作照容，亦可能是装饰品。直径分别为7.7、6.1、5.8厘米。现藏于新疆维吾尔自治区博物馆。

3.2.2 伊吾盐池乡古城（青铜时代）

今名"盐池古城遗址"，位于伊吾县盐池乡，喀尔里克山北麓的平坦戈壁上。1958年，黄文弼带队调查，绘制了古城的布局结构，试掘了城中心的两座石构墙基的房址，出土、采集有陶器、石器、麦粒、面粉等遗物。

2017年，西北大学等单位再次调查、测绘了盐池古城遗址，确定其为青铜时代晚期的聚落，由多个石构房间组成，测定年代约在公元前10—前9世纪。

▼ 盐池古城遗址现状

▲ 盐池古城遗址正射影像

◀ 盐池古城出土
小石锅

1件。石质。1958年盐池古城A房址出土。通体磨制，光滑平整，直口平底，旁出扁方形长柄。可能为饮食用具或量器。口径8、底径9.9、高7、壁厚0.8、柄长4.8厘米。现藏于新疆维吾尔自治区博物馆。

◀ 盐池古城出土
大麦粒

1罐。1958年盐池古城B房址出土，原本位于墙洞内的陶罐中。大麦粒被烧焦，炭化严重。现藏于新疆维吾尔自治区博物馆。

3.2.3 巴里坤石人子乡遗址（青铜—早期铁器时代）

今名"石人子沟遗址群"，位于巴里坤县石人子村、红山农场南，巴里坤山北麓的山前地带。1958年，黄文弼带队调查发现了A、B两处古代居住遗迹，发现土坯、石构墙体和木炭、灰烬，采集到彩陶片等遗物。

2005年以来，西北大学和新疆文物考古研究所联合，在石人子沟遗址群进行了持续多年的调查、发掘和多学科综合考古研究，确认其为新疆规模最大的古代游牧文化大型聚落遗址之一，时代约在公元前13—前1世纪。2008年，石人子沟遗址（东黑沟遗址）发掘荣获2007年度"全国十大考古新发现"。2014年，石人子沟遗址群被公布为第七批全国重点文物保护单位。

▲ 石人子沟遗址西高台正射影像（疑似黄文弼调查石人子乡遗址B地遗址）

▲ 石人子沟遗址西高台石筑墙体

◀ 巴里坤采集铜管銎斧

1件。铜质。斧身窄长，略有弧度，短管銎。是欧亚草原青铜时代常见的武器。长19.4、宽5.9、厚4.5厘米。现藏于新疆维吾尔自治区博物馆。

3.2.4 新和县采集、征集品

新和县位于天山南麓、塔里木盆地北缘，今隶属于阿克苏地区。是新疆的著名古城之一，从青铜时代到汉唐的古代遗存多有分布。1928年，黄文弼第一次西北考察时曾在此调查玉奇喀特古城。1957—1958年，黄文弼再次考察新和，并采集遗物。

◀ 新和县托克苏采集石杵

1件。石质。1957年新和县托克苏五区采集。呈棒状，通体磨制较规整，光滑，末端有砸击、研磨痕迹。可能为青铜—早期铁器时代的加工工具。长11.3、宽5.8厘米。现藏于新疆维吾尔自治区博物馆。

▲ 新和县托克苏采集串珠

1串43粒。1957年新和县托克苏五区采集。材质包括玛瑙、玻璃、石料等，呈球状、椭球状或算盘珠状。为装饰品，时代不明。最大者长1.9、直径1.2厘米。现藏于新疆维吾尔自治区博物馆。

▲ 新和县征集咸丰元宝（清代）

1件。铜铁并铸。圆形方孔，直径4.1、厚0.3厘米，正面铸有"咸丰元宝"，背面有"当百"字样。现藏于新疆维吾尔自治区博物馆。

3.2.5　库车哈拉墩遗址（青铜时代—唐代）

哈拉墩遗址位于库车县城东郊皮朗村一带的龟兹故城遗址区内，乌恰河东岸平原上，是一座用土坯垒砌、形状不甚规则的土墩。1958年，黄文弼带领考古队调查了该遗址，并做了局部发掘。

发掘确认了上、下两个层位的遗存，分别代表了遗址使用的早、晚两个阶段。下层主要发现双耳陶罐、彩陶片、石器、铜器、骨器等遗物，当时认为属于新石器时代晚期。上层主要发现大型陶缸群、灰坑、柱洞、围墙等遗迹，出土陶器、砖瓦、墨书龟兹文陶片、釉陶灯以及开元通宝、大历元宝等钱币，被认为是属于唐代的遗存。

后来的学者们在黄文弼发现的基础上又做了很多研究，今天一般认为，哈拉墩遗址下层应属青铜时代至早期铁器时代，具有多种文化因素。而哈拉墩遗址上层，则应是唐代龟兹故城的一部分，可能与当时安西四镇之一的龟兹镇存在密切联系。

▲ 哈拉墩遗址北区探方上层发现的陶缸群

共5块。陶质。1958年哈拉墩遗址水渠里采集。均为泥质红陶，施橙色陶衣，绘褐彩，纹饰主要为条带纹。应属遗址早期阶段。陶片最大者长7.5、宽5.3厘米，最小长4、宽3厘米。现藏于新疆维吾尔自治区博物馆。

哈拉墩遗址采集彩陶片 ▶

1件。陶质。1958年哈拉墩遗址T8出土。近圆形，边缘磨制规整，中心有穿孔。可能是纺织工具。应属遗址早期阶段。长4.9、宽0.9厘米。现藏于新疆维吾尔自治区博物馆。

◀ 哈拉墩遗址出土陶纺轮

1件。石质。1958年哈拉墩遗址出土。略呈新月状，两端稍尖锐，两面磨制光平，背稍厚略弯曲。可能是手握做切割用。应属遗址早期阶段。长10.4、宽5.1、厚1厘米。现藏于新疆维吾尔自治区博物馆。

哈拉墩遗址出土石刀 ▶

◀ 哈拉墩遗址
出土角器

  1件。角质。1958年哈拉墩遗址T12第3层出土。用鹿角切削磨制而成，灰褐色。圆锥状，尖稍曲，略残，后部断裂不整齐，外表光滑。可能用作工具。应属遗址早期阶段。残长7.9、宽2.1厘米。现藏于新疆维吾尔自治区博物馆。

◀ 哈拉墩遗址
出土陶碗

  1件。陶质。1958年哈拉墩遗址T12第2层出土。泥质红陶，轮制。敞口平底，碟形。为饮食用具。应属遗址晚期阶段。口径10.8、高3.4、深3.2、厚0.4厘米。现藏于新疆维吾尔自治区博物馆。

◀ 哈拉墩遗址出土刻纹陶片

1件。陶质。1958年哈拉墩遗址T14第2层出土。细泥红陶，轮制，表面涂乳白色陶衣，附加一人像，头部残，下存手抱琵琶坐像，明显为一名乐伎。应属遗址晚期阶段。残片长9.5、宽5.8厘米。现藏于新疆维吾尔自治区博物馆。

1件。铜质。1958年哈拉墩遗址T10第3层填土中出土。正面有外郭无内郭，背面内外有郭。正面镌"开元通宝"四字，元字左挑，背无星月。应属遗址晚期阶段。钱圆径1.9厘米，重3.7克。现藏于新疆维吾尔自治区博物馆。

▲ 哈拉墩遗址出土开元通宝

1件。铜质。1958年哈拉墩遗址T10第2层出土。面内外有郭，面镌"建中通宝"四字。背内外亦有郭。应属遗址晚期阶段。钱圆径2.1厘米，重2.3克。现藏于新疆维吾尔自治区博物馆。

▲ 哈拉墩遗址出土建中通宝

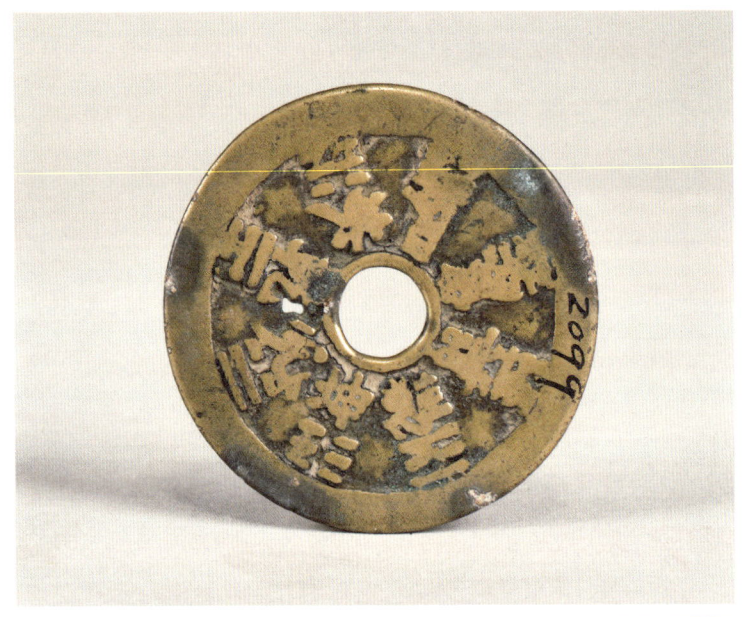

▲ 哈拉墩遗址出土山鬼花钱

1件，铜质。1958年哈拉墩遗址出土。山鬼花钱，正面中间竖书二十七字咒语"雷霆雷霆、杀鬼降精、斩妖辟邪、永保神清。奉太上老君急急如律令敕"。左右为四字符文，又作"仙篆"。符文为"雷令杀鬼"，左为"雷令"，右为"杀鬼"，"杀鬼"二字释为"山鬼"。背面，是楷体阳文八卦纹饰和乾—兑—离—震—巽—坎—艮—坤八个楷书阳文，八个阳文字就是八卦方位。起到辟邪的作用，时代多在元明清时期。直径4.7、内径0.9厘米。现藏于新疆维吾尔自治区博物馆。

◀ 哈拉墩遗址
出土陶球

　　2件。陶质。1958年哈拉墩遗址北区T14第2层出土。泥质红陶，圆球状，可能是儿童玩具。应属遗址晚期阶段。直径1—2厘米。现藏于新疆维吾尔自治区博物馆。

◀ 哈拉墩遗址北区
出土铜花押

　　2件。铜质。1958年哈拉墩遗址北区出土。印面分别呈椭圆形和正方形，一件较为完好，中间细，底呈正方形；一件仅存印面。应属遗址晚期阶段。左侧花押长1.8、宽2.1、高2.8厘米。现藏于新疆维吾尔自治区博物馆。

3.2.6 库车麻扎布坦古城（隋唐时期）

今名"皮朗古城遗址"，即龟兹故城，位于库车县城东皮朗村一带。1913—1916年，英国探险家斯坦因第三次中亚考察时发现并调查。1958年黄文弼率队详细调查了该古城，确认了城墙和城内外的多处墩台状建筑遗迹，采集到唐代的陶器、建筑材料、钱币等遗物，推断为唐朝在龟兹建立的政治中心，或安西都护府的所在地。后来的学者在该遗址又有了更多的发现与研究，基本确认了黄文弼的推断。

▲ 麻扎布坦古城出土陶罐

1件。陶质。1958年麻扎布坦古城采集。现存底部及器壁一部分，泥质红陶，饰灰色陶衣，慢轮制，里用手抹平。器壁略外侈，器身近底部有附加怪人头像圆圈纹。圆圈纹上方穿一圆孔，孔径1.5厘米；此孔上另有一孔，已残。底平，底边附一圈刻划齿纹。为生活容器。底径16、高20.7厘米。现藏于新疆维吾尔自治区博物馆。

3.2.7 库车雀鲁拔克土拉遗址（唐代）

位于新疆库车劳开墩村北约百余米。为龟兹故城的城外遗迹。1957年，黄文弼带队调查了该遗址的分布，分为A、B两个土台，在B土台布设两个4米×4米探方试掘。出土和采集遗物有墨书陶片、筒瓦、瓦当、压纹砖等。与苏巴什遗址、大明宫遗址出土同类遗物对比，判断此建筑时代为唐代。

▶ 雀鲁拔克土拉遗址出土铜器

1件，铜质。1958年雀鲁拔克土拉遗址采集。圆饼状，面略隆起，中心穿一孔，孔径1厘米。里面中间稍薄，边沿稍厚。可能是器盖，中穿孔以系绳为纽。长6.7、厚1.2厘米。现藏于新疆维吾尔自治区博物馆。

▶ 雀鲁拔克土拉遗址出土筒瓦

1件。陶质。1958年雀鲁拔克土拉遗址出土。泥质红陶，素面，里有布纹。为建筑材料。长14.7、宽14.2、高3.2厘米。现藏于新疆维吾尔自治区博物馆。

3.2.8 库车库木吐拉遗址（魏晋—唐宋）

1957—1958年，黄文弼继1928年之后再次考察库木吐拉千佛洞遗址，重新拍摄了大量照片，并采集到一批重要文物。1961年，该遗址被公布为第一批全国重点文物保护单位。

▲ 黄文弼拍摄的库木吐拉遗址

▲ 库木吐拉遗址今貌

◀ 库木吐拉河西古城出土木饰件

1件。木质。吐拉河西古城出土。长方体，表面雕刻有交叉图形。长5、宽1.5厘米。现藏于新疆维吾尔自治区博物馆。

◀ 库木吐拉河东古城出土绿釉陶片

1件，釉陶质。吐拉河西古城出土。扁圆形，通体施绿釉。上部有圆圈纹饰，下部为几何图形，右侧有突起。长6、宽4.4厘米。现藏于新疆维吾尔自治区博物馆。

3.2.9　库车苏巴什遗址（魏晋—隋唐）

位于新疆库车城东北却勒塔格山南麓。东、西二寺隔铜厂河对望。1928年黄文弼首次对其进行了调查发掘，1958年再次对苏巴什遗址的小城、佛窟及三座土坯塔进行了调查测绘。确定了古城的布局及性质，属以塔庙为中心的佛教建筑，并对佛塔进行了类型划分。出土遗物丰富，包括陶、铜、铁、贝、骨、玉、木、石器、泥塑残件、木简、汉至唐时期的钱币、织物、墨书残纸等。判定该遗址早在东汉或东汉以前就已经存在，兴盛期在唐代。

2010—2016年，西北大学文化遗产学院对苏巴什佛寺遗址开展了四次考古工作，对其进行了全面勘探、测绘，为深入了解苏巴什佛寺遗址的布局、结构及同类遗迹的性质、形制特点等提供了重要的参考资料。2014年，库车苏巴什遗址作为"丝绸之路：长安—天山廊道的路网"的遗址点构成，被列入世界遗产名录。

▲ 黄文弼拍摄的苏巴什遗址古塔

▲ 苏巴什遗址古塔现状

▲ 苏巴什遗址出土铜钱

7件。铜质。1957年苏巴什遗址古城内T11、T13、T20出土。钱披绿锈，外圆内方，面背均有内外郭，面有"建中通宝""大历元宝"等字。直径2.1—2.5、孔径0.6厘米，重2.9、3.5、4.1克不等。现藏于新疆维吾尔自治区博物馆。

◀ 苏巴什遗址
出土铜钱

　　7件。铜质。1957年苏巴什遗址出土。钱披绿锈，外圆内方，锈蚀严重，字迹难辨。直径最大1.9、最小1.1厘米。现藏于新疆维吾尔自治区博物馆。

◀ 苏巴什遗址出土
开元通宝

　　28件。铜质。1957年苏巴什遗址古城内T14出土。钱披绿锈，外圆内方。面背均有内外郭，面有"开元通宝"四字。直径2.5、孔径0.7厘米，重4.5克。现藏于新疆维吾尔自治区博物馆。

苏巴什遗址出土铜佛像 ▶

1件。铜质。1957年苏巴什遗址古城内T20出土。人像头发作两级具发髻,扬眉张目,高鼻直通额际,与眉梢相连,合口,似武士像头部。长4.2、宽2.6、高0.6厘米。现藏于新疆维吾尔自治区博物馆。

◀ 苏巴什遗址出土铜佛像

1件。铜质。1957年苏巴什遗址古城内T19出土。人像头发作髻,冠有珠饰。眼微开,高鼻合口,似菩萨像头部。边缘有一钉孔。长5.8、宽4.9、高0.3厘米。现藏于新疆维吾尔自治区博物馆。

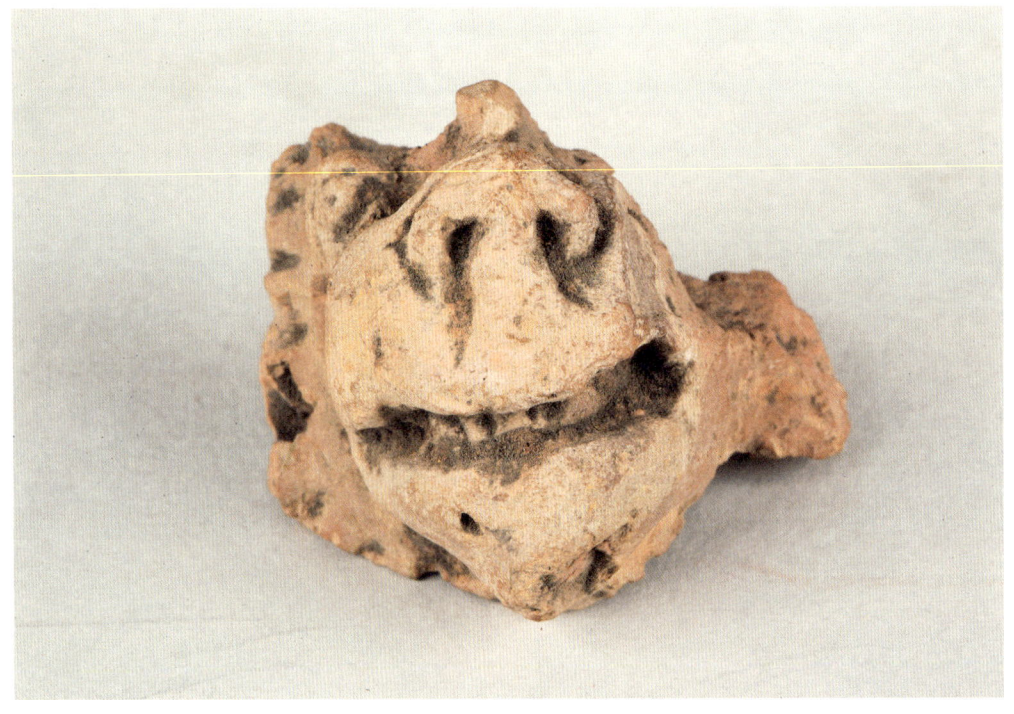

◀ 苏巴什遗址出土
泥人像头

1件。泥质。1957年苏巴什遗址古城内塔南侧出土。耳及左眼残缺，眼球突出，鼻梁中低，鼻孔向前，唇向外大口露齿。长5.3、宽3.5、高0.3厘米。现藏于新疆维吾尔自治区博物馆。

◀ 苏巴什遗址出土
供养人像

1件。泥质。1957年苏巴什遗址古城内B殿出土。为一正身侧面老人像头部，头戴头巾，头发外露，鬓髯下垂，额际似刻皱纹，闭目做沉思状，肩披璎珞。长11、宽6.1、高2.9厘米。现藏于新疆维吾尔自治区博物馆。

◀ 苏巴什遗址
出土泥塑器

　　1件。泥质。1957年苏巴什遗址古城内B殿出土。印在泥板上，眉低压眼眶，圆眼突出，大嘴上翘露齿。长8.9、宽5.7、高1.1厘米。现藏于新疆维吾尔自治区博物馆。

◀ 苏巴什遗址
出土泥塑像

　　1件。泥质。1957年苏巴什遗址出土。左眼及鼻子残缺，唇向外大口露齿、露舌头，四周似花瓣塑像包围一圈。长10、宽9.8、高3.3厘米。现藏于新疆维吾尔自治区博物馆。

◀ 苏巴什遗址
出土泥塑片

  1件。泥质。1957年苏巴什遗址B殿出土。红陶，近似长方形，表面压印圆形宝心状纹饰。长14、宽8.1、高4.9厘米。现藏于新疆维吾尔自治区博物馆。

◀ 苏巴什遗址出土
泥塑饰品

  1件。泥质。1957年苏巴什遗址B殿出土。红陶，外施白色陶衣，椭圆形，表面刻划几何纹。长11.3、宽9.8、高2.5厘米。现藏于新疆维吾尔自治区博物馆。

◀ 苏巴什遗址
出土残丝绢

　　1件。丝质。1957年苏巴什遗址古城内T25出土。三角形丝织残片，为平纹蓝色细绢。长12.7、宽5.8厘米。现藏于新疆维吾尔自治区博物馆。

◀ 苏巴什遗址出土
绳布包、残麻布

　　1包。麻质。1957年苏巴什遗址古城内B殿出土。平织蓝色粗麻布残片。红、黄绸残带。残长26、宽20厘米。可能是衣襟残件。现藏于新疆维吾尔自治区博物馆。

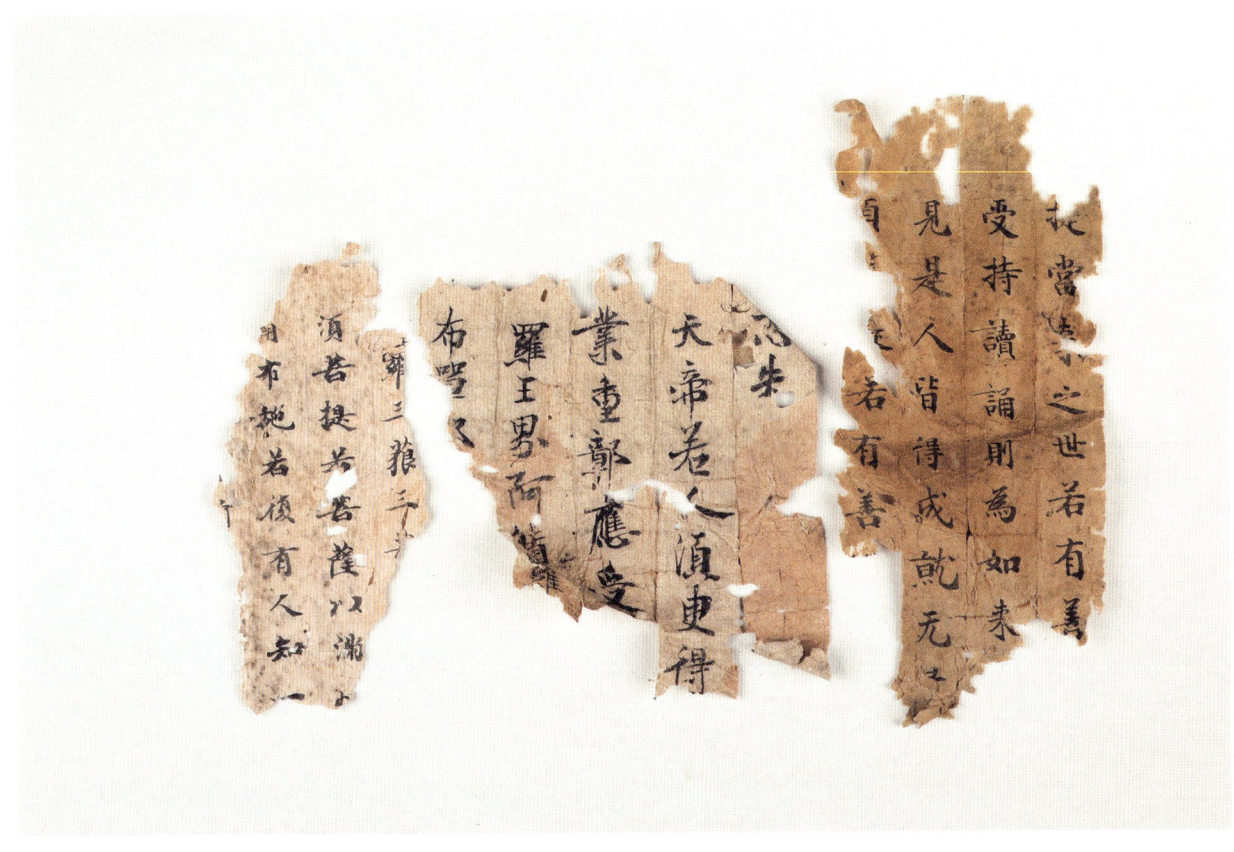

▲ 苏巴什遗址出土经纸

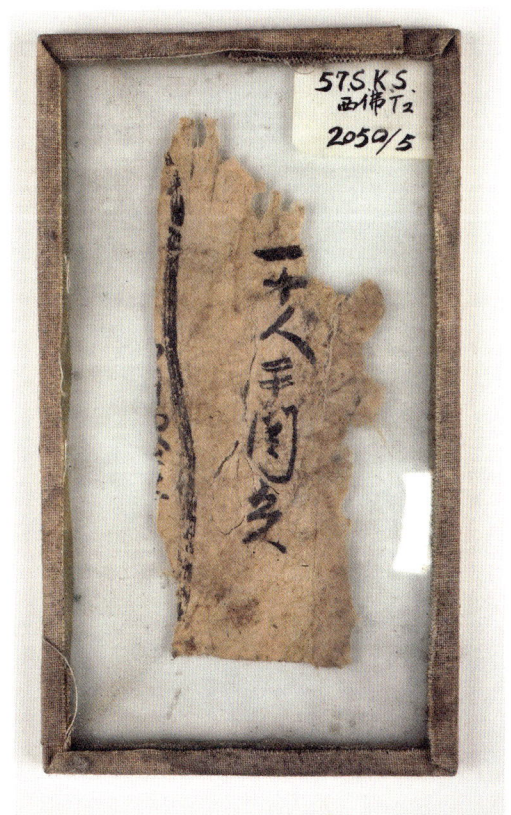

3张。纸质。1958年苏巴什遗址出土。有三张残卷，经文分别起"当"止于"有善"，起"天帝"止于"布"，起"灵"止于"有人知"。残存墨书共13行，每行之间有细线墨栏，纸作杏黄色。残存最大者长18.6、宽8.6厘米。现藏于新疆维吾尔自治区博物馆。

1件。纸质。1957年苏巴什遗址西寺区T1出土。墨书"一十人于阗兵"。长9.2、宽4厘米。现藏于新疆维吾尔自治区博物馆。

◀ 苏巴什遗址出土汉文残牒

◀ 苏巴什遗址
出土残幡

1件。丝质。1957年苏巴什遗址古城内B殿出土。残片近四方形，为平织深黄色丝帛。长6、宽4.8厘米。现藏于新疆维吾尔自治区博物馆。

◀ 苏巴什遗址出土
墨字陶片

1件。陶质。1957年苏巴什遗址古城内T5出土。泥质红陶，腹壁墨书两个汉字。其中一字似为"右"字，另一字不识。长6、宽4.9、壁厚0.6厘米。现藏于新疆维吾尔自治区博物馆。

◀ 苏巴什遗址出土铜饰

　　1件。铜质。1957年苏巴什遗址古城内T4出土。卷云形，器身满披绿锈，一侧边缘有两个对称的钉孔，孔径0.1、器长4.6、宽4厘米。可能是木器上的饰件。现藏于新疆维吾尔自治区博物馆。

◀ 苏巴什遗址出土铜饰

　　1件。铜质。1957年苏巴什遗址古城内T7出土。葫芦形，在尾端有一钉孔，径约0.1厘米。器长6、宽4.4、厚0.1厘米。现藏于新疆维吾尔自治区博物馆。

◀ 苏巴什遗址
出土铜饰

9件。铜质。1957年苏巴什遗址古城内T19、T28出土。铜泡钉,钉满披绿锈,圆形,中突起,边缘有两个对称的钉孔。最大长5.2、宽1.3厘米,最小长2.7、宽1厘米,余者径均在3厘米左右。现藏于新疆维吾尔自治区博物馆。

◀ 苏巴什遗址
出土残铁器

1件。铁质。1957年苏巴什遗址古城外西寺区T1出土。平条状,锈残。中间宽两端略细。中宽1、两端宽0.5、全长9厘米。现藏于新疆维吾尔自治区博物馆。

▶ 苏巴什遗址出土陶纺轮

2件。陶质。1957年苏巴什遗址古城内T19出土。泥质红陶，半球形，中间穿孔。为纺织工具。左侧的径长4.1、高2.2厘米，右侧的径长3.6、高1.5厘米。现藏于新疆维吾尔自治区博物馆。

▶ 苏巴什遗址西寺区出土陶球

1件。陶质。1957年苏巴什遗址西寺区T4出土。白色，质地坚硬。在中心上下对穿一孔，边缘有四孔两两相对。球径2.3、高1.8厘米。现藏于新疆维吾尔自治区博物馆。

苏巴什遗址出土小麦粒 ▶

1罐。1957年苏巴什遗址出土。被烧焦，炭化严重。现藏于新疆维吾尔自治区博物馆。

3.2.10 大黑汰沁古城（汉—唐）

位于库车东南约110千米，库车七区塔里木乡东北约15千米。1928年、1958年，黄文弼两次对该遗址进行了调查。调查测绘了古城布局，选择城内城外四个地点布设探方试掘，主要对城外土台D4、城内土台D1、西城门内及西北隅高地进行了部分揭露。发掘和采集遗物有木器、骨器、铜钱、铜饰等。判定此城系古代戍守的堡垒，毁于火灾，时代大致为唐代。

大黑汰沁古城出土五铢钱 ▶

4件。铜质。1958年大黑汰沁古城出土。圆形方孔，上铸有篆书的"五铢"二字，有围边，边缘形状不甚规则。直径2厘米。现藏于新疆维吾尔自治区博物馆。

▲ 大黑汰沁古城出土铜钱

3件。铜质。1958年大黑汰沁古城出土。钱披绿锈，整体呈圆形，两件无孔，一件外圆内方。锈蚀严重，表面字迹纹样难辨。直径1.3—2.4厘米。现藏于新疆维吾尔自治区博物馆。

▲ 大黑汰沁古城出土铜饰

1件。铜质。1958年大黑汰沁古城内T3第2层出土。器全披绿锈，下端小孔宽0.5厘米。可能是木器上的饰件。长4.2、宽2.1、厚0.3厘米。现藏于新疆维吾尔自治区博物馆。

◀ 大黑汰沁古城出土木雕狮子

1件。木质。1958年大黑汰沁古城T1A出土。狮像为半身侧面，顶毛披及身，张目，鼻孔向前，唇向外，张口露齿，作跪卧状。表面涂红白颜色，但大部分已脱落。长8.2、宽4.5、高1.6厘米。现藏于新疆维吾尔自治区博物馆。

大黑汰沁古城出土泥塑 ▶

1件，陶质。1958年大黑汰沁古城出土。泥质红陶，上部有焦黑痕迹。长16.8、宽11、高5.1厘米。现藏于新疆维吾尔自治区博物馆。

▲ 大黑汰沁古城出土泥塑

1件，陶质。1958年大黑汰沁古城出土。泥质红陶，近长方形，表面呈褐色，压印纹样似衣物。长16.8、宽11、高5.1厘米。现藏于新疆维吾尔自治区博物馆。

3.2.11 民丰尼雅遗址（汉晋）

位于塔克拉玛干沙漠南缘民丰县喀巴阿斯卡村以北20千米的沙漠中。该遗址是汉晋时期精绝国的遗址。以佛塔为中心，散布于南北长25千米，东西宽5—7千米的区域内。遗址内发现有房屋、场院、墓地、佛塔、佛寺、田地、果园、畜圈、河渠、陶窑、冶炼遗址等遗迹。出土有木器、铜器、铁器、陶器、石器、毛织品、钱币、木简等遗物。此外，还发现了当时炼铁遗留下来的烧结物和炭渣。尼雅遗址的发现，为研究中原王朝与西域古国的关系、研究东西文化交流以及丝绸之路提供了珍贵的历史资料。1996年，尼雅遗址被公布为第四批全国重点文物保护单位。

◀ 尼雅遗址出土木几

1件。木质。尼雅遗址出土。圆角长方形，两边上翘，裂开变形。为生活用具。长36、宽20、高6厘米。现藏于新疆维吾尔自治区博物馆。

3.2.12 若羌县塔寺墩遗址（汉—唐）

遗址有两处，一处在米兰古城西0.5千米左右；另一处在米兰古城东偏北约2千米处。1958年，黄文弼调查时发现该遗址因风化侵蚀，找不出一完整的寺庙结构；因帝国主义的破坏，残存的壁画、雕刻及其遗物又被盗掘一空。黄文弼根据当时的情况和采集的佉卢文绢片判断该遗址为一处佛教中心区，同时也是政治中心区。从出土文字和佛教艺术风格来看，其时代可能在汉代至唐代。

◀ 塔寺墩遗址采集筒瓦

2件。陶质。塔寺墩遗址采集。褐色，素面，大小不一。大的长18、宽13.3、高4.4厘米，小的长14.8、宽12.4、高4.1厘米。现藏于新疆维吾尔自治区博物馆。

3.2.13 克孜尔石窟（魏晋—隋唐）

1957—1958年，黄文弼继1928年第一次西北考察之后，再次调查克孜尔石窟，重新拍摄照片，采集了一批珍贵文物。1961年，克孜尔千佛洞被国务院公布为第一批全国重点文物保护单位。2014年，克孜尔石窟作为"丝绸之路：长安—天山廊道的路网"的遗产点构成，被列入世界遗产名录。

◀ 黄文弼拍摄的克孜尔石窟

◀ 克孜尔石窟现状

克孜尔石窟采集吐火罗语残纸

1包。纸质。克孜尔石窟佛洞132号洞采集。纸作杏黄色,上书有吐火罗语。残存最大长3.8、宽3.3厘米。现藏于新疆维吾尔自治区博物馆。

1件。木质。克孜尔石窟佛洞14号采集。双头木梳,用矩形木板将两边都做成梳子,一边梳齿较细,一边较粗。残为两段,拼接后长8.1、宽5.3厘米。现藏于新疆维吾尔自治区博物馆。

◀ 克孜尔石窟采集木梳

3片。云母质。克孜尔石窟佛洞132号洞采集。长方形残片,两侧较平直,上部或下部有一排小孔,颜色鲜艳。长9.8、宽6.2厘米。现藏于新疆维吾尔自治区博物馆。

克孜尔石窟采集云母 ▶

3.2.14 焉耆明屋遗址（魏晋—元）

今称"七个星佛寺遗址"，位于焉耆县七个星镇西南部的一道低矮的山梁和坡地上。1928年，黄文弼首次调查和发掘了明屋佛寺遗址及千佛洞，对遗址沟南、沟北两个区进行了试掘。1957年，黄文弼对其进一步发掘，采集到佛头、佛饰、泥塑、壁画等。并将遗址大致分为两期，沟南较早，约公元6世纪到7世纪间，为犍陀罗风格；沟北较晚，约公元9世纪后半期，受东方艺术影响明显。2001年，七个星佛寺遗址被公布为第五批全国重点文物保护单位。

2013—2014年，西北大学文化遗产学院与焉耆县文物管理所对该遗址进行了考古发掘，对其建筑布局和结构有了进一步认识。

◀ 黄文弼拍摄的焉耆明屋佛洞

◀ 七个星佛寺遗址现状

焉耆明屋遗址出土佛头

1件。泥质。1957年明屋遗址出土。为菩萨头像，发作髻，具发饰，头上可能带有宝冠。面目模糊，左眼可见睁开，双耳存，头像带残木轴。长30、宽15、高18厘米。现藏于新疆维吾尔自治区博物馆。

焉耆明屋遗址出土残佛件

1件。泥质。1958年明屋遗址大殿右侧出土。以卷草纹为中心组成图案，用卷草纹垒叠三层渐次缩短成矩形。可能是佛座佛龛或佛塔上装饰物。长9.9、宽8.6、高3.4厘米。现藏于新疆维吾尔自治区博物馆。

◀ 焉耆明屋遗址出土残佛件

1件。泥质。1958年明屋遗址出土。为圆形花朵状。可能是菩萨头上的装饰。直径7.2厘米。现藏于新疆维吾尔自治区博物馆。

3.2.15 焉耆唐王城遗址（隋唐）

位于焉耆县西南约20千米的七个星乡附近。1928年、1957年，黄文弼两次对该遗址进行调查发掘。出土及采集遗物以生产工具、生活日用品最多，最特别的是与陶器同地层还出土有小麦、谷子、高粱、胡麻等谷物和极细的面粉。有的谷物还很完整，为研究古代作物提供了宝贵的资料。从清理出的房屋基址、粮仓等建筑遗迹的建筑方式和层位信息，结合出土的铁铧、陶器、陶纺轮等器物推断其为唐代戍屯遗址。

◀ 焉耆唐王城遗址现状

◀ 唐王城遗址
出土木梳

1件。木质。1957年焉耆唐王城遗址T1房址中出土。扁长形，现残存一半，长5.6、残宽5.4厘米。残存16齿，齿距0.2厘米，齿残长1.5—3厘米不等。现藏于新疆维吾尔自治区博物馆。

3.2.16 喀什罕诺依古城（唐宋）

罕诺依古城又名"康奥依古城""哈内古城"，位于喀什市东北28千米处的疏附县伯什克然木乡罕乌依村，20世纪初斯坦因发现遗址并调查。1958年黄文弼率队详细调查了该古城，认为其鼎盛时期约在7—13世纪的唐宋时期，可能曾作为喀喇汗王朝的都城。也有人认为是唐朝疏勒国都伽师城，也即疏勒镇及疏勒都督府治所。

◀ 罕诺依古城
出土铜环

1件。铜质。圆环形，环上有一衔接口。外径4.4、内径3.1厘米。现藏于新疆维吾尔自治区博物馆。

◀ 罕诺依古城
出土铜饰

1件，铜质。整体似花瓣形，呈上小下大，三层台。最上面呈圆形，有云纹。整体长2.7、高1.6厘米。现藏于新疆维吾尔自治区博物馆。

3.2.17 伊宁金顶寺（明清）

位于伊宁市东北郊3.6千米的高冈上。因传说寺庙屋顶以黄金饰而得名，金顶寺为汉名，当地维吾尔族称为"孔塔已"。1958年，黄文弼调查了该遗址，建筑遗迹无存，但隐约可见一方形土台，周约700米，高约3米，残砖瓦较多。采集一绿色琉璃砖残块及佛坐像残块。又根据其建筑基址形制、文献资料和采集遗物推断其性质为藏传佛教寺庙废墟，年代为乾隆年间。

◀ 金顶寺废址采集
残陶佛像

1件。陶质。1958年伊宁市东郊金顶寺采集。为佛坐像，头部残缺，细腰袒胸，盖为藏传佛教寺庙中常见之塑像供品。长7.3、宽5.3、厚3厘米。现藏于新疆维吾尔自治区博物馆。

3.2.18 巴里坤县征集铜佛（清代）

巴里坤县隶属哈密市，位于新疆东北部，东天山北麓。是新疆著名古城，从青铜时代开始就有人类活动。清代为东疆重镇，文化繁盛，庙宇众多。黄文弼第四次西北考察时，在巴里坤县征集到清代的一些佛教遗物。

▲ 巴里坤县征集铜佛像

1件。铜质。巴里坤县征集。头戴宝冠，修眉广目，面型圆满，笑容温和，仪容端庄秀丽，姿态典雅，坐于双层仰覆莲座上，右足踏小莲花。左手拇指与无名指相捻结施依印，右手结与愿印置于右膝上。上身袒露，颈胸部饰璎珞，臂饰钏环。腰束长裙，衣褶折叠流畅。丰乳细腰，具有藏传佛像的特征。通体鎏金，但大部分已经脱落。高17、宽10.5厘米。现藏于新疆维吾尔自治区博物馆。

3.2.19 不明地点采集品

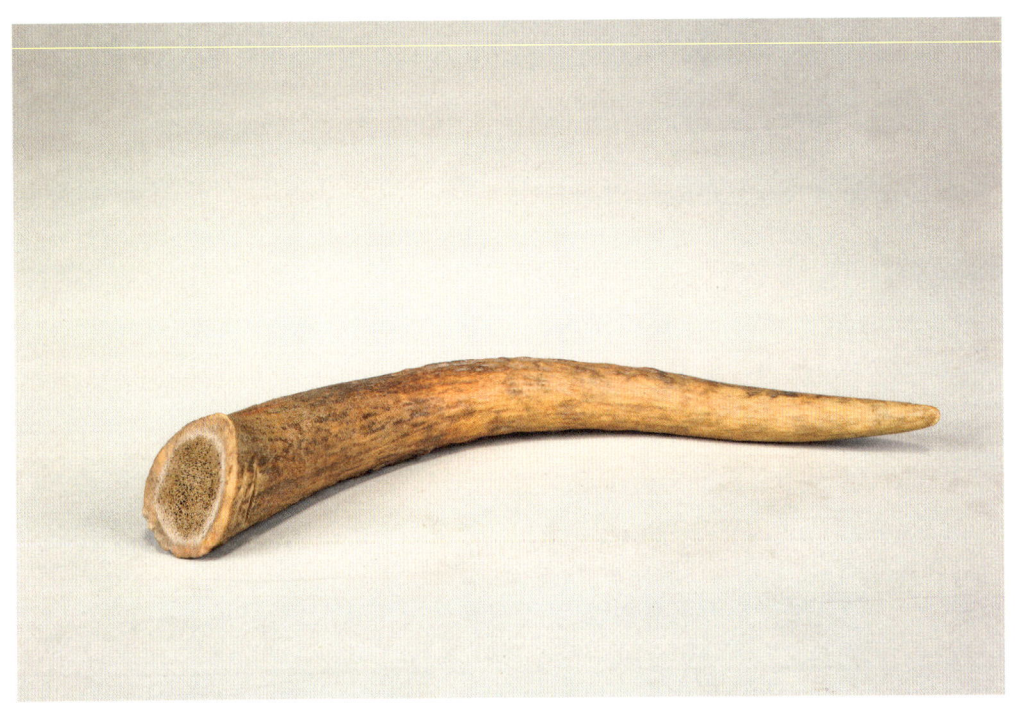

◀ 鹿角

1块。角质。出土地不详。鹿角制，黄褐色。圆锥形，中部稍弯，头部尖锐，后部平齐，外表光滑。长24.6、宽3.2厘米。现藏于新疆维吾尔自治区博物馆。

◀ 焦小米

2块。出土地不详。通体焦黑，炭化严重，胶结在一起。现藏于新疆维吾尔自治区博物馆。

◀ 三足陶几

1件。陶质。出土地不详。泥质红陶，椭圆形，有三个短小的陶足。长32、宽5.6厘米。现藏于新疆维吾尔自治区博物馆。

◀ 滴水

1件。陶质。出土地不详。泥质灰陶，上有花草、线条等纹饰。为建筑材料。长11.6、宽11、厚1.9厘米。现藏于新疆维吾尔自治区博物馆。

◀ 瓦当

　　1件。陶质。出土地不详。泥质灰陶，圆形，怪兽面纹饰，周围隐约可见联珠圈。直径8.6、厚1.8厘米。现藏于新疆维吾尔自治区博物馆。

◀ 铜镜

　　1件。铜质。出土地不详。菱花形，圆形纽。内圈似动物纹，中圈和外圈似藏文。直径11.6厘米。现藏于新疆维吾尔自治区博物馆。

3.3 晚年学术成就和遗著

3.3.1 《吐鲁番考古记》

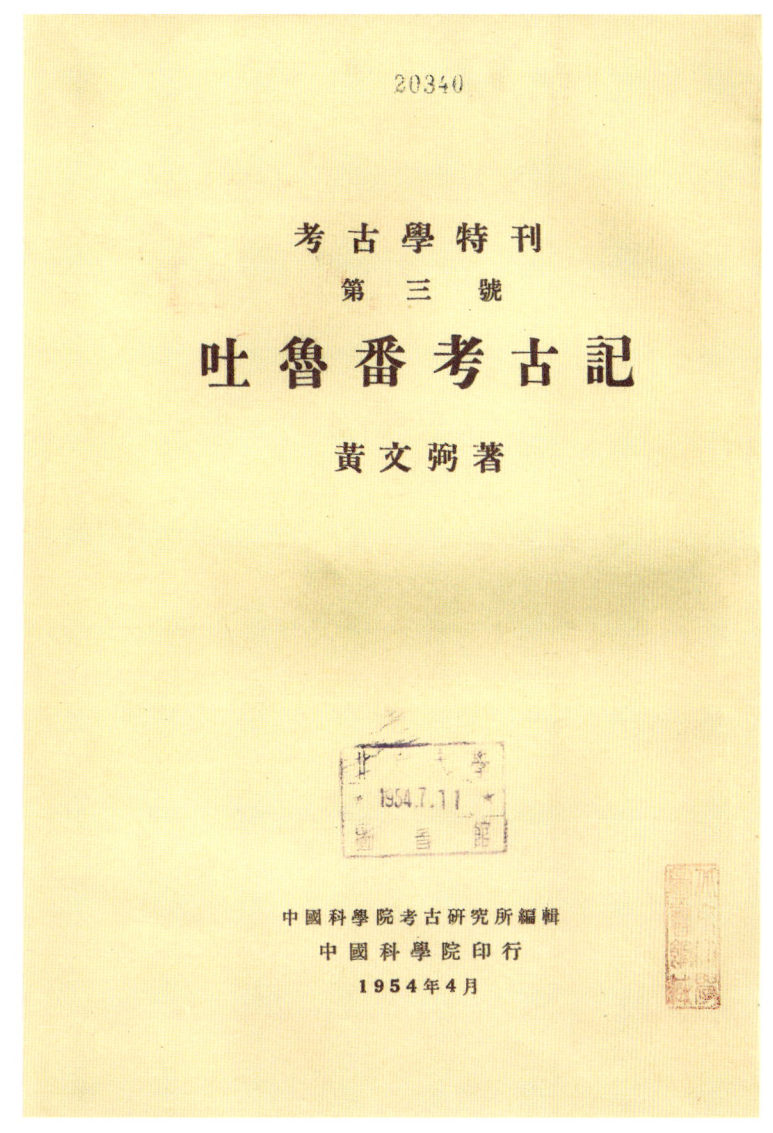

黄文弼《吐鲁番考古记》于1954年初由科学出版社出版，1958年再版。是"三记两集"之一，主要内容是黄文弼前两次考察中在吐鲁番的考察经过，城址、墓葬、寺庙等各类遗迹及所获重要古籍与文书写本、钱币、拓片、壁画等各类遗物的描述与研究。被誉为吐鲁番学研究的开创之作。

3.3.2 《塔里木盆地考古记》

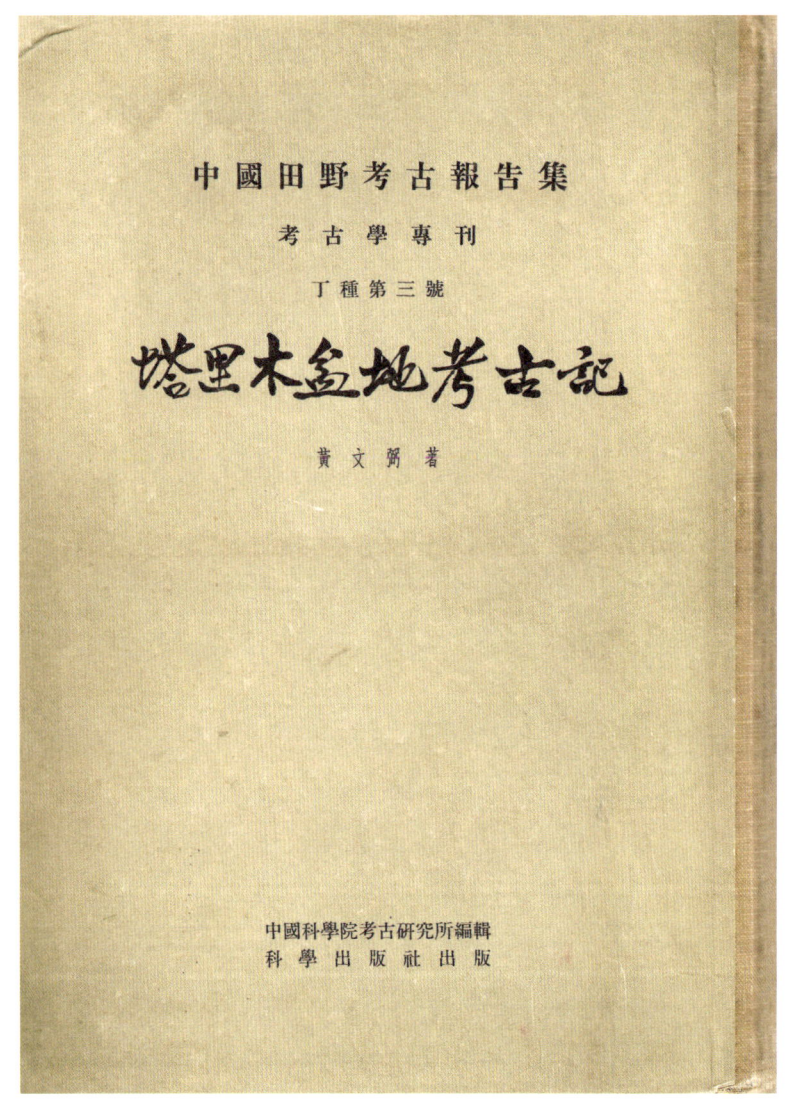

　　黄文弼《塔里木盆地考古记》于1958年由科学出版社出版。是"三记两集"之一，主要内容是黄文弼前两次考察中在塔里木盆地的考察过程，发现的城址、寺庙、沟渠、屯戍遗迹介绍，采集文物描述和研究成果。对于研究汉、唐两代与西域的政治及经济关系提供了良好线索。至此，黄文弼的代表作"三记两集"全部问世。

3.3.3 《西北史地论丛》

该书由黄文弼哲嗣黄烈整理，于1981年由上海人民出版社出版。收录了黄文弼散见于民国各种刊物上有关西域考古和历史地理的研究成果和一些未经刊布的手稿。

3.3.4 《新疆考古发掘报告（1957—1958）》

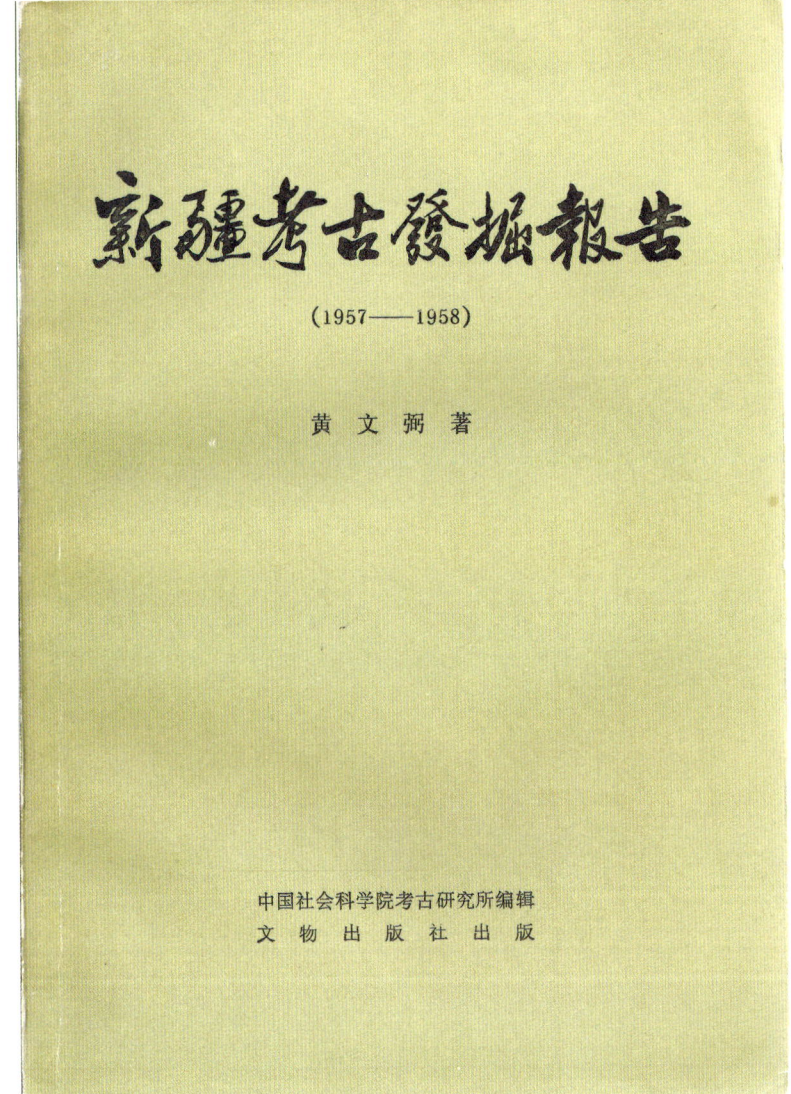

该书由孟凡人根据黄文弼第四次新疆考察报告遗稿整理而成，1983年由文物出版社出版。内容为黄文弼1957—1958年第四次西北考察成果，包括哈密、伊犁、焉耆、库车地区的调查、发掘报告和研究，对今天的新疆考古研究具有开创和指导意义。

3.3.5 《黄文弼历史考古论集》

该书由黄烈整理编辑，文物出版社1989年出版。精选出黄文弼历次考古报告中重要的论述，与《西北史地论丛》中的部分论文合刊而成。

3.3.6 《黄文弼蒙新考察日记（1927—1930）》

该书由黄烈根据黄文弼第一次西北考察日记整理而成，文物出版社1990年出版。日记起于1927年5月9日，即从北京出发的前一天，迄于1930年9月5日，即绕道西伯利亚回到满洲里的第二天。在这次合计3年零4个月的考察中，除了1929年至1930年之交的三个月在乌鲁木齐休整、未记日记外，其他时间的日记均为连贯记载，是研究黄文弼第一次西北考察的重要资料。

3.3.7 《西北史地考古论集》

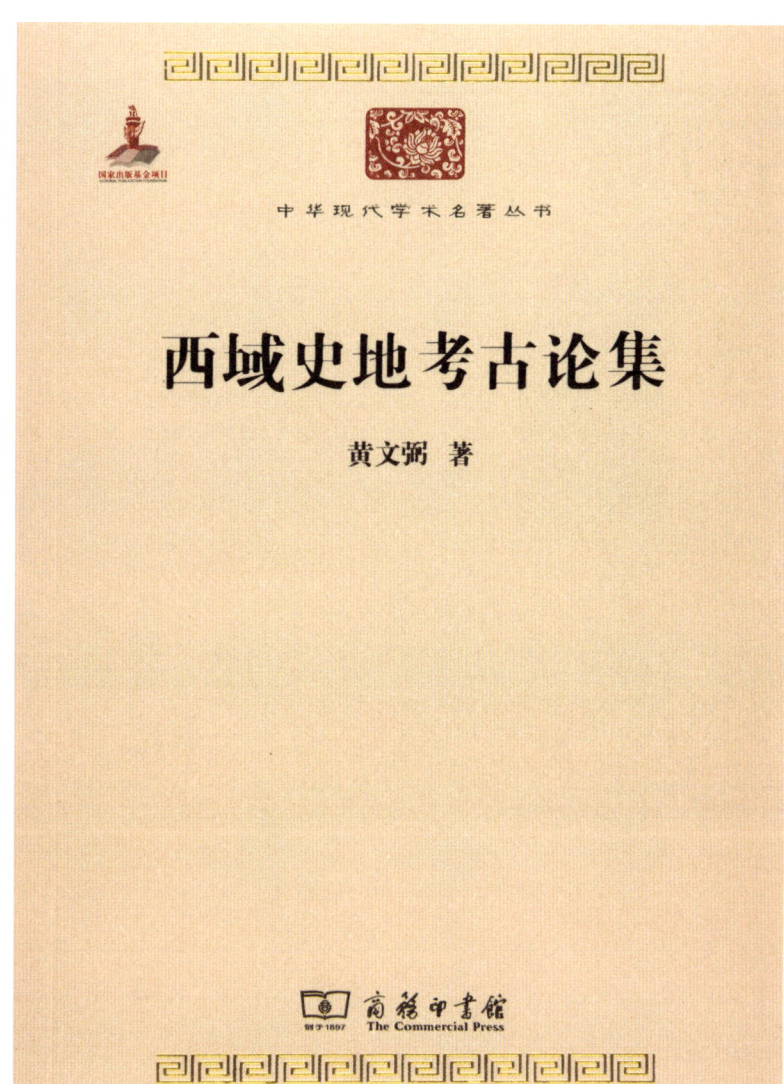

该书于2015年由商务印书馆出版,是在《黄文弼历史考古论集》的基础上,对黄文弼旧文及未刊稿重新整理编排而成,列入"中华现代学术名著丛书"。

3.3.8 《黄文弼著作集》（日文版）

早在1968年，黄文弼的《罗布淖尔考古记》就由日本京都大学出版，1988年该书的日文译本作为《黄文弼著作集》第一册由恒文出版社出版，1990年又出版了《黄文弼著作集》第二册《吐鲁番考古记》。在海外形成重要影响。

黄文弼年表

黄文弼经历	重要历史事件
1885年（清光绪十一年）	
	◇ 4月4日，中法战争结束
	◇ 6月9日，《中法新约》签订，中国"不败而败"
	◇ 斯文·赫定伊朗旅行，开始丝绸之路沿线考察活动
1890年（清光绪十六年）	
	◇ 12月，斯文·赫定首次进入中国新疆，考察喀什
1893年（清光绪十九年）	
◇ 4月23日，出生于湖北汉川市马安乡喻集村黄家咀，原名黄芬	
1894年（清光绪二十年）	
1岁	
	◇ 8月1日，中日甲午战争全面爆发
1895年（清光绪二十一年）	
2岁	
	◇ 4月17日，中日《马关条约》签订
1897年（清光绪二十三年）	
4岁	
	◇ 1897—1898年，俄国人克烈门茨考察吐鲁番地区古城和石窟，并劫掠文物

1898年（清光绪二十四年）
5岁

◇ 6月11日，戊戌变法实施，很快失败

1899年（清光绪二十五年）
6岁

◇ 斯文·赫定第二次考察新疆，次年发现楼兰遗址，1902年返回

1900年（光绪二十六年）
7岁

◇ 义和团运动高潮
◇ 5月28日，八国联军侵华战争爆发
◇ 斯坦因考察新疆和田等地区

1901年（清光绪二十七年）
8岁

◇ 9月7日，《辛丑条约》签订
◇ 斯坦因发掘尼雅遗址，窃取汉晋文书

1902年（清光绪二十八年）
9岁

◇ 德国人维德尔等考察新疆，至1907年先后考察3次，窃取壁画

1904年（清光绪三十年）
11岁

◇ 2月8日，日俄战争爆发

1905年（清光绪三十一年）
12岁

◇ 8月20日，中国革命同盟会成立
◇ 美国人亨廷顿考察楼兰遗址

1906年（清光绪三十二年）
13岁

◇ 斯坦因考察中亚阿姆河流域和中国新疆，窃取大量文物
◇ 1906—1908年，法国人伯希和调查发掘新疆图木舒克、苏巴什等寺院遗址

1907年（清光绪三十三年）
14岁

- ◇ 斯文·赫定考察西藏，并绘制地图
- ◇ 斯坦因考察甘肃，窃取敦煌文书等大量文物

1910年（清宣统二年）
17岁

- ◇ 1910—1914年，日本人大谷光瑞、橘瑞超等前后三次对新疆塔里木盆地的佛寺和古城遗址进行调查和盗掘

1911年（清宣统三年）
18岁

- ◇ 就读于汉阳府中学堂
- ◇ 10月10日，武昌起义，辛亥革命爆发

1912年（民国元年）
19岁

- ◇ 1912年1月1日，中华民国成立
- ◇ 2月12日，清帝退位，清朝灭亡

1913年（民国二年）
20岁

- ◇《斯坦因在东土耳其斯坦发现的汉文文书》出版

1915年（民国四年）
22岁

- ◇ 考入北京大学哲学门
- ◇ 12月12日，袁世凯称帝
- ◇ 12月25日，护国战争爆发

1917年（民国六年）
24岁

- ◇ 兼任哲学门、国文门研究所研究员
- ◇ 12月，改名为黄文弼
- ◇ 7月，张勋复辟
- ◇ 7月—1918年5月，护法战争
- ◇ 11月7日，俄国爆发十月革命

1918年（民国七年）
25岁

- ◇ 由哲学门毕业，留北京大学任教
- ◇ 李大钊发表《法、俄革命之比较观》《庶民的胜利》《布尔什维主义的胜利》

1919年（民国八年）

26岁

- ◇ 5月4日，"五四运动"爆发

1920年（民国九年）

27岁

- ◇《二程子哲学方法论》，北京大学出版部出版
- ◇《孟子政治学说释评》，《唯是》第二册
- ◇《中国婚制研究》，《唯是》第三册

- ◇ 8月，陈独秀在上海创立了中国的第一个共产党早期组织
- ◇ 11月，孙中山返广州重建军政府

1921年（民国十年）

28岁

- ◇ 转入北京大学国学门担任助教

- ◇ 4月，瑞典地质学家安特生调查发掘河南渑池仰韶遗址，是中国现代考古学诞生的重要标志之一
- ◇ 7月23日—8月初，中共一大召开，中国共产党成立

1922年（民国十一年）

29岁

- ◇ 兼任北京大学图书馆编目工作
- ◇ 参与筹备古迹古物调查会
- ◇《中国旧籍新分类法纲目》，北京大学出版部出版
- ◇《北京大学图书馆贵重书目》，北京大学出版部出版

- ◇ 1月，北京大学研究所国学门考古学研究室成立
- ◇ 7月16—23日，中共二大在上海召开

1923年（民国十二年）

30岁

- ◇ 6月12—20日，中共三大召开，第一次国共合作正式形成

1924年（民国十三年）

31岁

- ◇ 加入北京大学考古学会
- ◇ 参加故宫清点工作
- ◇《拟续编四库全书略说明书》，北京大学出版部出版

- ◇ 5月，北京大学古迹古物调查会改名为考古学会
- ◇ 10月23日，冯玉祥发动北京政变

1925年（民国十四年）

32岁

- 10月，故宫文物清点工作结束
- 3月12日，孙中山病逝于北京
- 5月30日，"五卅运动"爆发
- 7月1日，国民政府在广州成立

1926年（民国十五年）

33岁

- 《山西兴化寺壁画名相考》，《北京大学研究所国学门月刊》第一卷第一期
- 《关于壁画之讨论》，《北京大学研究所国学门月刊》第一卷第一期
- 7月，北伐战争开始
- 李济发掘山西夏县西阴村史前遗址

1927年（民国十六年）

34岁

- 4月26日，"中国西北科学考查团"成立，黄文弼成为首批团员
- 5月9日，和中国西北科学考查团一起，从北京出发考察
- 6—12月，在内蒙古、甘肃考察
- 4月28日，奉系军阀张作霖杀害李大钊
- 4月始，蒋介石、汪精卫先后发动"四·一二""七·一五"反革命政变
- 8月1日，南昌起义
- 10月，井冈山革命根据地建立
- 加拿大古人类学家步达生在北京周口店发现北京人化石

1928年（民国十七年）

35岁

- 1月7日，到哈密，考察回王陵、柴胡庙附近明代烽燧
- 3月8日，抵达迪化（今乌鲁木齐）
- 4月19日，赴吐鲁番考察
- 5月19日，赴焉耆考察
- 8月24日，赴库车考察
- 6月4日，皇姑屯事件
- 7月，中央研究院历史语言研究所正式成立，下设考古组，李济于次年担任考古组主任
- 10月，董作宾前往殷墟发掘
- 12月29日，东北易帜

1929年（民国十八年）

36岁

- 4月2日，渡塔里木河往和田考察
- 6月底，沿塔里木盆地边缘返回乌鲁木齐
- 7—12月，中东路事件
- 12月28—29日，古田会议
- 裴文中发现第一个北京人头盖骨化石

1930年（民国十九年）

37岁

- 2月19日—3月，在吐鲁番考察发掘
- 4月8日，前往罗布泊考察
- 4月23日，发现土垠遗址
- 5月27日，返回乌鲁木齐
- 8月21日，取道苏联西伯利亚返回
- 9月，返回北平。在北京大学做"西北科学考查团在新疆考古情形报告"演讲
- 《蒙新旅行之经过及发现》，《国学季刊》第二卷第三期
- 《天山南路大沙漠探险谈》，《女师大学术季刊》第一卷第三期
- 《居延海考》，《女师大学术季刊》第一卷第四期
- 《西北科学考查团考古情形报告》，《女师大学术季刊》第一卷第四期
- 《拜城博者克拉格沟摩崖》，《女师大学术季刊》第一卷第四期

- 1月，毛泽东发表《星星之火，可以燎原》
- 5月，中原大战爆发
- 梁思永等发掘山东历城城子崖遗址

1931年（民国二十年）

38岁

- 任北平女子师范学院教授
- 与德国突厥学专家葛玛丽交流
- 《新疆古物概容》，《东方杂志》第二十八卷第五号
- 《高昌》（第一分本），西北科学考查团理事会出版
- 《高昌专集》（《高昌》第二分本），西北科学考查团理事会出版
- 《楼兰之位置及其与汉代之关系》，《史学年报》第一卷第三期

- 9月18日，日本制造"九一八事变"，武力侵占中国东北
- 11月7日，中国共产党在江西成立中华苏维埃共和国临时中央政府
- 梁思永在安阳后冈遗址发现"后冈三叠层"
- 中法科学考察团德日进和杨钟健等调查哈密七角井和三道岭遗址

1932年（民国二十一年）

39岁

- 被聘为北京大学文学院国文系副教授
- 兼任《国学季刊》编委

- 1月28日，"一·二八事变"，日军进攻上海
- 3月1日，伪满洲国成立

- ◇《高昌疆域郡城考》,《国学季刊》第三卷第一期
- ◇《兽形足盆形象考释》,《国学季刊》第三卷第三期
- ◇ 4月,中华苏维埃共和国临时中央政府宣布对日作战

1933年（民国二十二年）

40岁

- ◇ 1月10日,出席中央研究院历史语言研究所宴请伯希和的公宴
- ◇ 捐助李大钊灵柩下葬
- ◇ 10月上旬,从北京出发,开始第二次西北考察
- ◇《高昌陶集》,西北科学考查团理事会印行
- ◇ 2月起,国民政府将北平故宫重要文物南迁
- ◇ 4月23日,李大钊灵柩下葬

1934年（民国二十三年）

41岁

- ◇ 2月,抵达哈密
- ◇ 2月12日,经吐鲁番赴南疆考察
- ◇ 6月初,返回乌鲁木齐,考察教育状况
- ◇ 7月,被国民政府行政院聘为中央古物保管会委员
- ◇ 10月,从新疆返回南京,至北平,任西北科学考查团专任研究员
- ◇ 12月,在安阳、洛阳、西安调查古迹
- ◇ 第五次反围剿失败,10月起,红军开始长征

1935年（民国二十四年）

42岁

- ◇ 1月12日,在中央古物保管委员会第五次常务会议上提案设立西安办事处
- ◇ 3月,在南京及其周边调查六朝古迹
- ◇ 4月1日,赴西安碑林任中央古物保管委员会西安办事处主任
- ◇ 9月,会同陕西省政府组织西安碑林工程监修委员会
- ◇ 11月2日,兼任碑林工程监修委员会秘书,负责监修事宜
- ◇ 1935—1936年,调查陕西关中各县古迹
- ◇《释居卢訾仓》,《国学季刊》第5卷第2期
- ◇《韩城禹门口记游》,《禹贡半月刊》第4卷第4期
- ◇ 1月15—17日,遵义会议召开。
- ◇ 春,夏鼐等参与殷墟发掘
- ◇ 12月9日,"一二·九运动"爆发
- ◇ 12月17—25日,瓦窑堡会议召开

- 《第二次蒙新考察记》，《禹贡半月刊》第4卷第5期
- 《由考古上所见到的新疆在文化上之地位》，《禹贡半月刊》第4卷第6期

1936年（民国二十五年）

43岁

- 担任禹贡学会候补理事
- 《罗布淖尔水道之变迁》，《禹贡半月刊》第5卷第2期
- 《新疆考古发现与古代西域文化之关系》，《蒙藏旬刊》120期

- 10月，三大主力红军胜利会师甘肃会宁，长征胜利结束
- 12月12日，西安事变爆发

1937年（民国二十六年）

44岁

- 4月，邀请建筑学家梁思成设计碑林布局
- 5月，加入"中国艺术史学会"
- 10月，任西安临时大学历史系教师

- 7月7日，日军制造"卢沟桥事变"，全面抗战爆发
- 9月10日，北平大学、国立北平师范大学、国立北洋工学院等高校及北平研究院西迁西安，成立西安临时大学
- 9月22日，国民政府中央通讯社发布《中国共产党为公布国共抗日合作宣言》
- 9月25日，平型关大捷
- 12月13日起，南京大屠杀
- 中央古物保管委员会撤销，各地办事处停止工作

1938年（民国二十七年）

45岁

- 4—5月，任国立西北联合大学历史学系教授，兼任历史学系考古委员会委员
- 5月，参与汉中古迹调查
- 7月3日，参与张骞墓前石刻发掘
- 8月24日—9月2日，参与张骞墓考古发掘与修缮

- 3月16日—4月15日，台儿庄战役
- 3月16日，西安临时大学正式迁离西安
- 4—5月，西安临时大学南迁陕西汉中，成立"国立西北联合大学"。西北联合大学历史学系成立"考古委员会"
- 5月，西安碑林整修工程竣工，成立碑林管理会

- ◇《两汉通西域路线之变迁》,《西北史地》第1卷第1期
- ◇《两汉通西域路线之变迁》,《西北论衡》第6卷第7期
- ◇ 6—10月,武汉会战
- ◇ 11月,国民政府迁都重庆

1939年(民国二十八年)
46岁
- ◇ 任西北联合大学—西北大学历史学系教授
- ◇ 兼任四川大学历史系教授
- ◇ 西北联合大学历史学系成立考古室
- ◇ 8月8日,国民政府教育部令:国立西北联合大学改为国立西北大学
- ◇ 9月1日,国立西北大学在城固宣布成立
- ◇ 9—10月,第一次长沙会战

1940年(民国二十九年)
47岁
- ◇ 1月29日,任西北大学历史系考古室研究部主任
- ◇《古代于阗国都之研究》,《史学季刊》第1卷第1期
- ◇《中国古代大夏位置考》,《齐大国学季刊》新1卷第1期
- ◇《古高昌国历史略述》,《金陵学报》第10卷第1、2期
- ◇《蒙古新疆两地考古经过》,《责善半月刊》第1卷第3期
- ◇ 3月,汪伪政府成立
- ◇ 5月1日—6月18日,枣宜会战
- ◇ 秋,国民政府教育部组织了西北艺术文物考察团,王子云任团长,调查了河南、陕西、甘肃等地的文物古迹
- ◇ 8月—1941年1月,百团大战

1941年(民国三十年)
48岁
- ◇ 任中国边疆学会会员、教育部边疆教育委员会委员
- ◇ 任西北大学历史学系四年级导师
- ◇《吐鲁番古代之文化与宗教》,《西北学报》创刊号
- ◇《两汉匈奴单于庭变迁考》,《责善半月刊》第2卷第5期
- ◇《罗布淖尔考古专刊序录》,《责善半月刊》第2卷第6期
- ◇《高昌官制表》,《华西学报》第6、7合期
- ◇ 5月,晋南会战(中条山战役)
- ◇ 6月22日,苏德战争爆发
- ◇ 9月7日—10月9日,第二次长沙会战
- ◇ 12月7日,日军偷袭珍珠港,太平洋战争爆发
- ◇ 12月—1942年1月,第三次长沙会战

1942年（民国三十一年）

49岁

- 9月，任西北大学历史系系主任
- 《新疆地形概述》，《边政公论》第1卷第11、12合期
- 《两汉通西域路线之变迁》，《甘肃民国日报》1942年7月30日
- 《河源探察略述》，《文史杂志》第2卷第2期
- 《学术论著：考古学与金石学》，《读书通讯》第47期

- 2月起，中国远征军入缅作战
- 1942—1943年，向达、夏鼐、阎文儒在甘肃敦煌发掘魏晋和唐代墓葬，考察阳关、玉门关和长城等遗址

1943年（民国三十二年）

50岁

- 4月，受西北大学委托，随"国父实业计划考察团"进行第三次西北考察
- 6月，到达哈密，随后考察北疆各地
- 9月底，考察南疆各地
- 10月，回迪化，在新疆学院大礼堂讲《高昌始末》（南北朝隋唐时代之高昌国）
- 11月，经吐鲁番、哈密返回西北大学。不久被聘为《西北学术》编辑委员
- 12月28日，国立西北大学向教育部荐举黄文弼等教师为部聘教授
- 《波斯古史与中国文化之关系》，《说文月刊》第三卷第十期
- 《古代匈奴民族之研究》，《边政公论》第2卷第3、4、5合期
- 《学术讲座：考古学与其他科学之关系》，《读书通讯》第78期
- 《高昌国历史与文化》，《西北日报》，12月6日

- 12月，中、美、英三国发表《开罗宣言》

1944年（民国三十三年）

51岁

- 2月，在西北大学讲演《吐鲁番之历史与文化》，汇报第三次西北考察收获
- 4月13日，在国立四川大学师范学院讲演《三次考察新疆之观感》

- 4—12月，豫湘桂战役
- 夏，西北大学边政学系经教育部批准成立
- 9月15日，林伯渠代表中国共产党提出废除国民党一党专政，成立民主联合政府的主张

- ◇ 10月17日，兼代西北大学边政系系主任
- ◇ 12月24日，在西北大学作《边疆问题十讲》的第一讲《新疆十四民族》
- ◇ 任国立西北大学出版委员会委员，参与编辑《西北大学丛书》《西北问题丛书》
- ◇ 《史记源流及其体例》，《说文月刊》第4卷
- ◇ 《汉西域诸国之分布》，《边政公论》第4卷第8期
- ◇ 《西域诸国之种族问题》（未刊稿），1981年收入《西北史地论丛》

1945年（民国三十四年）

52岁

- ◇ 11月10日，担任边政系三教授之一（黄文弼、杨涤新、郑安伦）
- ◇ 12月8日，被西北大学推荐参加由国民政府教育部组织的战时文物损失调查团
- ◇ 《楼兰土著民族之推测及文化》，《边疆研究论丛》

- ◇ 4月，国民政府教育部将西北艺术文物考察团所得各类资料拨归国立西北大学成立西北文物研究室，王子云任主任
- ◇ 4月23日—6月11日，中共七大召开
- ◇ 8月15日，日本无条件投降，抗日战争胜利，第二次世界大战结束
- ◇ 8月29日—10月10日，重庆谈判
- ◇ 西北大学边政学系首届学生正式入学

1946年（民国三十五年）

53岁

- ◇ 夏，随西北大学自城固迁回西安
- ◇ 与罗郁共同编著《班超》，南京胜利出版公司出版
- ◇ 赴武汉检视此被战火毁坏的西北科学考察采集品遗存
- ◇ 9—12月，赴甘肃临洮之洮河流域考察

- ◇ 6月，第三次国内革命战争爆发
- ◇ 12月，北平学生发动抗议美军暴行的运动

1947年（民国三十六年）

54岁

- ◇ 任国立西北大学民国三十六年度毕业生就业指导委员会委员
- ◇ 任国立西北大学民国三十六年度招生委员会委员

- ◇ 5月，国立西北大学以历史、边政两系学生为主体，发起成立西北大学考古学会
- ◇ 7—9月，中国共产党召开全国土地会议，通过了《中国土地法大纲》

- 3月14日，以边政学系主任身份在迎新会上讲话，陈述本系发展计划
- 3月24日，在陕西省立师范专科学校讲演，主题为"陕西在中国文化上之地位"
- 5月，任西北大学考古学会导师
- 9月，赴北平，就任北平研究院史学研究所专任研究员，仍兼任西北大学历史系教授
- 《古楼兰国历史及其在中西交通史上的地位》，《史学集刊》第5期
- 《讲词摘要：洮河流域考察之观感》，《国立西北大学校刊》，复刊第28期，1947年

- 12月，中共中央在陕北开会，制定了夺取全国胜利的革命纲领

1948年（民国三十七年）

55岁

- 《罗布淖尔考古记》，中国西北科学考查团印行

- 9月12日—11月2日，辽沈战役
- 11月6日—1949年1月10日，淮海战役
- 11月29日—1949年1月31日，平津战役

1949年

56岁

- 《重论古代大夏之位置与移徙》，《史学集刊》
- 《河西四郡建置年代》，《西北史地论丛》

- 10月1日，中华人民共和国成立

1950年

57岁

- 任中国科学院考古研究所研究员
- 发生"《文心雕龙·隐秀篇》"风波

- 6月，朝鲜战争爆发
- 10月，中国人民志愿军赴朝作战，抗美援朝战争开始

1951年

58岁

- 《高昌砖集》（增订本），《考古学特刊》第二号，中国科学院印行

1954年

61岁

- 《吐鲁番考古记》，《考古学特刊》第三号，中国科学院印行

- 9月15—28日，第一届全国人民代表大会第一次会议举行
- 12月21—25日，全国政协二届一次会议举行

1956年
63岁
- 《焉耆博斯腾湖三个古国考》（手稿），收入《西北史地论丛》
- 1月，周恩来代表中共中央作《关于知识分子问题的报告》，充分肯定知识分子在社会主义建设中的作用，提出制定科学技术发展远景规划的任务
- 9月，新疆维吾尔自治区文物管理委员会筹备处成立

1957年
64岁
- 9月21日，带领中国科学院考古研究所新疆考古队赴新疆考察
- 9月，在乌鲁木齐发表题为"汉唐新疆"的演说
- 9月底，考察塔里木盆地周缘古城和佛寺
- 12月底至次年上半年，在库车、沙雅、新和、喀什、和田、哈密、巴里坤、伊吾等地调查发掘
- 《塔里木盆地考古记序言摘要》，《考古通讯》1957年第3期
- 2月27日，毛泽东在最高国务会议第十一次（扩大）会议上发表《如何处理人民内部的矛盾》（后改为《关于正确处理人民内部矛盾的问题》）讲话，提出区分和正确处理两类不同性质的社会矛盾，团结全国各族人民发展经济、文化，为建设社会主义事业服务的思想

1958年
65岁
- 7月8日，前往伊犁，调查伊宁、绥定、霍城、特克斯、察布查尔、昭苏
- 在朱德副主席视察中国科学院新疆分院筹委会时，黄文弼做考古工作汇报
- 约在年末，从新疆返回北京
- 《塔里木盆地考古记》，《考古学专刊》丁种第三号，科学出版社出版
- 《吐鲁番考古记》（校订再版），科学出版社出版
- 5月5—23日，中共八大二次会议举行。正式通过"鼓足干劲、力争上游、多快好省地建设社会主义"总路线

1959年
66岁
- 《新疆考古的发现》，《考古》1959年第2期

1960年

67岁

- 《坚决反对美国政府劫夺我国在台湾的文物》,《考古》1960年第3期
- 《新疆考古的发现——伊犁的调查》,《考古》1960年第2期
- 11月17日,国务院第一百〇五次全体会议通过《文物保护管理暂行条例》,批准《第一批全国重点文物保护单位名单》

1961年

68岁

1962年

69岁

- 《略述龟兹都城问题》,《文物》1962年第7、8期

1963年

70岁

- 《元阿力麻里古城考》,《考古》1963年第10期
- 《谈古代塔里木河及其变迁》(手稿),收入《西北史地论丛》

1964年

71岁

- 《亦都护高昌王世勋碑复原并校记》,《文物》1964年第2期
- 12月20日—1965年1月5日,全国政协四届一次会议举行
- 12月21日—1965年1月4日,三届全国人大一次会议举行

1965年

72岁

- 任中国人民政治协商会议第四届全国委员会委员

1966年

73岁

- 12月18日,逝世
- "文化大革命"全面发动